KB261959

선언

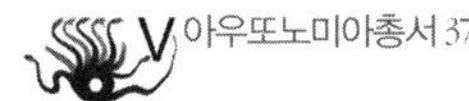

아우또노미아총서 37

선언 Declaration

지은이 안또니오 네그리 · 마이클 하트
옮긴이 조정환
협동번역 유충현 · 김정연

펴낸이 조정환
책임운영 신은주
편집부 오정민 · 김정연
프리뷰어 권범철 · 김영철 · 박대길 · 이성혁 · 이영란 · 이인 · 한태준

펴낸곳 도서출판 갈무리   등록일 1994. 3. 3.   등록번호 제17-0161호
초판인쇄 2012년 9월 9일   초판발행 2012년 9월 17일
종이 화인페이퍼 인쇄 중앙피앤엘   제본 일진제책

주소 서울 마포구 서교동 375-13호 성지빌딩 101호
전화 02-325-1485   팩스 02-325-1407
website http://galmuri.co.kr   e-mail galmuri@galmuri.co.kr

ISBN 978-89-6195-054-1 94300 / 978-89-6195-003-9 (세트)
도서분류 1. 사회과학 2. 철학 3. 정치학 4. 경제학 5. 사회학 6. 역사학 7. 사회운동

값 16,000원

이 도서의 국립중앙도서관 출판시도서목록(CIP)은 e-CIP홈페이지(http://www.nl.go.kr/ecip)와 국가자료공동목록시스템(http://www.nl.go.kr/kolisnet)에서 이용하실 수 있습니다.(CIP제어번호 : CIP2012004034)

Declaration

선언

WE ARE THE 99%

안또니오 네그리
·
마이클 하트
지음

조정환 옮김

협동번역
유충현 · 김정연

전 세계의
빚진 사람들, 미디어된 사람들, 보안된 사람들, 대의된 사람들이여
공통적인 것을 구성하라!

Declaration

차례

선언

일러두기

1. 이 책은 Michael Hardt and Antonio Negri, *Declaration*, Distributed by Argo Navis Author Services, 2012를 완역한 것이다.
2. 이 책 본문에 달린 후주는 모두 옮긴이의 것이다.
3. 본문에 들어있는 [ ] 안의 내용은 모두 옮긴이가 이해를 돕기 위해서 덧붙인 것이다.
4. 단행본, 전집, 정기간행물에는 겹낫표(『』)를, 논문, 논설, 기고문 등에는 홑낫표(「」)를, 단체명, 행사명, 영상, 전시, 공연물, 법률, 조약 및 협약에는 가랑이표(〈 〉)를 사용하였다.
5. 인명, 도서명 등은 필요한 경우 한 번만 원어를 병기하였다.

공통적인 것의 헌법과 공통인의 사건

조정환

『선언』의 영어본은 2012년 5월에 출간되었다. 이것이 아마존 킨들북으로 출간된 이유 중의 하나는 이 책이 갖는 정치적 시급성과 운동적 필요 때문이었을 것이다. 한국에서 촛불이 사라졌을 때 많은 사람들은, '그 많던 촛불들이 어디로 가버렸는가?' 물으며 망연자실했고 이에 대한 해답을 찾지 못한 채 냉소에 빠져들었다. 일부의 진보지식인들은 촛불이 중간층의 산보이자 일종의 판타스마고리아(환등상)에 지나지 않았다면서 이 냉소를 이론적으로 정당화해주었다. 2009년의 그리스나 2010년의 영국 등을 한국과 같은 시간의 평면 속에서 고려하지 않을 때, 그리고 21세기 운동이 갖는 새로운 성격과 특징을 고려치 않을 때 이러한 근시현상이 발생한다. 냉소주의의 확산에도 불구하고 한국에서 희망버스가 촛불의 정동情動을 이어갔듯이, 2011년에는 아프리카, 중동, 유럽, 미국 등 세계 전역에서 봉기와 점거의 운동이 연쇄적으로 이어지면서 새로운 역사적 가능성을 보여주었다. 하지만 월스트리트 점거시위가 사그라진 2012년 봄 이후에, 2009년에 한국에서 그랬듯이, 미국과 유럽에서도 냉소주의가 고개를 들었다. 그것은, '그 많던 점거자들은 모두 어디로 가버렸는가?'라는 냉소적 물음을 제기하며 부상하고 있다.

냉소주의의 형태를 띤 이러한 공격은 봉기와 점거에 염증을 냈던 전 세계 우파 지식인들의 반동작용이라고만 보기에는 그 폭이 너무 넓다. 우리는, 2011년의 점거시위에 찬동하고 또 지지를 아끼지 않았던 좌파 지식인들의 일부도 이러한 공격에 가세하고 있는 것을 발견한다. 2012년 6월 27일 한국을 방문해 강연한 바 있는 슬라보이 지젝은, 2011년의 봉기들과 시위들이 갖는 급진적 잠재성을 부분적으로 인정하면서도, 실제로는 그것들이 보수적 성격의 것이었다고 단정한다. 즉, 그것들은, 최소급여 이상의 잉여급여를 받는 월급제 부르주아 하위계층이, 프롤레타리아 계층으로 전락할 위험 앞에서, 자신들의 잉여급여가 상실될지 모른다는 두려움을 도착적인 방식으로 표현하는 판타지적 방식이었다고 규정한다.[1] 이러한 평가는 현실의 봉기에 대한 냉소주의를 강화시키는 것으로 작용할 것임에 분명하다. 이 점에서 점거시위에 대한 지젝의 평가는 (그를 냉소주의자로 평가해서는 안 되겠지만 결과적으로) 촛불시위에 대한 한국 지식인들의 냉소주의적 평가를 돕는다고 할 수 있다.[2]

이러한 생각이 정당한 것일까? 이미 언급한 강연문에서 지젝은, 잉여급여가 중산층을 유지하려는 정치적 목적에서 주어졌다고 설명한다.3 나는 오늘날 정규직 노동자를 비롯한 노동자층의 일부가 이자, 배당금, 연금특혜 등과 같은 형태로 임금 이상의 어떤 소득을 얻고 있다는 데 동의한다. 그러나 그것은 '최소급여 이상의 잉여급여'라고 부를 수 있는 성격의 것이 아니다. 그것이 노동을 분할하고 위계화하는 기능을 수행하지만 중산층 양성이라는 의도된 정치적 목적의 산물이라고 보는 것은 지나치게 협소한 관점이다. 그 임금 이상의 소득은, 인지자본주의 하에서 노동의 보편적 사회화와 임금의 지대화 현상이라는 더 큰 틀 속에서만 포괄적으로 설명될 수 있는 것이다.4 이보다 더 중요한 사실은 지젝이, 잉여급여(정확하게 말하면 '지대'이다.)를 수령하는 노동자들이 그 '잉여급여'를 잃는 것에 대해 갖는 (이제는 일반화된) 두려움과 그것에 대한 (역시 일반화된) 항의가 갖는 역사적이고 실천적인 잉여를 간과한다는 것이다. 다시 말해 그 두려움이 항의로 나아갈 때, 그것이 단순히 '잉여급여' 수령을 지속하고 싶다는 욕망을 넘어 새로운 사회에 대한 열망을 함축할 뿐만 아니라 그것을 행동으로 표현한다는 것, 그리고 바로 이러한 점 때문에, 그들의 그 항의의 표현이, '잉여급여'를 받지 못하거나 기본적인 혹은 어떠한 임금조차 받지 못하는 노동자들(저임금, 비임금의 노동자들)이 갖는 새로운 삶과 사회에 대한 열망과 통하며, 투쟁의 과정 속에서 서로 교직될 수 있는 잠재력을 갖고 있음을 보지 못한다는 점이다. 촛불시위와 점거시위에서 분명히 확인된 것은 바로 이 교직의 가능성이었다. '우리가 99%다'에 포함된 '99%의 우리’는 그것의 명확한 언어적 표현이었다. 지젝은 이 교직의 가능성을 닫아버리면서, 2011년의 정치적 사건들을 ‘월급을 받는 부르주아들’(경영자, 전문가, 행정가, 공무원, 의사, 변호사, 언론인, 지식인, 예술가 등)이라는 실체적 집단의 경제적 이해관계에서 유발된 문제로 과거화하고 치환해 버림으로써, 그 사건들이 제기했던 구성적이고 미래적인 비전들을 시야에서 사라지게 만든다.

이러한 현실을 고려할 때, 2011년의 봉기들이 어떤 정치철학적 의미를 갖는 것이며, 세계사적으로 어떤 위치를 차지하는 사건이었는지를 올바르게 이해하는 것은, 지금과 미래의 시간을 위해 그 무엇보다도 중요한 문제로 우리에게 주어져 있다고 볼 수 있다. 현재의 도달점에서 출발하여 역사에 관념적 질서를 부여하는 냉소주의적 접근과는 전혀 상반되는 접근법을 보여주는 이 책, 『선언』은 바로 이 문제를 사유하는 데 유익한 길잡이가 될 수 있다. 저자들은 2011년에 출현한 봉기들의 핵심적 문제제기를 민주주의의 급진적 재구성에서 찾으면서 이 문제의 해법을 **공통적인 것**the common의 구성에서 찾는다. 저자들은, 봉기와 점거의 사라짐이라는 현상에서 출발하여 역사적 과정을 냉소하는 길을 선택하기보다, 그 사라짐을 가져온 적의 힘의 강고함과 우리의 취약함의 조건을 인식하면서 **봉기들의 문제제기를 새로운 제헌[구성] 과정의 동력으로 전환시키자**고 제안한다.

이 제안은 2012년의 국면에서 제기되고 있는 몇 가지 생각들(봉기는 부당한 것이었다, 봉기는 두려움의 산물이었다, 봉기로 인해 약해진 국가장치를 강화하자, 봉기를 총파업으로 지속하자 등)과 뚜렷이 구분되는 함의를 갖는다. 그것의 구체적 내용은 본문에서 자세히 제시될 것이다. 내가 이 글에서 수행하고자 하는 것은, 저자들이 이런 생각에 도달하게 된 사유과정을 2011년의 사건들에 대한 이론적 개입과정을 중심으로 살펴봄으로써, 『선언』에 정식화된 주장들이 놓인 역사적 배경과 정치철학적 맥락, 그리고 그것이 갖는 정치적 함축을 좀 더 포괄적인, 그러면서도 실천적인 틀에서 이해할 수 있는 시각을 열어내는 것이다.

제퍼슨의 『독립선언』과 『선언』

마이클 하트가, 『독립선언』을 비롯한 제퍼슨의 문헌에 대한 해제를 발표한 것은 2007년이었다.[5] 늘 혁명적 사건의 '끝'에 주목하면서 그것이 끝날 수밖에 없는 운명을 반복해서 강조하기를 좋아하는 냉소가들과는 달리, 그는 제퍼슨에게서 '혁명적 사건은 혁명의 끝이 아니라 시작'이라는 생각을 이끌어낸다. 혁명적 사건, 즉 **봉기**는 영속적인 혁명과정의 한 계기로서 헌법과 분리될 수 없는 것이다. 봉기는 반복될 수 있을 뿐 지속될 수는 없다. 하지만 봉기는 제헌[구성] 과정 속에서 헌법과 하나의 문제로, 즉 '인민의 자치와 민주주의를 어떻게 실현할 것인가?' 하는 문제로 수렴되며 이것은 다시 '인민들이 자치의 역량을 어떻게 확보할 것인가?' 하는 문제로 환원된다. 이 문제에 제퍼슨은, 제헌[구성] 과정이 주기적으로 다시 개시되어야 하고 인민들이 민주주의적 실천을 통해 이를 학습해야 한다는 것으로 답했다.

레닌도, 인민의 자치가 필요하다는 것, 그렇지만 인민의 자치역량이 부족하다는 것을 강조한 점에서 제퍼슨과 인식을 같이 한다. 하지만 그는, 제퍼슨과 달리, 인민의 민주적 자치를 가져올 수단을 봉기의 주기적 반복과 이 속에서의 인민의 실천적 학습에서 찾기보다 비록 일시적이지만 (반혁명을 무찌를 뿐만 아니라) 인민을 교육할 억압적 국가기구에서 찾았다. 인민이 자치와 민주주의에 필요한 능력을 갖고 있지 못한 실제의 조건에서 인민의 자치로 나갈 이행의 길은, 낡은 국가를 보존하는 사회민주주의적 길에서도 주어질 수 없지만, 국가의 즉각적 폐지를 주장하는 아나키스트적 길에서도 주어질 수 없다는 것이었다.

레닌은, 올바르게도, 인간 본성이 변할 수 있다는 확신 위에서, 다중이 자치능력을 개발해 가는 시간적 과정에 주목했고 이행기를 공동의 습관을 창출하는 교육과 훈련의 시기로 사유했다. 하지만 하트는, 다중의 자치를 억압적 국가기구를 통해 훈련시킨다는 레닌의 생각에는 목적과 수단 사이에 큰 간극이 존재한다고 보고 이 간극을 메우는 데 제퍼슨이 유용하다고 말한다.[6]

제퍼슨은, '구성하는 권력'이 '구성된 권력'으로 대체됨으로써 혁명적 사건이 끝나는 것이 아니라 마치 대기에서 일어나는 폭풍처럼 제헌[구성] 과정이 주기적으로 반복됨으로써 새로운 세대의 욕망과 필요에 기초한 헌법이 제정되어 나간다고 보았다. 이 과정에서 민주주의는 혁명과정의 목표인 동시에 혁명을 완수하기 위한 수단으로 남아 있어야 하는데, 그것의 핵심은 시민들의 직접행동이다. 자치능력을 갖춘 다중이 창조되는 것은 다중들의 이 직접행동 과정에서이기 때문에, 도달해야 할 민주주의는 언제나 현재 실행중인 민주주의를 초과하는 것이다. 그러므로 이행은, 다중이 한 곳에서 다른 곳으로 이동하는 것이 아니라 다중 자신의 상태가 변화는 것이며 변화를 가져오는 무한한 생성과정이다. 이 생성과 변화가 봉기의 주기적 반복에 의해 담보된다는 것이 제퍼슨의 독특한 생각이다. 마이클 하트는 이때의 반복은 결코 동일성의 반복일 수 없고 차이가 반복되는 것, 즉 개개 세대의 상이성이 반복되는 것이라고 해석한다.

　마이클 하트는, 이러한 해석을 기초로, 혁명적 사건의 핵심은 다중의 변신變身이며 혁명은 자치를 위한 지식, 기술, 습성, 상상력, 민주주의 욕망을 실천 속에서 학습하고 스스로 변환하는 내재적 과정이라고 말한다. 이것은 민주주의가 봉기에 의해 반복적으로 단절되고 새롭게 갱신되는 주기적 과정을 필요로 한다. 이런 관점에서 하트는, 인민이 자연적으로 주어진 미덕, 지혜, 선함을 갖고 있지는 않다는 현실판단과, 인민을 진리의 집단으로 변화시켜야 한다는 목표 사이에서 혁명정당의 필요성을 변호하는 지젝의 주장이나, 복잡하고 이질적인 사회적 장에서 등가물들의 접합된 사슬을 통해 인민을 만들어내는 과정에는 헤게모니를 쥔 존재, 즉 당적 기능을 수행하는 주체가 필수적이라는 라클라우의 주장 등이 변환의 원동력을 인민의 외부에서 찾으며 변환의 비민주적 수단이 그것의 민주적 목적과 부합하지 않는다는 점에서 레닌의 약점을 반복하는 것이라고 비판한다. 이런 문제의식 하에서 그는, 다중이 자치의 역량을 획득할 수 있는 방법을 탐구하기 위해서는 "전 세계 인민들이 지금 민주적 참여와 봉기를 어떻게 실천하고 있는지를 탐구해야 한다."[7]고 말한다.

봉기에서 제헌[구성]으로 : 2011년 혁명에 대한 이론적 개입

하트는 2007년에 쓴 앞의 글에서, 봉기가 민주주의를 중단시키는 반복주기를 '적어도 20년에 한 번'으로 설정했던 제퍼슨의 생각을 상기시키면서, "내 계산에 의하면 우리는 그 기한을 많이 넘겨버렸다."[8]고 덧붙였다. 비록 기한에는 늦었지만, 2011년의 일련의 봉기적 사건들은 봉기가 반복된다는 사실을 어김없이 입증했다. 이 해를 전후한 전 지구적 연쇄봉기의 상황에서 마이클 하트와 안또니오 네그리는 다중들의 봉기의 조건, 특성, 경향, 요구, 조직, 이념, 실행 등에 관해 면밀하게 살피면서 편지, 기고, 인터뷰 등의 다양한 방식으로 이 사건들에 이론적으로 개입했다. 2012년 5월에 팜플렛 형태로 발표된 이 책『선언』의 출간은 그러한 개입의 가장 최근의 형태이면서 가장 본격적인 방식이라 해야 할 것이다. 이제 이 개입과정에서 이루어져 온 저자들의 사유의 발전과정을 고찰하면서『선언』의 위치와 의미를 좀 더 분명히 잡아보도록 하자.

생존권 위협에 대해 항의하던 26살 노점상 청년 부아지지의 분신자살을 계기로 격화된 튀니지에서의 항의시위가 전 연령층에 걸친 전국적 봉기로 확대되어 벤 알리 대통령의 망명을 가져온 것은 2011년 1월 14일이었다. 이로부터 열흘 뒤인 1월 24일에 네그리는 편지형식의 글(「튀니지 친구에게 보내는 편지」)을 통해 튀니지 혁명의 물질적 기초와 그것의 성격 및 과제를 분석한다. 그의 분석은, 튀니지 혁명이 아프리카에 특수한 낡은 독재체제에 항의하는 정치혁명일 뿐이라는 널리 퍼진 생각들에 정면으로 맞서면서, 그것을 신자유주의적 자본주의에 대항하는 투쟁으로서 유럽 및 세계의 해방과 연결된 보편적 혁명의 일환으로 자리매김하는 데 집중한다. 그는, 튀니지의 산업발전의 경향이 유럽 및 세계의 산업발전 경향과 보조를 같이한다고 보면서, 튀니지와 북아프리카에서 발견되는 마피아적 독재, 통제할 수 없을 정도의 부패, 기만적이고 잔인한 억압체제는 신자유주의의 전지구화가 시장에 가져온 끔찍한 변형들(실업, 불안정노동, 복지파괴, 극심한 지역적 불균등, 외부투자의 동결 등)과 연관된 것이라고 진단한다. 당시 튀니지의 청년 실업률은 25~30%에 이르렀는데 이것은 노동력의 인지적 변형과 무관하지 않다는 것이 네그리의 생각이다. 그는, 인지화된 노동이 생산하는 공통의 부를 사적 및 공적 형태의 지대地代로 사유화私有化하는 신자유주의적 자본주의에 맞서. 이 체제의 가장 중요한 생산자이면서 가장 큰 희생자인 청년세대의 주도로 공통권common right 9을 확고히 할 새로운 헌법을 만들어내는 것이 필요하다고 말한다. 2004년에 출판한 『다중』에서 그는, 이러한 헌법이 민주주의를 절대화할 수 있는 길이라고 말한 바 있는데10 이 편지에서는 이를 위한 선결과제를 그 어떤 글에서보다도 분명하고 구체적으로 제시한다. 그것의 골자는, 1) 입법, 사법, 행정의 3권을 입법을 중심으로 통제하고 2) 이에 더하여 미디어 부문에 대한 통제권을 확보하여 표현의 권리를 자본으로부터 해방시키고 3) 은행을 국유화하여 그것을 공공서비스로 변화시킴으로써 사유화된 금융지대를 공통적인 것으로 재전유한다는 것으로 요약될 수 있다. 이 민주적으로 운영되는 금융기관이 보장소득, 완성교육[11], 보편의료 등과 같은 복지의 기관으로 전용될 수 있다고 본 것이다. 당시 우파는 봉기가 튀니지의 신용등급을 하락시켰다면서 생산의 재개를 위해 봉기의 중단을 요구하고 있었고 좌파는 봉기가 성공했으니 이제 그것의 생산력을 바탕으로 국가장치를 재건하자며 봉기에서 제도구축으로의 전환을 요구하고 있었는데 네그리는, 이러한 좌우파의 국가재건 기획만이 아니라 결국 봉기를 모스크mosque에 봉인하게 될 이슬람주의자들의 기획까지 비판하면서 봉기를 제헌[구성] 과정으로 전환시킬 제헌[구성]행동위원회를 전국적 수준에서 구축하는 것이 필요하다고 제안한다.

1월 24일에 쓴 그 편지는 1월 28일에 이탈리아에 기반을 둔 온라인 잡지 『우니노마데 2.0』*UniNomade 2.0*에 게재되었다. 추신에서 그가 쓰고 있듯이, 그 사이인 1월 25일에 튀니지에서 이집트로 봉기의 불꽃이 옮겨 붙었다. 분노의 날의 시위가 카이로, 알렉산드리아, 수에즈, 이스마일파 등의 도시들에서 동시에 전개된 후 카이로에서는 15,000명이 타르히르 광장을 점거하여 이후 전 세계에 점거시위의 물결을 만들어냈다. 경찰이 시위대에게 최루가스, 물대포, 고무총알 등을 발사하고 정부가 통행금지령을 내리고 이동통신사가 통신서비스를 중지시키고 방송사가 시위의 심각성을 숨기는 거짓 이미지를 송출하고 마침내 무장군대가 거리에 배치되었음에도 불구하고 집회와 시위는 계속 확산되어 2월 11일, 마침내 무바라크의 사임을 가져왔다. 비록 권력이 군부로 이양되었지만 튀니지 봉기에 이어 거둔 이집트 봉기의 승리의 경험은 다중들에게 자신감을 불어 넣기에 충분했다. 그 직후인 2월 24일에 네그리는 하트와 함께 영국의 진보적 정론지인 『가디언』지에 기고하여, 아랍 혁명이, 수십 년 뒤처진 상태에서, 유럽이 이미 밟아온 길을 뒤따르며 반복하고 있다는 유럽주의적 시각에 반대하면서, 아랍의 봉기들은 현 시기의 억압적이고 약탈적인 질서에 맞서는 새로운 민주주의를 개척하는 선봉에 있다는 주장을 펼친다. 아랍의 봉기들의 배후에는, 유럽과 마찬가지로, 청년실업, 종속과 빈곤이 놓여 있음을 강조하면서 이들의 풀려난 욕망이 자신의 표현을 찾아나가는 과정이 봉기로 나타나고 있다는 것이다. 네그리와 하트는, 아랍의 풍부한 천연자원과 사회적 생산을 관리할 공통도면을 담은 새로운 민주주의 헌법의 제정 필요성을 설명하면서, 2001년 이후 10년 동안 세계의 진보지도를 그려온 라틴아메리카의 역할을 이제 아랍이 이어나갈 수 있을 것이라고 전망한다. 여기에서 이들은, 네트워크 형태의 공통경험을 통해 지도자 없이 자기조직화 할 수 있는 다중의 역량을 강조하는 반면, 아랍 혁명을 인터넷 혁명이라고 규정하는 생각도 상대화하면서, SNS는 인지화된 노동력인 청년세대들의 표현양식이자 조직화의 훌륭한 도구이지만 그 자체가 봉기의 원인은 아니라고 설명한다. 심지어 이들은 아랍의 봉기들을 '혁명'으로 규정하는 것조차, 새로운 사태를 1789년이나 1917년과 같은 과거 혁명형태의 반복으로 보게 만들 우려가 있기 때문에 조심스러울 필요가 있다고 말한다.[12]

그런데 봉기의 불꽃은 이집트에 머물지 않고 다시 이웃한 리비아로 옮겨 붙었다. 처음에는 제2의 도시 벵가지에서 투옥된 활동가들의 석방을 요구하며 시작된 시위는, 투옥인사 석방 및 개혁약속이라는 유화조치, 친정부 맞불시위 조직, 군대와 외국인 용병을 포함한 치안부대의 투입과 실탄발사 등 강온의 진압시도에도 불구하고 일주일 뒤에는 수도 트리폴리까지 확산되었다. 2월 21일 인민홀, 총인민회의 건물, 경찰서 등이 불타자 가다피[13] 정부는 반정부 시위대에 대한 공습을 지시하여 250여 명을 학살했다. 이에 더하여 장갑차, 헬리콥터, 기관총, 수류탄, 전차 등을 이용한 자국민에 대한 무차별학살이 이어지면서 항의시위는 봉기에서 본격적인 내전으로 전환했다. 2월 27일에는 가다피 정권에 반기를 들고 사임한 무스타파 압둘 잘릴 법무장관이 벵가지에서 리비아 과도국가위원회를 선언했고 점차 다수의 자치정권들이 이 산하로 결집하면서 3월 5일에는 반군의 대표기구인 국가과도위원회가 설립되었다. 유엔안전보장이사회가 리비아 내전에 대한 군사개입을 승인하고 리비아 상공을 비행금지구역으로 선포한 것은 3월 17일이었다. 이에 가다피가 즉각적인 정전과 모든 군사작전의 중단을 선언했지만 프랑스의 사르코지는 오히려 리비아 내전에 대한 군사개입을 선언했고 나토 전투기들이 3월 19일 리비아에 대한 공습을 개시했다.

당시 이 공습의 성격이 무엇인가, 유엔의 리비아 공습을 지지할 것인가 반대할 것인가를 놓고 커다란 격론이 벌어졌다. 역시 편지형식으로 『우니노마데 2.0』을 통해 3월 23일에 이루어진 안또니오 네그리의 세 번째 개입은 오바마에 의해 승인된 이 공습의 정치적 성격을 **제국적 침공**으로 규정하는 것이다. 그는 나토군의 리비아 공습이, 인권과 민주주의를 가장하여 제국적 질서를 확립하려는 것으로, 19세기 리소르지멘토 당시 교황 피우스 9세가 사용한 방법과 동일한 것이라고 비판한다. 리소르지멘토는 1789년 프랑스 혁명의 영향 하에서 자유주의적이고 민족주의적인 방식으로 이탈리아의 연방적 통일을 추구했던 운동이다. 리소르지멘토의 민주파라고 할 수 있는 1831년 카르보나리당의 반란이나 1833~35년 마치니의 청년 이탈리아당의 운동 이후, 이것의 영향을 받아 1840년대에는 부르주아지와 개화한 귀족에 기반한 자유주의파가 등장한다. 피우스 9세는 이 자유주의 경향을 지지하면서 1846년에 즉위한 교황이다. 그가 자유주의를 지지한 이유는 자유주의자들이 성직제도에 자주 반대한다는 것에 착안한 것이었다. 그는 스스로 자유주의자로 행세함으로써 자유주의자들을 자신의 영향권 아래에 두고 싶어 했다. 1848년 혁명과정에서 그는 자유주의자들과 민족주의자들의 압력을 받아 양원제 의회를 수립하는 내용의 개혁헌법을 승인했다. 하지만 이 일련의 자유주의적 행보는 교회의 이익과 교황권력을 지킨다는 일관된 보수적 목적 하에서 수행된다. 네그리는 자유주의적 방식으로 보수주의적 목적을 달성하려한 피우스 9세의 이 양두구육羊頭狗肉식 행보가 오바마의 리비아 침공이라는 행보에서 반복된다고 본다. 오바마는 인권의 이름으로 움직이고 있지만 그의 실제적 목적은 괴물적 가다피에 대한 공격을 본보기로 남북 지중해 전체에 신자유주의적 노동조직화와 분업을 확대하고, 보존된 에너지를 약탈하며, 점점 위태로워져 가고 있는 제국권력을 회복하는 계기로 삼는 것에 있다는 것이다.

그러나 네그리는, 리비아 침공에서, 오바마의 이러한 목적달성이 점점 어려워지고 있는 것의 징후를 읽는다. 왜냐하면 리비아 침공은 **폭력** 이외에는 제국권력이 사용할 수단이 마땅치 않음을 보여주기 때문이다. 반면 다중은, 금융자본과 제국권력이 그들을 **사회적 협력** 속에서 노동하게 하는 방식으로 지배를 지속한 결과, 공통되기의 잠재력을 구축해 왔다. 네그리는 다중이 점점 더 큰 폭력에 의존하는 제국권력에 대항하여 다중의 협력적 노동이 구축하는 **공통적인 것**을 정치적으로 해방시키는 방향으로 나갈 것을 제안한다. 이 작업은 대지를 공유하는 남지중해와 북지중해의 노동자들, 즉 아랍의 노동자와 유럽의 노동자의 연합을 통해서만 달성될 수 있다고 그는 주장한다.

유럽을 아랍으로부터 절단시켜 놓으려는 온갖 이데올로기적 압박에도 불구하고, 아랍의 봉기에 대한 유럽의 공명은 즉각적이었다. 3월 12일에 벌써 포르투갈의 리스본에서는, '역사상 가장 잘 교육받았으면서도' 인턴으로 일하거나 실업자인 자칭 '쓰레기 세대'의 청년들 20만 명이 페이스북으로 결집해 리스본 해방로를 행진했다. 본격적인 공명은 스페인에서 나타났는데 5월 15일에 청년시위대인 인디그나도스(분노한 사람들)indignados가, 이후 3주간 계속될 마드리드의 푸에르타 델 솔 광장에 대한 점거를 개시했다. 46%에 달하는 청년실업률과 긴축정책에 분노한 이들은, 신자유주의와 금융자본주의에 대한 항의를 마드리드에서 프랑스 파리를 거쳐, 벨기에의 브뤼셀에 이르는 1,700km의 '분노의 행진'을 통해 표현하기도 했다. 75일에 걸친 인디그나도스들의 점거는 도심 광장 곳곳에 모여 시민회의를 조직하고 '탐욕과 부패에 젖은 정치인과 금융가들은 모두 물러가라'고 외치며 '우리는 실질[진짜] 민주주의를 원한다'고 주장했다. 이미 2008년에 높은 청년실업과 긴축정책에 대한 항의로 청년들이 은행, 상점, 경찰서를 습격하고 거리를 점거하는 투쟁을 벌인 바 있는 그리스에서도 5월 26~27일에 여러 지역에서, '분노하는 사람들'이 대중 시위를 조직했고 이 투쟁들은 아테네의 신타그마 광장과 테살로니키의 백탑광장 점거로 이어졌다. 2011년 8월까지 지속된 광장 점거운동은, 노조나 좌파 정당과 같은 전통적인 조직 외부에서 자생적으로 조직된 긴축반대 대중운동의 새로운 형태의 상징적·물질적 근거지로 기능했고 노동자들의 총파업 가두시위에도 적극적으로 연대했다. 청년실업률이 20%를 넘는 프랑스에서도, 6월 2일부터 청년들이 바스티유 광장을 점거하고 자신들을 '분노한 사람들'이라고 부르면서 즉각적인 실질[진짜] 민주주의를 실천하기 위한 범유럽적 운동에 가세했다. 유럽대륙의 시위는 대서양을 건너 영국에 이르면서 격화되었다. 런던 북부 토트넘에서 2011년 8월 4일 경찰의 총격으로 흑인 청년 마크 더건이 사망하자 8월 6일 영국 잉글랜드 지방 각지에서 동시다발적으로 일어난 시위는 런던 중심가 등 20여 곳에서 방화와 약탈이 동시 다발로 벌어지는 사태로 발전했다. 이 시위는 8월 10일 경찰의 무력으로 진압될 때까지 제2도시인 버밍엄, 항구도시 리버풀과 브리스틀 등 다른 도시로까지 확대되었다. 장기적인 경기침체, 정부의 긴축정책실시, 청년실업 등은 유럽의 다른 지역들에서와 동일하게 시위와 폭동의 원인으로 작용했다.

안또니오 네그리가, 쥐디쓰 흐벨과 함께 쓴 「반란 속의 공통적

인 것」을『우니노마데 2.0』(2011년 8월 13일)에 발표한 것은 이러한 상황 속에서였다.[14]

2009년에 하트와 함께 출간한『공통체』*Commonwealth*에서 네그리는, 2008년 경제위기의 원인과 사회적 효과를 분석하면서 '자크리[15]의 난'과 비슷한 도시 반란을 예상한 바 있다.[16] 백년전쟁 중 북프랑스에 있었던 농민폭동이었던 자크리의 난과 비슷한 형태의 도시반란이라면 도시폭동을 의미한다. 흑사병·기근·전쟁 등으로 농민경제가 혼란한 가운데 봉건 지배계급의 반동적 지배가 강화되면서 1358년 5월 28일, 보베지방에서 귀족에 저항하는 농민반란이 발생했다. 1356년 프랑스가 영국에게 푸아티에에서 패한 후 용병들이 유랑민이나 도둑이 되어 용병회사였던 카랄란 컴퍼니(일명 '그랜드 컴퍼니')의 전횡과 약탈에 저항한 것이 그 계기였다. 폭동은 순식간에 노르망디, 일 드 프랑스, 피카르디, 샹파뉴 등 북프랑스의 대부분에 파급되었지만 어떤 조직화 과정도 없이 약탈, 방화, 살인의 방식으로 분노를 표현하는 것에 머물렀다. 2011년에 영국과 그리스에서는 하트나 네그리가 예상한 바와 유사한 폭동이 일어났다고 할 수 있다. 그러나 이탈리아에서는 그와 같은 반란은 나타나지 않았고, 대신에 위기에 대항하는 폭넓은 전선을 꾸리고 정치적 대의를 수행할 조직, 소통, 인정의 형식을 구축하자는 제안이 나왔다.

네그리는 2011년에 전 세계에 확산된 봉기들을 한편에서는 '다소 고전적인 봉기형식'이면서 다른 한편에는 '오래된 지정학적 문법을 깨뜨리는 새로운 운동'이라고 본다. 전통적인 것과 새로운 것의 이 혼합은 어떻게 가능해진 것일까? 2011년의 봉기들을 살펴보면 사회의 수직적 위계화(금융계급, 프롤레타리아로 추락하는 중간계급, 그리고 배제된 프롤레타리아의 차별)와 수평적 위계화(젠트리피케이션 지역과 브라질화된 지역의 구별17)가 그것의 사회적 토대로 작용하고 있다. 운동의 계급적 기초는 새로운 프롤레타리아트(프레카리아트precariat 18와 실업자)와 위기에 빠진 중간계급의 연합이다. 이들은 산업경제와 인지경제가 혼합된 경제에서 금융체제가 낳는 위기로 고통 받는 주요한 사회세력들이다. 이 사회세력들이 노동운동, 학생운동, 불안정노동자운동 등으로 부문화되었던 과거의 형태를 횡단하면서 "야영자" 유형의 복합적 사회운동들을 창출하고 있다는 것이 네그리의 생각이다.

　이 운동들이 갖는 급진성은, 단순히 (튀니지의) 벤 알리와 같은 독재자에 반대하거나 (스페인의) 사빠떼로나 (그리스의) 파판드레우와 같은 좌파 정치가들의 정치적 배신을 탄핵하거나 (영국의) 카메론을 증오하거나 유럽중앙은행의 긴축부과를 거부하는 것에만 있지 않다. 이것들은 그 분노와 절망의 분출속에서 파편화된 삶을 더 이상 견딜 수 없음을 절박하게 표현하는데, 이것은 이 운동들이 자본주의 경제와 그 위기의 결과에 대해 더 이상 지불하기를 거부한다는 것을 의미한다. 네그리는 2011년 반란의 진정한 급진성은 후자에 있다고 본다. 그래서 그는 외관상 급진적인 반대를 통해 위기 이전의 자본주의에 대한 향수를 표현하는 것은 금물이라고 지적한다. 현재의 자본주의 체제에서는 북아프리카인가 유럽인가, 민주적인가 독재적인가, 보수적인가 개혁적인가를 불문하고 모든 부는 예속, 착취, 수탈을 매개로 소수의 부자와 권력자들에게 집중되고

있기 때문에, 현재의 반란 속에서 이러한 삶정치적 전유專有를 관리
해 온 여러 정치형식들에 대한 **동시적 거부**를 읽어야 한다는 것이다.
첫 번째 편지에서 이미 나타났던 봉기의 전 지구적 보편성이라는
관점에서 네그리는, 아랍의 봉기는 정당하지만 유럽의 봉기는 부당
하다거나, 남유럽의 시위는 이해할 수 있지만 서유럽의 운동은 범
죄적이라는 식의 특수성론에 입각한 평가는 모든 지역의 운동들이
그 기초와 지향에서 갖는 공통적 성질을 훼손하고 투쟁을 지역적으
로 분할하여 지배하려는 전략의 일부라고 비판한다. 또 그는, 현재
의 반란들을 청년반란으로 세대화하거나 소비주의의 과잉에 의해
생산되었다는 식으로 문화화하는 평가도 부적절하다고 비판한다.
이러한 비판 위에서 네그리는 운동의 몇 가지 특징을 아래와 같이
제시한다.

첫째 이 운동들은 **재구성적이다**. 빈곤에 대항하는 투쟁에서 연대
의 계기를 마련하면서 이 운동들은 여러 주민층들(노동자, 불안정
노동자, 실업노동자 등)을 관통한다. 몰락하는 중간계급, 프롤레타
리아트, 이민자와 비이민자, 육체노동자와 인지노동자, 은퇴자, 주
부, 그리고 청년 등이 이 운동 속에서 통일된 투쟁의 조건을 발견한
다. 둘째로 이 운동들은 카오스적이거나 허무주의적이거나 파괴를
위한 투쟁이 아니라 미래를 건설하고자 하는 **생산적 투쟁이다**. 현재
의 위기는, 프롤레타리아트가 생산을 하지 않거나 충분히 생산하지
않아서 발생하는 것이 아니라 그들의 생산성을 **빼앗겼기** 때문에 발
생한 것이다. 프롤레타리아들은 위기로부터의 출구가 권력기제와
사회관계를 자신들이 조절할 때만 열린다는 것을 알고 있다. 셋째

로 이 운동은 정치적이다. 좌우파는 부유세를 갖고 싸우지만(4~5만 유로냐, 6~7만 유로냐) 사적 소유를 방어하고 사유화와 자유화를 확장시킨다는 점에서는 공통적이다. 선거는 **특권층에서의 선발과정**으로 축소되었다. 이 운동의 정치성은, 이 모든 것을 공격하면서 요구의 지형이 아니라 구성의 지형에 서 있다는 데에서 주어진다. 그리고 그 정치학의 요체는 억압의 형식에 지나지 않는 사적 소유를 거부하고 연대, 복지, 교육과 같은 **공통적인 것**의 헌법을 제정하고 자주관리를 주장하는 것에 있다.

네그리는 이 반란이 즉각 새로운 통치형태를 생산하기를 기대하기는 어렵지만 '하나를 둘로' 쪼갬으로써 '자본주의는 견고하다'는 생각을 환상에 불과한 것으로 만들어 놓았다는 점만은 분명하다고 말한다. 그리고 그는 이 운동들을 통해 봉기가 한물간 도구가 아님이 입증된 만큼 의회일정을 기다리다 지쳐 나가떨어지지 말고 반란 속에서 공통적인 것을 위한 구성적 제도들을 새로이 발명하자고 제안한다.

이로부터 불과 한 달 후인 9월 중순 봉기의 불꽃은 유럽에서 북미 대륙으로 옮겨 붙었다. 금융위기 폭발 3주년 째였던 9월 17일[19], 미국에서 이집트의 광장시위대에서 점거를 배우고 스페인의 분노한 사람들로부터 신자유주의적 금융체제에 대한 분노를 가져왔으며 캐나다의 『애드버스터스』[20]의 제안을 받아들인 월스트리트 점거시위가 발화된 것이다. "우리가 99%다."고 외치면서 주코티 공원을 점거한 이 시위는 수많은 지식인들, 배우들, 정치가들 심지어 오바마의 지지를 받으면서, 그리고 노동조합원들이 합류하면서 10월

15일에는 전 세계 900개 이상의 도시가 점거시위에 참가하는 전 지구적 운동으로 발전했다.

네그리와 하트는, 운동이 이렇게 상승하고 있던 10월 11일에 『포린 어페어』 지에, 월스트리트 점거시위의 분노가 주로 경제적 지배계급을 겨냥하고 있지만, 그것의 핵심에 놓여 있는 것은 실질[진짜] 민주주의를 위한 투쟁임을 강조한다. 이 글의 중요성은, 아랍, 유럽, 미국의 투쟁들을 네그리와 하트가 처음으로 하나의 새로운 투쟁순환21의 개시로 이해하기 시작한다는 점에 있다. 『선언』에서 이 두 저자는 자신들의 작업목표를 "2011년에 시작된 투쟁순환의 욕망과 성취를 밝히는 것"으로 설정하는데, 「월스트리트 점거시위의 핵심에 있는 실질[진짜] 민주주의 투쟁」에서 이들은 이미, 2011년의 반란들이 국민 대신에 금융가를 대의하는 실패한 대의에 대한 분노에 기초하여 (스페인의 점거시위대가 이미 제기한 바 있는) 실질[진짜] 민주주의 요구를 더욱 진전시키는 것으로 본다. 이 반란들은, 1999년에 개시된 이전의 투쟁순환인 대항지구화 시위에 뿌리를 박고 있으면서도 그것과는 다른 다중적 시위형식(빈번한 집회, 민주적 의사결정, 대표자 없는 수평적 참여구조)을 창출하고 있다는 점에서 새로운 투쟁순환을 개시한다는 것이다. 이러한 해석에 따라 이들은, 2011년의 투쟁순환이 추구하는 실질[진짜] 민주주의는 봉기를 제헌[구성] 과정으로 전환시킴으로써, 즉 집단적 행복추구 기획을 다시 시작할 새로운 헌법을 구축함으로써 비로소 실현될 수 있다고 반복해서 말한다.

네그리와 하트가 봉기의 한계와 불충분함을 실질[진짜] 민주주의를 공고히 할 제헌[구성] 과정의 결여에서 읽는 것과 달리 존 홀러웨이는 2011년 투쟁의 불충분함을 화폐권력에 대한 투쟁의 결여에서 읽은 바 있다.[22] 그는 아랍에서 시작된 분노의 날을 새로운 투쟁과 삶의 국면의 개시로 이해하면서 우리가 분노하는 것은 인간이고 존엄한 존재이기 때문이라고 말한다. 그에 따르면, 영국의 폭동은 분노가 핵심적인 것으로 되어 가는 현실을 보여준다. 절규와 분노는 사회의 변화를 가져올 수 있는 힘이지만 다른 한편에서 그것은 위험하기도 하다. 그것이 쉽게 우리 자신에게로 향하면서 존엄한 분노를 존엄하지 못한 분노로 전화시킬 수 있기 때문이다. 그래서 홀러웨이는 분노의 전쟁을 공통[위]화communizing로 발전시키는 것이 필요하다고 본다. 그것은 공동결집coming together, 아래로부터의 집단적 결정과정 등에 의해 뒷받침될 수 있는 것이다. 이러한 방법들이 직접적으로 부자, 자본, 화폐에 의한 결정에 대한 공격으로 될 수 있기 때문이다. 홀러웨이는 2011년의 봉기들이 공통[위]화의 방향을 분명히 가리키고 있으면서도 '실질[진짜] 민주주의'라는 개념은 문지방 개념에 머물러 있다고 평가한다. 그것은 더 전진할 수도 있고 지금의 장소에 머물 수도 있는 개념이다. 그는 공통[위]화로 전진하지 못하는 민주주의는 공허한 것이라고 이해한다. 그래서 그는, 하트와 네그리처럼 민주주의만을 강조하면서, 운동이 스스로 실질[진짜] 민주주의 길에 화폐가 버티고 서 있음을 발견하도록 내버려두는 것은 실질[진짜] 민주주의가 화폐권력에 대한 정면공격이고 또 그래야 함을 분명히 말하지 않는 것이라고 비판한다.

마이클 하트는, 10월 15일 전 세계동시점거 투쟁이 벌어진 직후인 10월 20일에 같은 『쉬트프』지에 실린 인터뷰에서 홀러웨이의 이러한 생각에 대해 언급한다. 홀러웨이가 실질[진째] 민주주의 투쟁은 민주주의 투쟁으로는 충분치 않고 화폐권력에 대한 공격을 필요로 한다고 본 것에 대해, 마이클 하트는 실질[진째] 민주주의 투쟁은 봉기에서 제헌[구성] 투쟁으로 발전해야 한다는 관점을 대치시킨다. 홀러웨이의 생각은 마이클 하트의 눈에, 정치적 민주화는 경제적 민주화에 의해 완성되어야 하고, 정치 혁명은 사회 혁명으로 전진해야 한다는 고전적 맑스주의 주장을 반복하는 것으로 비춰진다. 물론 홀러웨이의 생각은 이러한 것으로 단순히 환원되기 어렵다. 그가 이해하는 자본은, '어떻게 행하는가?'(형식)의 문제이고, 그의 민주주의는, 처음부터 '어떻게 자본의 형식과는 다르게 할 것인가?'의 문제로 주어지기 때문이다. 그에게 화폐는 단순한 경제의 형식이 아니다. 자본주의는 노동의 이중성을 무대로 자본주의적 사회관계의 형태를 창출하는 사회적 과정이고, 그래서 일상은 한편에서는 자본의 형태화과정, 그리고 다른 한편에서는 그 속에서 그것에 대항하며 그것을 넘어서는 저항과정이 길항하는 갈등과정이다. 화폐형태는 위로부터, 사유화하고, 분리시키는 형태/방법이 구체화된 것으로서 아래로부터, 결합을 통해, 공유화하는 형태/방법을 누르고 출현한 사회관계의 형태/방법에 다름 아니다. 이런 의미에서 화폐는 경제적 형식이라기보다 오히려 삶정치적 형식이라고 할 수 있을 것이다.

마이클 하트 역시 오늘날의 삶정치적 투쟁은 경제투쟁과 정치투쟁의 구분 위에서 작동하는 것이 아니라 삶, 경제, 정치의 얽힘을 출발점으로 삼는다고 보기 때문에 이 문제에서 두 사람 사이에는 실질적인 쟁점이 구성되지 않는다. 그래서 하트는 오히려, 자신과 네그리가 자본에 대한 비판과 민주주의에 대한 제안을 소유에 대한 비판 위에 정초함에 반해(『공통체』), 홀러웨이는 자본에 대한 비판을 화폐에 대한 비판 위에 정초한다(『크랙 캐피털리즘』)는 점에서 차이가 있다고 말한다. 하지만 하트는 양자는 노동에 대한 비판, 노동거부의 두 측면을 강조하는 것이고 그래서 서로 호환적이고 또 상호보완적이라고 덧붙인다.

『선언』의 형성과 관련하여, 이 인터뷰에서 주목할 점은, 하트가 2011년 투쟁순환의 새로움을 이전의 분석들보다 더 발전시켜, 그것이 대항지구화의 투쟁순환에 비해 더 정치적인 순환이며, 유목적이기보다 정주적인 순환이고, 정상회담이나 주요 기구들을 폭로하는 것을 넘어 일체의 대의의 실패를 고발하면서 집회구조를 통해 소규모 민주주의를 자치적으로 실험하는 **야영자형 투쟁순환**이라고 이해하기 시작한다는 점이다. 그는 각 운동들이 각기 다른 환경에서 발생했음에도 불구하고 민주주의를 향한 공유된 열망을 갖고 있고, 조직화의 다중형식(지도자 거부, 네트워크 형식, 수평적 의사결정과 참여)을 갖는 것에 주목할 필요가 있다고 강조하면서 오늘날의 보편성은 동질성을 통해서가 아니라 차이들의 관계구성을 통해 달성된다는 점을 강조한다.

그로부터 약 2개월 뒤인 12월 8일에 네그리와 하트는 월스트리트 점거시위를 제안했던 『애드버스터스』의 '2012년의 주요 아이디어들' 코너에 「2012년에 기대하는 것」을 발표하면서 2011년의 이론적 개입들을 총괄한다. 여기에서 이들은 홀러웨이의 비판을 의식한 듯, 모든 시위들이 공유하는 신자유주의에 대한 비판은 경제적 항의이면서 동시에 정치적인 항의임을 강조한 후에, 현재의 헌법들이 노동, 소유, 대의라는 세 측면에서 오늘날의 상황에서 갖게 된 불충분성을 정식화한다. 첫째로 노동이 임금관계 밖에 있어 소득이 노동과 괴리되어 있고, 둘째 생산은 공통적인데, 소유는 사적 성격을 갖고 있어 그것이 공통적인 것의 능력을 축소시키며, 셋째 전문적 정치대표들이 다중의 욕망과 역량을 대의하지 못한다는 것 등이 그것이다. 이러한 인식 위에서 이들은 **새로운 삶의 형식, 대안적 사회구성체를 구성하는 방향**에서 봉기의 열기와 자발성을 지속시켜야 한다는 대안을 제시한다. 그것은 단적으로 말해 공통적인 것에 의해 구성되고 공통적인 것에 적합한, 생산, 교환, 분배의 관계와 사회복지의 구조를 구축하는 것으로 집약된다. 여기에서 확인되는 것은, 2011년의 사건들 속에서 네그리와 하트가 가졌던 지속적이고 일관된 관심은, 봉기와 반란을 어떻게 지속적인 제헌[구성] 과정으로 발전시킬 것인가, 소규모 민주주의의 실험에서 어떻게 실질적 민주주의로 이행할 것인가, 다중의 역능을 어떻게 제헌[구성] 권력으로 전화시킬 것인가에 놓여 있었다는 것이다. 이러한 문제의식은 봉기 자체를 부당하다고 비난하는 우파의 관점과 적대적일 뿐만 아니라, 봉기의 힘을 해체된 국가장치를 강화하고 생산력을 향상시키는 제도적 힘으로 전환해야 한다고 주장하는 사회민주주의적 관점과도 대립하며, 봉기를 혁명으로 전화시키기 위해서는 봉기를 승리로 이끌 조직적 지도력이 필요하다고 보는 혁명적 사회주의의 관점과도 갈등한다. 그러면서 그들의 문제의식은 이러한 발전, 이행, 전화는, 봉기의 내적 역량 외부로부터의 어떤 중지, 제도화, 지도를 통해서가 아니라, 차이들의 관계를 통해 느끼고 사유하고 실천하는 다중 자신들의 미시적이고 거시적인 발명적 역량과 노력 및 윤리정치적 실천에 의해서만 달성될 수 있다는 내재적이고 자율적인 제헌[구성] 권력의 관점을 구성한다.

위기 속의 네 가지 주체적 형상들과 노동

그렇다면 2012년 5월에 출간된 『선언』은 2011년에 전개된 이상의 사유로부터 어떤 전진을 보이는가? 『선언』은 그때그때의 정세가 제기하는 논점들에 대한 개입을 넘어, 『제국』, 『다중』, 『공통체』 3부작의 이론적 문제틀 속에서 2011년 봉기들에 대한 경험적 실천적 사유들을 재조명하고 봉기의 잠복이라는 상황 속에서 **공통인의 사건**을 준비하자는 커다란 방향을 제안한다는 점에 특징이 있다. 이 분석과 제안은, 제국의 위기 속에서 출현하는 다중의 경험적 형상을 제시하고 이들이 반란을 통해 구축해야 할 공통의 역사적 과제와 그것을 통해 구성될 새로운 주체적 형상을 제시하는 것을 통해 나타난다.

저자들이 제시하는 위기 속의 주체적 형상은 네 가지, 즉 빚진 사람들, 미디어된 사람들, 보안된 사람들, 대의된 사람들이다. 이것이 위기 속의 다중의 형상들임을 알아차리는 것은 어렵지 않다. 저자들의 주요 저작들에서 다중은 언제나 잠재적으로 혹은 실제적으로 항상 서술의 중심에 놓여 있다. 『제국』에서 다중은 제국의 생산력으로 등장하면서 동시에 제국에 대항하는 힘으로 나타난다. 『다중』에서 다중은, 공통적인 것을 생산하는, 저항과 민주주의의 주체성으로 그려진다. 『공통체』에서 다중은 군주되기의 관점에서, 즉 가난 속에서 대안근대성을 구성하는 혁명적 특이성으로 그려진다. 이 세 책에서 다중은 생산적이거나 저항적이거나 구성적이다. 심지어 이들의 가난조차도 공통적인 것의 힘으로 그려진다. 그런데『선언』에서의 다중은 이렇게 밝은 능동의 얼굴이 아니라 어두운 수동의 형상으로 등장한다. 빚지거나 미디어되거나 보안되거나 대의되는 모습들이 그것이다. 얼핏 보면, 오뻬라이스모 이후 계급관점의 역전을 통해 기각되었던 노동자들의 희생자적 얼굴이 복귀하는 것 같다. 노동자를 희생자로, 피억압자, 피착취자로 제시하는 관점은 노동력의 잠재적 능동성을 삭제하는 효과를 가져오고 궁극적으로는 노동을 역사의 배경으로 밀어내는 점에서 문제적이었다. 저자들도 혹시 그렇게 하고 있는 것은 아닐까? 다중이라는 개념 속에서 (전문노동자, 대중노동자, 사회적 노동자 등에서 유지되어온) 노동의 개념이 말소된다는 비판들이 제기된 바 있는데, 빚지고 미디어되고 보안되고 대의되는 사람들의 형상에서는 다중에서 유지되던 생산자, 주체성으로서의 그 능동성마저 사라지는 것은 아닐까? 이 물음에 답하기 위해서는 위 네 가지 형상들이 **노동**과 맺는 관계를 주목해서 살펴보는 것이 필요하다.

앞에서 위기 속의 주체적 형상들이라고 했지만 실제로는 위기의 주체적 형상들이다. 위기를 가져오고 구성하고 있는 주체적 형상들이 바로 위의 네 가지의 형상이다. 그런데 저자들의 생각을 주의해서 살펴보면, 겉으로 드러나는 것과는 달리, 그것들이 내적으로 노동에 의해 규정되고 있는 형상들임이 드러난다. 첫째로 빚진 사람들. 신자유주의적으로 통치되는 인지자본주의에서 빚은 다중의 삶의 우연적인 계기가 아니라 필연적인 계기이다. 인지자본주의로의 이행에 따라 노동이 인지화되면서 가치의 축적은 사회적으로 생산된 가치에 대한 점점 더 추상적인 형태의 전유로 되고 이윤이 아니라 금융화된 지대가 축적의 주요 형태로 된다. 이로부터 착취에서 채무로의 이행이 나타나고 복지는 빚으로 대체된다. 빚은 생산관계와 착취를 통제하고 유지하는 주요한 무기로 부상한다. 그것은 내핍과 소비를 훈육할 뿐만 아니라 노동선택과 그 리듬을 통제한다. 빚을 갚기 위해서는 노동해야 하기 때문이다. 빚진 사람은 하루의 모든 시간을 팔아야 할 뿐만 아니라 미래의 시간까지 팔지 않으면 안 되도록 강제당한다. 이런 의미에서 빚진다는 것은 자본에 종속된 추상화된 사회적 노동이 취하는 화폐관계의 형태이다. 둘째로 미디어된 사람들. 저자들은 인지화된 노동에서 노동은 소외되기보다 미디어된다[23]고 말한다. 노동은 자본 축적의 미디어(매체)가 되어 그것에 종속된다. 미디어된 노동은 미디어에 예속되는 대상일 뿐만 아니라 자신의 신체와 유리된 인지과정과 가상경험들을 반복적으로 생산하는 주체이기도 하다. 자본은, 이 신비화되고 잠재력이 박탈된 지성이 생산한 죽은 정보들을 질주하는 속도로 유통시킴으로써 그 흐름으로부터 가치를 채취할 뿐만 아니라 신체로부터 인지를 유리시키는 체제, 즉 스펙터클의 체제를 부단히 재생산한다. 그러므로 '미디어된 사람들'이란 인지자본주의 하에서 노동이 놓인 종속적 위치, 추상적 특성, 신체와 인지를 분리시키는 기능을 지칭한다. 셋째 보안된 사람들.[24] 『선언』에서 보안된/되는 사람들은 감옥, 수용소, 군대 등에 강제로 갇히거나 감시당하는 사람만이 아니라 보편적 보안기계인 감옥사회를 받아들이면서 스스로 감시하고 수감하고 수용하고 전쟁하는 주체가 되는 사람들을 지칭한다. 사람들이 왜 이렇게 일반적인 보안주체로 나타나는가? 어째서 사람들이 이러한 예외상태[25]를 받아들이면서 자발적 예속의 상황을 감내하는가? 저자들에 따르면 이것은, 노동이 놓인 현재의 두려운 상태에서 비롯된다. 노동이 불안정한 만큼, 그리고 불안정노동자들이 (삶이 위태로울 뿐만 아니라 자본의 안정을 위협한다는) 이중적 의미에서 '위험한 계급'으로 되는 정도만큼 보안체제의 안이 그 바깥보다 더 안전해 보이기 때문이다. 그러므로 보안된 사람들이란 위계화된 **강제노동**의 체제에 희생되면서도 그것을 기반으로 살지 않을 수 없는 사람들이다. 이들은 빚진 사람들이 채무공장에 갇히고 미디어된 사람들이 정보체제의 덫에 걸린 것처럼, 보안체제에 담보 잡힌 사람들이다. 끝으로 대의된 사람들. 저자들이 보기에 대의체제의 성격과 기능은 분명하다. 그것은 자본주의 시장이 주민들을 정치적으로 포섭하는 수단이며 명령하는 자와 명령을 따르는 자를 구분하는 메커니즘이다. 대의장치들은 사람들을 권력구조에서 체계적으로 그리고 합법적으로 분리시키고 그들로부터 실효적인 정치행동의 능력을 박탈한다. 그것은, 그것의 정세적 효과와는 별개로, 본질적으로는 부자들, 권력자들이 다중을 통제하는 장치다. 저자들이, 대의는 민주주의의 수단이 아니라 그것의 장애물이라고 단언하는 것은 대의된 사람들이 빚진 사람들, 미디어된 사람들, 보안된 사람들을 권력의 수준에서 종합하면서 공통된 노동의 성과를 사유화할 수 있게 만드는 공적 장치라고 파악하기 때문이다.

그러므로 이 네 가지 형상은 사회적 노동이 제국 주권 하에서 취하는 위기적 형상들에 다름 아니다. 저자들은『제국』에서 세 개의 층으로 된, 네트워크적이지만 피라미드적인 혼합적 권력구조의 상을 제시한 바 있다. 그 최상층에 미국을 정점으로 하면서 핵무기를 수단으로 권력을 통합하는 군주제의 층이 있다. 이것은 전 지구적 보안체제를 생산하고 유지하는 층이다. 보안된 사람들의 형상은 이 군주적 층이 제국의 모든 층위에 작용하면서 사람들을 추상화된 사회적 노동체제로 끌어넣는 모습을 보여준다. 그 아래층에 화폐를 매개로 하여 지역적 권력들을 절합하는 귀족제의 층이 있다. 빚진 사람들의 형상은 이 국제적 지역적 채무관계가 은행과 기타의 금융기관을 매개로 일상적 삶의 영역으로 침투하여 과거와 현재의, 그리고 미래의 삶시간을 노동시간으로 바꾸고 있는 모습을 보여준다. 그리고 주권의 맨 하층에서 정보를 매개로 다중을 대의하는 국민국가, 미디어, NGO 등이 제국의 민주제적 층을 구성한다. 미디어된 사람들과 대의된 사람들은 이 층위에서 만들어지는 주체성들이다.

『제국』에서는 군주적 보안체제가 최상층에서 귀족적 화폐체제와 민주적 정보체제를 통합하고 있음에 반해『선언』에서 그 위치는 역전된다. 제국의 아래층에 놓인 대의된 사람들의 형상이 빚진 사람들, 미디어된 사람들, 보안된 사람들의 형상을 종합하는 것이다. 우리는 1999년 씨애틀에서 시작된 대항지구화 시위들이 주로 제국 의 군주제를 타격하는 방법을 취했다는 것을 알고 있다. 그것들은 지구적 정상회담이나 자본들의 주요한 국제회의를 따라다니며 그 것의 부당함과 악덕을 폭로하고 개최를 저지하는 유목적 방법을 취 했다. 그런데 2011년의 반란들은 지역의 문제를 기반으로 할 뿐만 아니라 광장이나 공원 혹은 거리에 터를 잡고 야영하는 정주적 방법 을 취하면서 정치적 금융적 대의의 문제를 제기한다. 다시 말해 투 쟁은 제국 주권의 맨 하층 맨 아랫단에서부터 제기되기 시작하여 점점 더 높은 곳을 향하여 치솟는 방법, 즉 전형적인 아래로부터 위 로의 방법을 취한다. 이것이 대항지구화 시위와 구분되는 2011년 봉기들의 특징이다. 이 봉기들이 투쟁의 새로운 순환이라고 할 수 있는 이유도 여기에 있다. 군주제와 귀족제에 대한 공격은 이제 민 주주의의 전복, 즉 실질[진짜] 민주주의의 요구에서 시작한다. 이것 은 대의되는 사람들 속에서 빚진 사람들, 미디어된 사람들, 보안된 사람들의 축도와 종합을 발견하고 민주주의를 아래로부터 재구성 하는 것을 통해 가능해진다. 이 재구성을 통해서 빚(채무)은 사람들 사이의 자발적 상호의존으로 대체되고, 미디어는 제각각의 진리를 생산하는 특이성으로 대체되며, 안전은 두려움의 소멸을 통해 일상 화되고 보편화되며, 대의는 대의되기를 거부하는 사람들의 정치적 행동능력과 참여로 대체될 수 있다. 저자들이 말하는 공통인은 이 러한 자발적 상호의존, 특이한 진리생산, 두려움 없는 삶, 대의되지 않는 정치적 행동능력에 의해 공통적인 것을 구성하는 사건적 주체성이다. 『선언』은 소책자의 형태로 이 재구성의 사건의 역동적인 드라마투르기를 촘촘히 엮어나가는데 그것을 읽고 해석하고 주체적으로 체화하는 것은 마땅히 독자 고유의 몫이어야 할 것이다.

들어가며

바통을 이어받기

바통을 이어받기

이것은 매니페스토manifesto가 아니다.[1] 매니페스토는 도래할 세계에 대한 조망을 제공하며, 지금은 구경꾼일 뿐이지만 변화의 행위자로 물질화되어야 할 주체를 생성시킨다. 매니페스토는, 자신들의 전망vision의 힘으로 그들 자신의 인민을 창조하는, 고대의 예언자들처럼 작업한다. 오늘날의 사회운동은 매니페스토나 예언자를 쓸모없는 것으로 만들면서 그 순서를 뒤집는다. 변화의 행위자들은 이미 거리로 나섰고 도시광장들을 점거했다. 지배자들을 위협하고 거꾸러뜨릴 뿐만 아니라 새로운 세계의 전망을 빚어내면서 말이다. 아마도 더욱 중요한 것은 다중[2]들이 자신들의 논리와 실천을 통해, 자신들의 구호와 욕망을 통해, 일단의 새로운 원리와 진리를 선언했다declared는 것이다. 그들의 선언이 어떻게 지속가능한 새로운 사회를 구성하는 기초가 될 수 있을까? 저 원리들과 진리들이 어떻게 우리로 하여금, 우리가 서로 관계 맺고 또 우리의 세계와 관계 맺을 방법을 재발명하도록 이끌 수 있을까? 그들의 반란 속에서 다중들은 선언으로부터 헌법[구성]constitution으로 나아갈 길을 발견해야 한다.

2011년 초, 근본적 불평등에 의해 특징지어진 사회경제적 위기들의 한 가운데에서, 상식common sense은, 더 큰 재앙이 우리에게 닥치지 않도록 하기 위해서는 지배권력의 결정과 안내를 우리가 믿고 따라야 한다고 지시하는 것처럼 보였다. 금융 지배자들과 정부 지배자들은 독재자일 수 있고 그들이 위기를 만들어내는 데 일차적 책임이 있을 수 있지만 우리는 어떤 선택권도 갖고 있지 않다고 말이다. 그렇지만 2011년 전반에 걸친 일련의 사회적 투쟁들이 그러한 상식을 깨뜨리고 새로운 상식을 구축하기 시작했다. 월스트리트 점거투쟁Occupy Wall Street 3이 그 중 가장 가시적인 것이었다. 하지만 그 투쟁은, 그 해에 정치논쟁의 지형을 변화시키고 정치적 활동의 새로운 가능성을 열어젖힌, 투쟁순환에서의 한 계기였을 뿐이다.

2011년은 이보다 훨씬 일찍 시작되었다. 튀니지의 시디부지드에서 2010년 12월 17일에, 26살의 노점상인 모하메드 부아지지가 분신했다. 보도에 따르면 그는 컴퓨터공학 학위를 갖고 있었다. 그 달 말경에, "벤 알리4, 물러나라!"라는 요구와 더불어 대중봉기mass revolts가 퍼져나갔다. 다음해 1월 중순이 되자 지네 엘-아비데네 벤 알리가 정말로 물러났다. 그 후 이집트인들이 바통을 이어받아 수만, 수십만 명이 1월 말부터 매일 거리로 쏟아져 나와, 호스니 무바라크5도 물러나야 한다고 강력히 요구했다. 카이로의 타르히르 광장이 점거된 지 겨우 18일 만에, 무바라크가 물러났다.6

억압적 체제에 대항하는 시위들은 북아프리카와 중동의 다른 나라들에로 빠르게 확산되었다. 바레인, 예멘도 그 중의 일부였고 시위들은 마침내 리비아와 시리아로까지 퍼져갔다. 그러나 튀니지와 이집트에서 붙은 처음의 불꽃은 실은 훨씬 멀리까지 불을 지폈다. 그해 2월과 3월에 [미국의] 위스콘신 주의회 의사당을 점거한 시위자[7]들은 그들의 맞짝인 카이로의 점거자들에 대한 연대를 표명했고 그들과의 공명을 인식했다. 그러나 결정적인 발걸음은 5월 15일, 이른바 인디그나도스(분노한 사람들)에 의해 마드리드와 바르셀로나에서 이루어진 중앙광장 점거에서 시작되었다. 스페인의 집단야영장은 튀니지와 이집트의 봉기revolts [8]에서 영감을 얻어 그들의 투쟁을 새로운 방식으로 전진시켰다. 사회당이 이끄는 호세 루이스 로드리게스 사빠떼로[9] 정부에 대항해서 그들은, 모든 정당들의 대의를 거부하면서, "즉각 실질[진짜] 민주주의를!" 요구했다. 그리고 그들은, 은행의 부패에서 실업에 이르는, 사회서비스의 부족에서부터 주택 부족 및 퇴거의 부당함에 이르는, 광범위한 사회적 항의시위를 전개했다. 그 운동에는 수백만 명의 스페인 사람들이 참가했다. 그리고 수많은 주민들이 그들의 요구를 지지했다. 점거한 광장에서 인디그나도스는 의사결정을 위한 집회를 열고 일군의 사회문제를 조사할 조사위원회를 만들었다.

마드리드의 푸에르타 델 솔[10] 광장에서의 야영시위가 6월에 해산되기 전에, 그리스인들이 인디그나도스로부터 바통을 이어받아 아테네의 신타그마 광장을 점거하고 긴축조치에 항의하기 시작했다. 오래지 않아서, 텔 아비브의 로스차일드 대로에 이스라엘 사람들을 위한 사회정의와 복지를 요구하는 텐트들이 들어섰다. 8월 초, 경찰이 브리톤 흑인을 총으로 쏜 사건[11] 후에, 토트넘에서 반란이 폭발하여 영국 전역으로 확산되었다.

수백 명의 선구적 점거자들이 9월 17일에 뉴욕의 주코티 공원으로 자신들의 텐트를 가져왔을 때는, 그들이 바통을 이어받을 차례였다. 그리고 그들의 행동은, 즉 미국에서만이 아니라 전 세계를 가로지른 그 운동의 확산은 그들에 앞서 벌어진 그 해의 경험들과 더불어 이해되어야 한다.

그 투쟁들의 일부에 속하지 않은 많은 사람들은 사건들의 이 목록 속에 들어 있는 연결관계를 보는 데 어려움을 겪었다. 북아프리카의 반란들은 억압적 체제에 반대했고 그들의 요구들이 독재자를 물리치는 것에 집중되었음에 반해 유럽, 미국, 이스라엘에서의 야영 시위들의 광범위한 사회적 요구들은 대의적 입헌체제를 문제 삼았다. 게다가 이스라엘 사람들의 텐트 시위(그것을 '점거'라고 부르지 말자)는 정착 문제와 팔레스타인 사람들의 권리 문제에 대해서는 침묵을 지키는 방식으로 요구들을 세심하게 조절했다. 그리스인들은 역사적 규모의 국가부채와 긴축조치와 대결했다. 그리고 영국 반란자들의 분노는 인종적 위계의 긴 역사를 문제 삼았다. 그리고 그들은 텐트를 치지도 않았다.

이 각각의 투쟁들은 특이하고 또 특유한 지역적 조건들에 맞춰져 있다. 하지만 주목해야 할 첫 번째 것은, 그 투쟁들이 사실상 서로 말을 주고받았다는 점이다. 물론 이집트 사람들은 튀니지 사람들이 여행한 길을 따라 내려왔고 그들의 구호를 채택한 것이 분명하다. 푸에르타 델 솔 광장의 점거자들도, 자신들의 투쟁이 타흐리르 광장에 모였던 사람들의 경험을 이어받아 그것을 계속 수행하는 것으로 생각했다. 이번에는 아테네와 텔 아비브 사람들의 눈들이 마드리드와 카이로의 경험에 맞추어졌다. 월스트리트 점거자들은 그것들 모두를 바라보았고 독재자에 대항하는 그 투쟁을 금융 독재에 대항하는 투쟁으로 번역했다. 당신은 그들이 착각을 일으켜 자신들의 상황과 요구들의 차이를 망각하거나 무시했다고 생각할지 모른다. 하지만 우리는, 그들이 자신들의 특이한 조건들과 지역적 전투들을 공통의 전 지구적 투쟁과 모순되지 않게 결합할 수 있다고 믿는다.

랠프 엘리슨Ralph Ellison의 [동명의 작품에서] '보이지 않는 사람'12은 인종주의 사회를 통과하는 고된 여행을 끝낸 후에, 투쟁 속에서 다른 사람들과 소통할 수 있는 능력을 키웠다. 엘리슨 소설의 화자는, "내가 당신을 향해, 저주파로, 이야기를 하고 있다는 것을 누가 알겠는가?"라고 끝을 맺는다. 오늘날에도 역시, 투쟁 속에 참가하는 사람들은 저주파로 소통한다. 하지만 엘리슨의 시대에서와는 달리, 어느 누구도 그들을 향해 이야기하지 않는다. 그 저주파는 모든 사람들에게 열려 있는 공중파이다. 그리고 그 메시지들의 일부는, 투쟁에 참여하고 있는 사람들에게만 들릴 수 있다.

이 운동들은 물론 일련의 특징들을 공유한다. 그중 가장 분명한 것은 야영 혹은 점거라는 전략이다. 10년 전에 대항지구화 운동들은 유목적이었다. 그들은, 전 지구적 권력 체제의 일련의 핵심 기관들(그 중에서도 특히 WTO, IMF, 세계은행, 그리고 G8 국가지도자들)의 불의함과 반민주적 성격을 폭로하면서, 하나의 정상회담에서 다음 정상회담으로 이동했다. 이와 대조적으로, 2011년에 시작된 투쟁순환은 정주적이다. 정상회담의 일정에 맞추어 돌아다니기보다, 이 운동들은 눌러앉아 사실상 이동하기를 거부한다. 그들의 부동성은, 부분적으로는, 그 투쟁들이 지역적이고 국민적인 사회문제들에 매우 깊이 뿌리를 박고 있다는 사실에 기인한다.

그 운동은 또, 다중으로서의 그들의 내적 조직화를 공유한다. 해외 언론들은 튀니지와 이집트에서 운동의 지도자를 필사적으로 찾았다. 예를 들어, 타흐리르 광장 점거가 가장 강렬했던 시기 동안에 그들은, 매일마다, 다른 인물이 진짜 지도자라고 가정하곤 했다. 어느 날에는 그 지도자가 노벨상 수상자인 모하메드 엘바라데이였다가, 다음날에는 그 지도자가 구글의 지역 임원인 와일 그호님이었다가, 그 다음날은 또 다른 사람이 되는 식이었다. 미디어가 이해하거나 받아들일 수 없었던 것은, 타흐리르 광장에 어떤 지도자도 없었다는 사실이다. 지도자를 갖는 것에 대한 그 운동의 거부는 그 해 내내 인지가능했지만 월스트리트에서 아마도 가장 분명히 표명되었던 것 같다. 일련의 지식인들과 저명인사들이 주코티 공원에 나타났지만 그 어느 누구도, 그들 중의 어떤 사람이 지도자라고 생각할 수는 없었다. 그들은 다중의 손님이었을 뿐이다. 카이로와 마드리드에서 아테네와 뉴욕으로 이어지면서, 그 운동은 오히려 조직화의 수평적 기제를 발전시켰다. 그들은 사령부를 구축하거나 중앙위원회를 형성하지 않았고 무리/떼swarms처럼 확산되었다. 그리고 가장 중요한 것으로, 그들은, 모든 참여자가 함께 이끌 수 있도록 의사결정의 민주적 실천들을 창출했다.

　그 운동들이 보여주는 세 번째 특징은, 비록 다른 방식 속에서지만, 우리가 공통적인 것the common 13을 위한 투쟁이라고 생각하는 것이다. 어떤 경우들에 이것은 불꽃 속에서 표현되었다. 모하메드 부아지지가 분신을 했을 때, 그의 항의는, 현지 경찰이 그에게 가한 모욕에 대항하는 것으로 이해될 수 있을 뿐만 아니라, 그 나라에서 노동자들이 널리 공유하고 있는 사회경제적 곤경(많은 노동자들은 자신의 교육수준에 맞는 일자리를 찾을 수 없다.)에 대항하는 것으로 이해될 수도 있다. 실제로 튀니지와 이집트에서, 독재자를 몰아내자는 큰 목소리의 호소는 많은 관찰자들로 하여금 노동조합들의 결정적 행동뿐만 아니라 그 운동들에 걸려 있는 심각한 사회경제적 문제들에 귀먹도록 만들었다.14 8월에 런던에서 폭발한 폭동rioting의 불15도 현재의 사회경제 질서에 대한 항의를 표현했다. 2005년에 파리 폭동자들16이나 그보다 10년도 더 전의 로스앤젤레스 폭동자들17처럼, 영국인들의 분노는 사회문제의 복잡한 집합에 반응했다. 그 중 가장 중심적인 것은 인종적 종속이다. 그러나 이 각각의 경우들에서 방화와 약탈은, 상품권력과 소유의 지배(물론 그것들 자체가 종종 인종적 종속의 도구이다.)에도 반응한다. 그러므로 이것들은, 그들이 신자유주의의 부정의함injustice에, 그리고 궁극적으로는 사유재산의 지배에 이의를 제기한다는 의미에서, 공통적인 것을 위한 투쟁이다. 그렇다고 해서 그것이 그들을 사회주의자로 만드는 것은 아니다. 사실상, 우리는 이 투쟁순환에서 전통적인 사회주의 운동을 거의 보지 못한다. 그리고 공통적인 것을 위한 투쟁들이 사적 소유의 지배에 이의를 제기하는 만큼이나, 그것들은 공적 소유의 지배와 국가 통제에 대해서도 반대한다.

이 팜플렛에서 우리는 2011년에 폭발한 투쟁순환의 욕망들과 성취들을 밝히려 한다. 그러나 우리는 그것들을 직접적으로 분석함으로써 그 작업을 하기보다, 그것들이 발생한 일반적인 사회정치적 조건들을 조사하는 것에서 시작하려 한다. 여기서 우리가 집중해서 살필 문제는 현재의 사회정치적 위기라는 맥락에서 생산된 지배적인 주체성의 형식들이다. 우리는 네 개의 주요한 주체적 형상들을 다룬다. 빚진 사람들the indebted, 미디어된 사람들the mediatized, 보안된 사람들the securitized, 대의된 사람들the represented 18이 그들이다. 그들 모두는 궁핍화되었고 사회적 행동을 위한 그들의 힘은 가려지거나 신비화되었다.

우리는, 봉기revolt와 반란의 운동들이 우리에게, 그 아래에서 이 주체적 형상들이 고통당하는, 억압적 체제들을 거부할 수단을 제공할 뿐만 아니라, 이 주체성들을 권력의 형상으로 바꿀 수단을 제공한다는 것을 발견한다. 달리 말해, 그들은 경제적 지형에서만이 아니라 사회적이고 소통적인 지형에서 새로운 독립과 안전의 형식들을 발견한다. 그 형식들이 결합해서 정치적 대의체제를 전복할 잠재력을 만들어내며, 그들 자신의 민주적 행동의 권력을 천명한다. 이러한 것들이, 그 운동들이 이미 실현했거나 더 발전시킬 수 있는 성취들의 일부이다.

그렇지만 그러한 주체성들의 권력을 공고히 하고 드높이기 위해서는, 다른 발걸음이 필요하다. 실제로 그 운동들은 이미, 제헌[구성] 과정의 기초가 될 수 있는, 일련의 입헌적 원리들을 제공한다. 이 운동순환의 가장 근본적인 요소들이자 멀리 도달하는 요소들 중의 하나는, 예를 들면, 대의의 거부와 민주적 참여 체제schemas의 구축이다. 이 운동들은 또, 자유에, 공통적인 것에 대한 우리의 관계에, 일련의 핵심적인 정치적 배치들에 새로운 의미들을 부여한다. 그것들은 현재의 공화국 헌법들의 경계를 훨씬 초과하는 것이다. 이제, 이 의미들은 이미 새로운 공통감각의 일부가 되고 있다. 그것들은, 18세기 혁명과정에서 높이 찬미된 원리들처럼, 우리가 이미 소외될 수 없는 권리로 받아들이는, 기반적 원리이다.

그 과제는, 고정된 질서 속에 있는 새로운 사회관계를 코드화하는 것이 아니라 그 관계들을 조직하고, 그 관계들을 지속가능하도록, 미래의 혁신들을 양성할 수 있도록, 그리고 다중의 욕망들에 개방되어 있을 수 있도록 만드는 제헌[구성] 과정을 창출하는 것이다. 그 운동들은 새로운 독립을 선언했다. 그리고 이제 제헌[구성] 과정이 그것을 전진시켜야 한다.

위기의 주체적 형상들

THE CORRUPT
FEAR US.
THE HONEST
SUPPORT US.
THE HEROIC
JOIN US.
ANONYMOUS
http://oplighthouse.tumblr.com

위기의 주체적 형상들

신자유주의의 승리와 그것의 위기는 경제적·정치적 삶의 조건들을 변화시켰다. 그러나 그것들은 새로운 주체성의 형상들을 만들어내면서 사회적·인류학적 변형을 야기하기도 했다. 금융과 은행들의 헤게모니는 **빚진 사람들**을 생산했다. 정보와 소통의 네트워크들에 대한 통제는 **미디어된 사람들**을 생산했다. 보안체제와 일반화된 예외 상태가 두려움에 희생된, 그리고 보호를 갈구하는 형상을 구축했다. **보안된 사람들**이 그들이다. 그리고 부패한 민주주의가 기이한, 탈정치화된 형상, 즉 **대의된 사람들**을 날조했다. 이러한 주체적 형상들은, 저항과 반란의 운동들이 그 위에서 (그리고 그것에 대항해서) 움직여야만 하는 사회적 지형을 구성한다. 우리는 뒤에서 이와 같은 운동들이 이러한 주체성들을 거부할 뿐만 아니라 그것들을 뒤집어, 그 운동들이 갖는 독립성과 정치적 행위의 역량을 표현할 수 있는 형상들을 창조할 능력을 가지고 있음을 보게 될 것이다. 그러나 우리는 먼저 신자유주의 위기의 주체적 형상들의 성질을 조사할 필요가 있다.

빚진 사람들

빚을 진다는 것은 오늘날 사회적 삶의 일반적 조건이 되어가고 있다. 빚을 지지 않고 산다는 것이 거의 불가능할 정도다. 학자금 대출, 주택 구입을 위한 담보 대출, 자동차 신용 대출, 의료비를 위한 대출 등등. 대출이 사회적 욕구를 충족시키는 주요한 수단이 됨에 따라, 사회적 안전망은 복지 체계에서 채무debtfare 1 체계로 나아갔다. 당신의 주체성은 빚의 토대 위에서 형성된다. 당신은 빚을 짐으로써 생존하고, 채무변제 책임의 무게를 지고서 살아간다.

빚이 당신을 통제한다. 빚은 당신에게 내핍을 부과하고 종종 당신을, 생존 전략을 짜야 할 상황으로까지 떨어뜨리면서, 당신의 소비를 훈육시킨다. 하지만 빚이 당신의 노동 리듬과 선택마저 통제한다는 것은 말하지 않아도 누구나 알고 있다. 만일 당신이 빚을 진 채로 대학을 졸업하면, 당신은 그 빚을 갚기 위해서, 처음으로 찾은 유급 직장을 받아들여야 한다. 당신이 담보를 끼고 아파트를 구입한다면, 당신은 직장을 잃지 않도록, 휴가를 가지 않도록, 혹은 공부를 위한 휴직을 하지 않도록 주의해야 한다. 노동 윤리의 효과와 마찬가지로, 채무의 효과도 쉬지 않고 죽도록 일해야 한다는 것이다. 노동 윤리가 주체 안에서 태어나는 반면, 채무는 외적 강제로서 시작하지만 곧이어 꿈틀대며 주체 안으로 기어들어온다. 채무는 책임과 죄의식이라는 주요한 무기를 가진 도덕적 힘을 휘두르는데, 그것들[책임과 죄의식]은 재빨리 강박의 대상들이 될 수 있다. 당신은 당신의 채무에 책임이 있고, 채무가 당신의 삶에 만들어내는 곤경들에 대해 죄가 있다. 빚진 사람들은, 삶의 형식을 유죄로 만드는, 불행한 의식이다. 삶을 즐길 수단을 소유하지 못한 사람들에게는 활동과 창조의 즐거움들이 서서히 악몽으로 변형된다. 삶은 [통째로] 적들에게 팔아넘겨졌다.

헤겔의 주인-노예 변증법이 여기서 다시 모습을 드러낸다. 그러나 변증법적 형식이 아닌 방식으로다. 왜냐하면 빚이란, 당신이 반란을 일으킨다면, 당신을 부유하게 해줄 수 있는 어떤 부정적인 것이 아니고, 활동activity의 선線을 촉진하는 어떤 종속도 아니며, 해방에 대한 충동[자극]도 아니고, 자유로운 활동으로 건너뛰려는 시도도 아니기 때문이다. 빚은 단지 당신 삶의 곤궁함을 심화시키고 당신의 주체성이 갖는 잠재력을 빼앗을 뿐이다. 빚은 당신을 죄의식과 비참함에 고립시킴으로써 당신의 가치를 떨어뜨릴 뿐이다. 이처럼 빚은 변증법을 둘러싸고 있는 환상들을 끝낸다.[2] 예를 들어, 불행한 의식을 가진 예속된 노동이, 그것을 부정해온 세력들을 비틀면서, 자유를 성취할 수 있다거나 그 자신의 권력을 단언할 수 있다는 환상, 아니, 차라리 노동의 표현이 [변증법에서 말하는] 상위의 종합에서 해소될 수 있다거나 결정적determinate 부정이 해방으로까지 상승할 수 있다는 환상 같은 것들 말이다. 빚진 사람들의 형상은 결코 구원받을 수 없고 단지 파괴될 수 있을 뿐이다.

오래 전에 임금노동자 대중이 있었다. 현재는 불안정한 노동자 다중multitude이 있다. 전자는 자본에 의해 착취를 당했다. 그러나 그 착취는 상품 소유자들 간의 자유롭고 평등한 교환이라는 신화를 특징으로 갖고 있었다. 후자도 계속 착취당하고 있다. 그러나 자본과 그들의 관계의 지배적 이미지는 더 이상 평등한 교환 관계가 아니라 오히려 채권자와 채무자라는 위계적 관계로서 구성된다. 자본주의적 생산의 상업적 신화에 따르면, 자본의 소유자가 시장에서 노동력의 소유자를 만난다. 그리고 그들은 공평하고 자유로운 교환을 한다. 나는 너에게 나의 노동력을 주고, 너는 나에게 임금을 준다. 칼 맑스는, 이것이 "자유, 평등, 소유, 그리고 벤담3의" 에덴동산이었다고 비꼬면서 말한다. 우리가 당신에게, 이러한 자유와 평등이 실제로 얼마나 허구적이고 황당한 것인지를 상기시킬 필요도 없으리라.

그러나 자본주의적 노동관계들이 바뀌었다. 자본주의적 생산의 무게중심이 더 이상 공장에 있지 않고, 공장 담벼락 밖에서 떠다니고 있다. 사회가 하나의 공장이 되었거나 차라리 자본주의 생산이 너무도 크게 확장되어서 전체 사회의 노동력이 자본주의적 통제에 종속되는 경향이 있다. 자본은 점차로 우리의 생산적 능력, 신체, 정신, 소통 능력, 지성과 창의력, 우리가 서로 맺는 정서적affective 관계들과 같은 모든 영역을 착취하고 있다. 삶 자체가 노동에 처해졌다.

이러한 변화와 함께, 자본가와 노동자 사이의 주요한 고용관계 또한 변하고 있다. 자본가가 공장을 감독하고, 이윤을 생산하기 위해 노동자를 훈육하고 지시하는, 전형적인 착취의 현장은 더 이상 존재하지 않는다. 오늘날 자본가는 현장에서 저 멀리 축출되었고, 노동자들은 더욱 자율적으로 부를 생산하고 있다. 자본가는 이윤이 아니라 지대地代를 통해서 부를 축적한다. 이러한 지대는 대개 금융의 형태를 취하고 금융 수단들이 이것을 보증한다. 바로 여기가 생산 관계와 착취를 통제하고 유지하는 무기로서 채무가 무대로 올라오는 곳이다. 오늘날 착취는 주로, (평등한 혹은 불평등한) 교환이 아니라 빚에 기초하고 있다. 다시 말해 인구의 99%가 1%에게 종속되어 있다(노동해야 하고, 돈을 갚아야 하고, 복종해야 한다.)는 사실에 기초하고 있다.

빚은 노동자들의 생산성을 모호하게 만들지만 그들의 종속을 분명하게 한다. 착취되는 노동은 임금 체제wage regime라고 하는 신비화된 관계 속에 던져져 있지만, 노동의 생산성은 명백히 그 규칙, 즉 노동시간에 따라서 측정된다. 그와 달리 이제 생산성은 노동시간과 삶의 시간 사이의 분할이 점점 더 모호해짐에 따라 훨씬 더 감추어진다. 빚진 사람들은, 생존하기 위하여, 삶의 모든 시간을 팔아야만 한다. 따라서 이런 방식으로 빚에 종속된 사람들은 심지어 자신들에게조차 생산자가 아니라 주로 소비자인 것처럼 보인다. 그렇다. 물론 그들은 생산을 하긴 한다. 그러나 그들은, 자신들이 소비하기 때문에 책임을 지는, 빚을 갚기 위해서 일한다. 평등한 교환의 신화와는 대조적으로, 채무자-채권자 관계는 자본주의 사회의 토대 위에서 보편적 불평등을 드러내는 장점을 갖는다.

다시 한 번, 우리가 그 행적을 따라가고 있는 바의 운동, 즉 착취에서 채무로의 운동은, 이윤(즉, 산업 착취의 평균적 가치의 축적)

의 헤게모니에 근거한 질서로부터, 지대가(즉, 사회 발전에 대한 착취의 평균적 가치가) 지배하는 질서로, 따라서 점점 더 추상적 형태로 되어가는, 사회적으로 생산된 가치의 축적에 의해 지배되는 질서로의 자본주의적 생산의 변형과 조응한다. 그리하여 이 이행에서 생산은 점차, 개인적이 아닌, 사회화된 노동형상들에 의존한다. 다시 말해서, 자본가의 훈육과 통제에 앞서 즉각적으로 함께 협동하는 노동자들에 의존한다. 금리생활자들은 부를 생산하는 순간에서 멀리 떨어져 있기 때문에 착취의 잔인한 현실, 생산적 노동에 대한 폭력, 지대의 생산에서 착취가 야기하는 고통을 인식할 수 없다. 월스트리트의 관점에서 보면, 사람들은 가치를 생산함에 있어 개별 노동자가 겪는 고통을 보지 못한다. 왜냐하면 가치는 임금을 받거나 받지 못하는 광대한 다중에 대한 착취에 근거하는 경향이 있기 때문이다. 삶에 대한 금융의 통제 안에서 모든 것이 잿빛으로 스러져 간다.

가난한 자의 새로운 형상이 모습을 드러내고 있다. 그 형상은 실업자, 비정규직, 시간제 노동자를 포함한 불안정한 노동자들뿐만 아니라 안정된 임금을 받는 노동자들과 이른바 중간계급의 빈곤한 층까지 포함한다. 그들의 빈곤은 주로 빚의 사슬이라는 특징을 갖는다. 오늘날 계속 증가하는 채무의 일반성은 과거를 환기하는 노예 관계로의 회귀를 나타낸다. 그럼에도 불구하고 많은 것이 변했다.

맑스는 산업 시대와 함께 떠올랐던 프롤레타리아의 향상된 조건을 자유로운 새Vogelfrei라고 냉소적으로 묘사했다. 그들이 소유property로부터 이중으로 자유롭다는 한에서 말이다. 프롤레타리아는 주인의 소유가 아니며 따라서 중세적 노예 관계로부터 자유롭다. (그것은 좋은 측면이다.) 그러나 그들은 또한 아무것도 갖고 있지 않다는 의미에서 소유로부터 자유롭다. 오늘날 새로운 가난한 자들은 두 번째 의미에서 여전히 자유롭다. 그러나 그들의 빚으로 인해서 그들은 또다시 주인들(그들은 이제 금융을 통해서 지배하는 주인들이다.)의 소유가 된다. 농노들과 계약 이민자들의 형상이 부활하고 있다. 이전 시대에 아메리카와 호주에서 이민자들과 토착민들은 자신들을 빚에서 구해내기 위해서 일해야 했다. 그러나 종종 빚은 계속 늘어만 갔고 그들을 종신終身 노예 상태로 만들었다. 자신들이 처한 비참함에서 일어날 수 없는 것은 빚진 사람들이 눈에 보이지 않는 사슬로 묶여 있기 때문이다. 자유롭게 되기 위해서는 이 사슬이 먼저 인지되어야 하고, 손에 잡혀야 하고, 부수어져야 한다.[4]

미디어된 사람들

이전 시대에, 미디어와 관련하여 볼 때, 사람들이 정보나 자신들의 견해를 소통하고 표현할 수단에 충분히 접근할 수 없었다는 사실 때문에, 정치적 행동이 종종 억눌린 것으로 보였다. 사실상 오늘날도 억압적 정부들은 웹사이트에 접근하는 것을 제한하고, 블로그나 페이스북 페이지들을 폐쇄하며, 언론인들을 공격하는 등 일반적으로 정보에 대한 접근을 막으려고 시도한다. 그러한 억압에 대항하는 것은 확실히 중요한 전투다. 그리고 우리는, 미디어 네트워크들과 그것들에 대한 접근이, 자신을 폐쇄하고 침묵시키려는 그 시도들을 좌절시키면서, 결국은, 그리고 필연적으로 그러한 모든 장애물들을 어떻게 넘쳐흐르는지를 반복해서 목격했다.

그러나 우리는, 오늘날의 미디어된 주체들이 정반대의 문제, 즉 정보, 소통 그리고 표현의 과잉으로 질식당하며 고통 받고 있는 방식들에 대해 더 많은 관심을 갖고 있다. 질 들뢰즈는 이렇게 설명한다. "그러나 문제는 더 이상 사람들이 스스로를 표현하도록 하는 것에 있지 않으며, 그들이 마침내 말할 것을 발견할 수 있는 고독과 침묵의 조그만 틈새[공간]들을 제공하는 것에 있다. 억압적 권력들은 사람들이 자신을 표현하는 것을 막는 것이 아니라, 오히려 그들이 자신을 표현하도록 강요한다. 말할 것이 없다는 것, 아무것도 말하지 않을 권리가 있다는 것은 얼마나 다행인가! 왜냐하면 단지 그때에만 희소한 것, 훨씬 더 희소한 것, 즉 말할 만한 가치가 있는 것을 표현할 기회가 있기 때문이다." 그러나 잉여[과잉]의 문제는 진실로 결여의 문제와 상동적이지 않다. 그리고 그것은 심지어 양의 문제도 아니다. 들뢰즈는 여기서 에티엔 드 라 보에티Etienne de La Boetie 5 와 바뤼흐 스피노자가 강조했던 정치적 역설을 소환하는 것처럼 보인다. 때때로 사람들은 마치 예속이 그들의 구원이라도 되는 양, 그 예속을 위해 투쟁을 한다. 사람들의 자발적 소통과 표현에서, 사람들의 블로깅blogging, 웹 탐색 그리고 사회적 미디어 실천들에서, 사람들이 억압적 권력들과 다투는 대신에 그 권력들에 기여하는 것이 가능한가? 들뢰즈는 정보와 소통 대신에 우리가 종종 필요로 하는 것은 사유할 자리를 마련하는 데 필요한 침묵이라고 말한다. 이것은 사실 역설이 아니다. 들뢰즈에게 그 목적은 실제로 침묵이 아니라 말할 가치가 있는 것을 갖는 것이다. 달리 말하면 주로 정치적 행동과 해방의 문제에서 성패를 좌우하는 것은 정보, 소통 그리고 표현의 양이 아니라 오히려 그것들의 질質이다.

억압적 장치들(혹은 해방의 기획들)에서 정보와 소통의 중요성은 노동하는 실천들과 경제적 생산이 점점 더 미디어되고 있다는 사실에 의해 고조된다. 미디어와 소통의 기술은 모든 유형의 생산적 실천들에서 점차 중요한 부분이 되고 있고, 오늘날 삶정치적biopolitical 생산6에 필수적인 협동의 열쇠다. 게다가 많은 노동자들에게, 특히 지배적 국가들에서, 소통과 사회적 미디어는 그들을 일자리로부터 벗어나게 하는 동시에 그것에 묶어놓는 것처럼 보인다. 스마트폰과 무선 접속 장치들을 가지고, 당신은 어디든 갈 수 있고 계속 근무를 할 수 있다. 그러나 당신은 어디를 가든지 여전히 일을 하고 있음을 곧 깨닫게 된다. 미디어됨mediatization은 노동과 삶 사이의 구분을 점차 모호하게 만드는 주요한 요소다.

따라서 그러한 노동자들은 소외되었다기보다는 차라리 미디어된 것으로 간주하는 것이 적절한 것으로 보인다. 소외된 노동자의 의식은 분리되거나 분할되는 반면에, 미디어된 사람들의 의식은 웹으로 흡수되거나 병합된다. 미디어된 사람들의 의식은 실제로 분열된 것이 아니라 파편화되고 흩어진다. 더욱이 미디어는 당신을 수동적으로 만들지 않는다. 사실 그것들은 끊임없이 당신이 참여하고, 당신이 좋아하는 것을 선택하고, 당신의 의견을 제출하고, 당신의 삶을 이야기해 주기를 요구한다. 미디어는 계속해서 당신의 기호와 혐오에 반응한다. 그리고 당신은 이에 대응하여 끝없이 주의를 기울인다. 따라서 미디어된 사람들은 역설적으로 능동적인 것도 수동적인 것도 아니며, 오히려 끊임없이 주의에 몰두하는 주체성이다.

우리가 미디어의 해방적 잠재력으로부터 그것의 억압적 권력을 어떻게 분리할 수 있는가? 정보와 소통의 여러 유형들 속에서 질적인 구별들distinctions을 인식하는 것이 가능한가? 어쩌면 생산의 더 이른 국면에 있는 공장에서 정보와 소통이 어떤 역할을 수행했는지를 한 번 되돌아보는 것이 우리에게 어떤 힌트를 줄 수도 있을 것이다. 1960년대 초, 로마노 알꽈띠7는 이탈리아 이브레아에 있는 올리베티 공장의 노동자들이 생산한 정보를 연구했다. 그리고 그는 노동자들이 "가치화하는 정보"를 생산했음을 깨달았다. 반면에 경영진들은 통제의 정보를 생산했다. 마테오 파스꿰넬리8는 알꽈띠의 인식을 살아 있는 정보와 죽은 정보 사이의 구별로 이해한다. 이것은 살아 있는 노동과 죽은 노동에 대한 맑스의 생각과 유사하다. "노동자들에 의해 살아 있는 정보가 부단히 생산되지만, 결국 그것은 죽은 정보로 변형되어 기계들과 전체 관료 장치 속에 결정화結晶化하고 만다." 따라서 공장에는 최소한 두 개의 소통 회로가 있는 셈이다. 관리와 기계의 죽은 언어가 훈육의 기능과 종속의 관계들을 코드화하고 강화하는 반면, 노동자들 간의 살아 있는 정보의 교환은 집단행동과 반항에 동원될 수 있다. 인간의 생산성이 빚진 사람들의 형상으로 특징지어지는 것과 마찬가지로, 미디어된 사람들의 형상에는, 신비화되고 잠재력이 박탈된 인간의 지성이 거주한다. 아니 오히려, 미디어된 사람들은, 살아 있는 정보를 생산하는 우리의 역량을 질식시키는, 죽은 정보로 가득 차 있다.

19세기 중반에 맑스가 프랑스의 농민들은 하나의 계급으로서 행동할 수 없다고 주장했을 때, 그는 이보다 훨씬 이른 국면에서 정보와 소통의 유형들 사이에 유사한 구별을 하고 있는 것이다. 맑스는, 농민들이, 시골 전역에 널리 퍼져 있었기 때문에, 서로 효율적으로 소통할 수 없고, 집단적 정치 행동을 할 수 없으며, 그의 유명한 말처럼, 그들 스스로를 대의할 수 없다고 주장한다. 여기서 맑스가 시골 농민의 삶과 대비시키는 표준은, 서로 소통하고 따라서 정치적으로 행동할 수 있으며, 하나의 계급으로 스스로를 대의할 수 있는, 도시 프롤레타리아의 삶이다. 그러나 맑스가 말한 바의 것, 즉 농민들이 결여하고 있는 정보와 소통의 부족을 단순히 양적인 관점에서 이해하는 것은 실수일 것이다. 맑스는, 만일 농민들이 모든 신문을 읽고, 루이 보나파르트9의 정치적 음모, 그의 소모적 전쟁 그리고 그의 도박 빚에 대해 알게 된다면, 그를 지지하지 않을 것이며, 제국주의의 꿈을 거부할 것이라고 말하는 게 아니다. 프롤레타리아에게는 있고, 농민들에게는 없는 가장 중요한 소통은, 공장에서의 물리적·신체적 함께-있음being together에서 일어난다. 계급은, 그리고 정치적 행동의 기초들은 정보나 심지어 사상의 유통을 통해서 형성되는 것이 아니라, 오히려 물리적 인접성을 요구하는 정치적 정동들affects 10의 구성을 통해서 형성된다.

2011년의 야영과 점거가 이러한 소통의 진실을 다시 발견했다. 페이스북, 트위터, 인터넷 그리고 다른 종류의 소통 기제들은 유용하다. 그러나 어떠한 것도 집단 정치 지성과 행동의 기초가 되는 신체적 소통과 신체들의 함께-있음을 대체할 수는 없다. 미국과 세계 도처에서 일어난 모든 점거들, 리우 데 자네이루에서 류블랴나까지, 오클랜드에서 암스테르담[11]까지, 심지어 아주 짧게 지속된 경우일지라도, 참여자들은 함께-있음를 통해서 새로운 정치적 정동들을 창출하는 힘을 경험했다. 어쩌면 이것과 관련해서 2011년 여름, 『애드버스터스』에 실린 월스트리트를 점거하라는 호소가 예술적 형태로 묘사되었고, 실제 뉴욕에 있는 예술가 집단에 의해서 먼저 주목을 받았다는 사실은 의미심장하다. 점거는 일종의 해프닝이고, 정치적 정동을 생성하는 퍼포먼스다.

중간계급들과 전통적 좌파도, 우리가 얼마나 많이 미디어 체계에 통합되어 있으며, 그것에 의해 얼마나 많이 비참해지고 있는가를 인정한다. 그러나 그들이 취할 수 있는 유일한 반응은 과거에 대한 향수와 구닥다리 좌파 도덕주의를 버무려 놓는 것일 뿐이다. 그들은 지면과 방송 그리고 전자 미디어에 이르기까지 미디어가 우리의 삶 속으로 깊숙이 밀고 들어올 때, 그것들이 점차 피상적인 경험들을 생산한다는 것을 알고 있다. 우체통으로 보내는 사적인 편지를 쓸 때의 느린 행위는 전자메일 메시지의 신속함과 간략함에 의해 완전히 빛을 잃었다. 당신이 처한 상황, 당신의 열망들 그리고 당신의 욕망들에 대한 복잡다단한 서술이 사회적 미디어의 전형적 질문들로 축약되었다. '지금 어디에 있니?', '뭐하고 있어?' 등으로 말이다. 친구관계의 습관과 실천들이 "친구 맺기"friending라는 온라인 절차 속에서 희석되었다. 점거에 대한 놀라울 만큼 광범위한 지지는 아마도 부분적으로는, 중간계급들과 전통적 좌파들이, 그들도 역시 고통 받고 있지만 해결할 수 없는 문제들에, 그 운동들이 달려들고 있음을 인정한다는 사실에 의해 설명될 수 있을 것이다.

보안된 사람들

당신에 관해서 부단히 생산되고 있는 모든 정보에 대해 생각해 보면 머리가 아찔해질 것이다. 물론 특정한 장소와 상황에서 감시의 수위가 높아지는 것은 당신도 알고 있다. 공항 보안대를 통과해 보라. 그러면 당신의 신체와 소지품들이 샅샅이 조사를 받게 된다. 특정 국가에 입국할 때 당신은 지문을 찍고, 안구[망막] 조사를 받는다. 실직을 하고서 근로복지 체계에 가입해 보라. 그러면 거기에는 일련의 다른 조사가 있을 것이다. 그것은 당신의 노력, 의도, 진척상황을 기록할 것이다. 병원, 동사무소, 학교 등은 모두 자신만의 조사 체제와 자료 보관 체계를 가지고 있다. 당신이 특별한 장소로 갈 때만 거기에 기록되는 것이 아니다. 거리를 따라 걷는 것도 늘어선 보안 카메라들에 의해 기록되기 십상이다. 신용카드 구매내역과 인터넷 검색기록들도 추적될 수 있고, 핸드폰 통화내역도 쉽게 가로채질 수 있다. 최근 몇 년 동안 보안에 관한 과학기술이 사회, 우리의 삶, 그리고 우리의 신체를 더욱 깊숙이 조사하기 위해서 비약적으로 성장했다.

왜 당신은 수감자처럼 취급당하는 것을 받아들이는가? 이전 시대에는 사회에서 격리된 감옥이 총체적 감시 기관이었다. 그곳의 수감자들은 부단히 감시당했고 그들의 행동들은 기록되었다. 그러나 오늘날에는 총체적 감시가 점차 전체 사회의 일반적 상황이 된다. "감옥은 그 문에 들어서기도 전에 이미 시작된다. 그것은 당신이 집을 나서자마자 시작된다."라고 미셸 푸코는 적고 있다. 심지어 문을 나서기도 전에 감옥이 시작된다고 해야 할 것이다. 당신은 감시당하고 있다는 사실을 모르기 때문에 이것을 받아들이는가? 아니면 다른 선택이 없다고 생각하기 때문에? 어느 쪽이건 부분적으로는 옳을 수도 있다. 그러나 이 두 선택을 뒤덮고 있는 것은 두려움이다. 당신은 감옥사회에 사는 것을 받아들인다. 왜냐하면 [감옥사회] 바깥이 더 위험한 것처럼 보이기 때문이다.

당신은 보안의 대상일 뿐만 아니라 주체이기도 하다. 당신은 경계를 게을리 하지 말라는 요구, 다시 말해 지하철에서의 수상한 행동, 비행기 동석자의 교활한 음모들, 이웃의 사악한 동기들을 끊임없이 감시하라는 요구에 응한다. 두려움은 보편적 보안기계에 자발적으로 당신의 두 눈과 예민한 주의를 기울이는 것을 정당화한다.

보안된 사회에는 두 유형의 등장인물이 있다. 수감자들과 간수들이다. 그리고 당신은 그 두 개의 역할을 동시에 연기할 것을 요구받는다.

보안된 사람들이란 법치라는 일반 기능, 관습적 습관 그리고 유대의 끈들이 압도적 권력에 의해 유예된 예외상태에서 살고 또 번식하는 사람들이다. 예외상태는 전쟁상태이다. ─ 오늘날 세계의 어떤 지역들에서는 강도가 낮은 전쟁이 벌어지고, 다른 지역들에서는 다소 강도가 높은 전쟁이 벌어지지만, 도처에서 전쟁상태는 끝이 보이지 않는다. 이러한 예외상태를 인간 사회의 자연스런 상태와 혼동하지 말라. 그리고 그것을 근대 국가의 본질이라거나 모든 근대적 권력의 형상들이 취하는 궁극적 지점이라고 상상하지도 말라. 전혀 아니다. 예외상태는 폭압의 형식이며, 모든 폭압들과 마찬가지로 오직 우리의 자발적 예속 때문에 존재하는 상황이다.

우리가 감옥 사회의 수감자들과 간수들처럼 감시의 대상들이자 주체들이라고 말하는 것은 모두가 동일한 상황에 있다거나 혹은 감옥 안에 있으나 감옥 밖에 있으나 아무런 차이가 없다고 말하려는 게 아니다. 사실 최근 수십 년 동안 세계적으로 수감자들의 수는 엄청나게 증가했다. 특히 통념적 감옥뿐만 아니라 사법 관리를 받고 있는 사람들, 강제 수용소, 난민 수용소 그리고 수많은 다른 형태의 수감자들까지 포함하면 말이다.

1970년대 초 미국의 수감자 인구가 전후 최저점을 기록한 이래 다섯 배나 증가했다는 것은 추문이다. 아니면 차라리 그것이 추문이어야 하는데 그렇지 않은 이유를 사람들은 궁금해 한다. 미국은 세계의 어느 다른 나라보다 높은 비율의 인구를 가두어 두고 있다. 심지어 지난 수십 년에 걸친 엄청난 감옥 건설 프로젝트에도 불구하고 감방들은 아직도 모자란 상태다. 이 거대한 확장이 미국 인구의 점증하는 범죄성이나 법 집행의 향상된 효율성 때문이라고 설명될 수는 없다. 사실 이 시기 동안 미국 내의 범죄율은 비교적 일정한 상태를 유지했다.

미국 감옥 확장의 추문은, 그것이 인종 분할을 따라 어떻게 작동하고 있는가를 관찰해 보면 훨씬 더 극적이다. 라티노^{latino} 12들은 백인들에 비해 거의 두 배의 비율로 감금당하고 있다. 그리고 미국의 흑인들은 거의 여섯 배나 높은 비율로 감금당하고 있다. 사형 집행에서 인종 간 불균형은 훨씬 더 극단적이다. 충격적인 통계를 발견하는 것은 어렵지 않다. 예를 들어 미국의 흑인 남성들은 여덟 명 중 한 명꼴로 20대의 어느 순간에 감옥이나 교도소에 간다. 미셸 알렉산더[13]는 현재 교정관리[감화교육]를 받고 있는 미국 흑인들의 수가 19세기 중반 노예들의 수보다 훨씬 더 많다고 지적한다. 어떤 저자들은 인종적으로 편향된 감옥 확장을 플랜테이션 체제의 원리 혹은 새로운 짐 크로우 법[14] 제도로의 회귀라고 말한다. 수감의 이와 같은 인종차별적 패턴은 미국에만 한정된 것이 아님을 기억하라. 이민자 수용시설과 난민 수용소를 수감 장치의 무기들로 간주한다면, 유럽과 그 밖의 곳에, 더 짙은 피부색을 가진 사람들이 [백인들에 비해] 불균형적으로 많이 수감되어 있다.

따라서 보안된 사람들은 동질적 형상이 아니다. 사실 감금의 정도가 한정되어 있지 않다는 것이 보안된 주체성을 작동시키는 열쇠다. 언제나 당신보다 낮은 처지의 사람들이 존재한다. 비록 아주 사소한 정도의 차이일지라도, 당신보다 더 많은 감시와 통제를 받는 사람들이 존재한다.

감옥을 확장하던 때와 같은 시기에 미국 사회에는 군사화 또한 존재했다. 가장 주목할 만한 것은 미국 내 병사들의 수적 증가가 아니라 그들의 사회적 위상이다. 그리 오래 전도 아닌 베트남 전쟁 마지막 해에 반전 시위자들이 귀향하는 군인들에게 침을 뱉었고, 그들을 어린아이 살인마라고 불렀다는 소문이 있었다. 이것은 아마도 반전 시위자들을 모함하려고 퍼뜨린 허구였을 것이다. 그러나 그것은, 군인들과 그들의 사회적 기능이 당시에는 낮은 처우를 받고 있었다는 사실을 우리에게 알려준다. 불과 수십 년이 지난 후에 군인 military personnel이 (또다시) 국가적 존경의 대상이 되었다는 것은 놀랍다. 군복을 입은 군인들에게는 민간 항공에 승선할 때 우선권이 주어진다. 아무런 면식도 없는 사람들이 그들 앞에 멈춰서 그들의 복무에 대해 감사의 표시를 하는 것은 낯선 풍경이 아니다. 미국에서 군복을 입은 사람에 대한 존경심이 높아지는 것은 전체 사회의 군사화와 함께한다. 이 모든 것들은, 관타나모 미 해군기지에서 아부 그라이브 교도소[15]에 이르는 군대의 고유한 수감 체계(그것의 체계적 실행은 실제의 고문은 아닐지라도 고문에 가깝다.)의 불법성과 비도덕성이 반복적으로 드러났음에도 불구하고 계속해서 일어나고 있다.

수감된 인구의 증가와 발흥하는 군사화 모두 미국 사회가 이끌고 있는데, 이것이야말로 우리 모두가 등록되고 수감되어 있는 확산된 보안체제의 가장 구체적이고 응축된 표현들이다. 지금 이러한 경향들이 왜 일어나고 있는가? 역사적으로 볼 때, 다양한 형태의 보안체제가 발흥하는 것과 조응하는 하나의 현상은 자본주의 경제의 신자유주의적 전략들의 우세다. 신자유주의 경제가 요구하는 노동자들의 증가하는 불안정성, 유연성, 이동성은 시초축적의 새로운 국면을 표시하며, 그 국면 속에서 다양한 층의 과잉 인구들이 생산된다. 질서 세력들의 관점에서 보면, 비고용의 혹은 과소고용의 빈민들은, 그들 고유의 의지에 맡겨놓게 되면, 위험한 계급들을 구성할 수 있다.

사실, 보안체제에서 모든 형태의 등록과 수감은, 맑스가 전前자본주의 단계의 영국에서 재산 없이 유랑하는 계급들을 겨냥해서 제정된 "유혈 입법"16의 공헌이라고 말하는, 그 역할을 수행한다. 전에는 시골에서 살던 사람들로 하여금 도심지에서 앉아서 일하는 직업들을 수용하도록 강제하는 것 외에도, 그 입법은 미래의 프롤레타리아가 임금노동이 마치 자신들의 소원이고 운명인 양 받아들이게끔 만드는 훈육을 생산했다. 그래서 보안체제에 우리가 참여하는 것은 우리 자신의 욕망, 희망 그리고 가장 중요하게는 두려움에 대한 훈육 혹은 말馬 길들이기[조련]이다. 감옥은 부분적으로는 과잉 인구를 가두는 대규모 수용소로 기능할 뿐만 아니라 다른 한편으로는 "자유로운" 인구를 겁박劫迫하는 훈계로 기능하기도 한다.

게다가 현재의 경제적 금융위기는 일련의 다른 두려움들을 덧붙인다. 그리고 많은 경우에 가장 커다란 두려움들 중의 하나는 실직에 대한 두려움, 즉 생존할 수 없다는 두려움이다. 당신은 선량한 노동자여야 한다. 고용주에게 충성하고, 파업을 하지 않아야 한다. 만일 그렇지 않으면 직장에서 쫓겨나고 빚을 갚지 못하게 될 것이다.

두려움은, 감시 체제에서 보안된 사람들로 하여금 감시하는 자와 감시 받는 자라는 이중의 역할을 받아들이게 할 뿐만 아니라, 다른 많은 사람들로 하여금 자신들의 자유가 훨씬 더 많이 박탈당하고 있다는 사실을 받아들이게 만드는 주요한 동기다. 보안된 사람들은 처벌과 외부적 위협들의 결합에 대한 두려움 속에서 살아간다.

지배 권력과 그것의 치안에 대한 두려움이 하나의 요소겠지만, 더욱더 중요하고 실제적인 요소는 위험한 타자들과 미지의 위협, 즉 일반화된 사회적 공포다. 어떤 면에서, 감옥에 있는 사람들은 두려워 할 것이 적다. 비록 감옥기계, 간수들, 다른 수감자들 등으로부터 오는 위협들이 심각하더라도, 그것들은 더욱더 제한되어 있고 또 알 수가 있는 것들이다. 보안체제에서의 두려움은 모든 종류의 끔찍한 유령들이 나타날 수 있는 텅 빈 기표다.

토마스 제퍼슨[17]은 자신의 가장 영광스럽지 못하고 용감하지 못했던 순간들 중 한 장면에서, 두려움에 내몰려, 신생 미주리 주의 노예제도를 허용하는 타협을 받아들이고 미국에서 노예제도의 연장을 정당화했다. 그는 "우리는 늑대의 귀를 잡고 있다. 그래서 우리는 늑대를 붙잡고 있을 수도 없고, 안전하게 놓아줄 수도 없다. 정의가 하나의 저울에 얹혀 있고, 자기보위가 다른 저울에 얹혀 있다."라고 썼다. 흑인 노예 세대에 대한 부당한 대우는 그들의 뼛속 깊이 정의로운 분노를 축적하도록 만들었다. 제퍼슨은, 일단 그것들이 분출되면, 백인 사회와 노예제를 부숴버릴 것이므로, 비록 부당한 것이지만, 노예제도는 궁지에 몰린 그 짐승을 붙잡고 있기 위해서는 계속되어야 한다고 판단한다. 현재의 보안된 사회는 그와 똑같은 궁색한 논리에 따라 기능한다. 그러나 이제 그 늑대들은 이미 풀려나, 어둠 속에 숨은 채, 영구적인 위협이 되고 있다. 그리고 모든 종류의 부당함이 일반화된 공포라는 이 유령들을 이유로 정당화되고 있다.

대의된 사람들

우리는, 우리가 다양한 형태의 폭압으로부터 민주주의로 향하는 장구한 역사적 궤도의 한 가운데에 있다는 말을 늘 듣는다. 비록 몇몇 지역들에서 사람들이 전체주의나 독재적 체제로 억압받고 있을지라도, 민주적이고 자본주의적임을 주장하는, 통치의 대의적 형태가 점차로 확산되어 가고 있다. 비록 전 지구적으로 볼 때, 그 효율성의 정도는 각기 다를지라도 보통선거권이 가치를 인정받고 실행되고 있다. 우리는, 전 지구적 자본주의 시장이, 주민들을 정치적으로 포섭하는 수단으로, 의회적 대의의 모델을 끊임없이 확장시키고 있다는 말을 듣는다. 그럼에도 불구하고 2011년에 발생한 많은 사회운동들은 [타인에 의해] 대의되기를 거부하며, 자신들의 가장 강한 비판들을 대의적 통치구조들을 향해 겨눈다. 어떻게 그들은 근대성이 물려준 소중한 선물인 대의에 대하여 이렇게 비난을 집중할 수 있는가? 그들은 비대의적인 통치와 폭압의 어두운 시대로 돌아가고 싶어 하는가? 물론 아니다. 그들의 비판을 이해하기 위해서 우리는, 대의가 사실은 민주주의의 수단이 아니라 민주주의 실현의 장애물임을 이해해야 한다. 그리고 우리는, 대의된 **사람들**의 형상이 빚진 사람들, 미디어된 사람들, 보안된 사람들의 형상과 어떻게 결합하며, 동시에 어떻게 그 형상이 그들의 종속과 부패의 최종 결과의 축도를 보여주는지를 이해해야 한다.

무엇보다 우선 금융과 부의 힘은 사람들이 연대하고, 엄청나게 높은 선거 비용을 감당할 수 있는 조직을 구축할 가능성을 빼앗는다. 오직 당신이 부자일 경우에 한해서, 그것도 매우 부자일 때에만, 당신은 당신 자신의 자금으로 정치판에 뛰어들 수 있다. 그렇지 않다면, 같은 목표에 도달하기 위해서 남을 부패시키고 스스로 부패되어야 하는 것은 필수적이다. 선출된 대표들은 일단 정치판에 들어가면 자신을 훨씬 부유하게 만들 수 있다. 둘째로 우리가 강력한 미디어를 통제하지 않는다면 어떤 진리들이 정치적으로 구성될 수 있기나 하겠는가? 로비와 자본주의 금융 광고들은 우리를 지배하는 정치적 카스트[계급]들이 권좌에 앉도록 인도하기에 매우 효과적이다. 지배적 미디어의 상징적 중층[과잉]결정은 언제나 독립적 투쟁들, 민중 연대 그리고 운동과 통치 사이의 변증법과 같은 사회적 발전들을 가두어 억누른다(그리고 종종 방해한다). 간단히 말해서 지배적 미디어는 새롭게 생겨나는 모든 형태의 민주적 참여를 가로막는 수단을 창출한다. 셋째로 보안된 사람들의 두려움은 지배적 미디어의 가공할 전략들에 의해서 은밀히 조여 오는 방식으로 생산된다. 저녁 뉴스를 시청하는 것만으로도 당신의 바깥나들이를 두렵게 만들기에 충분하다. 슈퍼마켓 통로에서 납치된 아이들, 테러리스트의 폭발 음모, 이웃의 연쇄 살인범들, 그 밖의 소식들. 사회적 관계들의 연합적 본성은 두려움에 떠는 고립으로 변형된다. 인간은 인간[동료]에게 늑대다. 다른 사람들에게 사람은 그저 위험한 늑대다. 원죄는 영원히 현존한다. 그리고 광적인 신념과 폭력은 소수성과 대안적 사유들에 대항해서 희생양들과 집단학살을 (때로는 수수료를 받고서) 끝없이 만들어낸다. 정치는, 대의 과정들을 통해서, 대의된 사람들에게 이 오물 덩어리의 세상을 집어던진다.

20세기 근대 부르주아 사회에서는 (훈육된 노동계급을 포함해서) 착취당한 자들과 소외된 자들뿐만 아니라 시민들도 아직까지는, 국가와 시민사회의 (종종 조합주의적인) 제도들을 통해서, 정치적 행동을 할 약간의 방법들을 가지고 있었다. 노동조합이나 정당에의 참여, 그리고 더욱더 일반적으로는 시민사회 단체들에의 참여가 정치적 삶을 위한 공간들로 열려 있었다. 많은 사람들에게 당시에 대한 향수가 강하다. 그러나 그것은 종종 위선적 애착에 근거하고 있기도 하다. 시민사회의 고사枯死를 우리는 얼마나 빨리 목격했던가? 오늘날 참여의 구조들은 눈에 보이지 않는다. (우리가 말했듯이, 그것들은 종종 범죄적이거나 단순히 로비에 의해 통제된다.) 그리고 대의된 사람들은 지성을 빼앗긴 사회에서, 미디어 서커스의 귀먹게 하는 바보짓에 의해 휘둘리는 사회에서 움직인다. 정보의 불투명성을 미덕의 부족으로 경험하면서, 또 책임감의 결여로 인해 더욱 천박해진 부자들의 권력의 냉소적 투명성만을 등록하면서 말이다.

대의된 사람들도 대의 구조들이 붕괴한 것을 인정한다. 그러나 그들은 어떠한 대안도 보지 못하고 두려움 속으로 떠밀린다. 이러한 두려움으로부터 아예 누군가를 대의하는 체 가장하지도 않는 인민주의populism적 혹은 카리스마적 형태의 정치가 떠오른다. 시민사회와 그것의 광범위한 제도조직이 사멸한 것은 부분적으로는 노동계급의 사회적 현존이, 그것의 조직들이, 그리고 노조들이 쇠락한 것의 결과였다. 그것은 또 변형의 희망이 차단된 것에 의해, 아니 실제로는, 금융자본의 헤게모니와 사회적 통합 기제로서의 지대地代의

배타적 가치에 의해서 용해된, 기업가적[18] 능력들의 자살에 기인하기도 했다. 이와 같은 사회들에서 사회적 이동성은, 특히나 과거에 부르주아라고 불렸던 사람들(당시에는 중간계급이었고 지금은 위기 속에서 종종 프롤레타리아 계층과 혼동이 되기도 하는)에게는, 어둡고 끝이 보이지 않는 구멍 속으로 떨어지는 것이다. 두려움이 지배한다. 그래서 이러한 계급들을 보호하기 위해 카리스마적 지도자들이 나타나며, 그들이 하나의 정체성에 속한다는 확신을 주기 위해 인민주의적 조직들이 나타난다. 그러나 그 정체성은 더 이상 일관성이 없는 사회적 집단화에 불과하다.

그러나 비록 모든 것이 마땅히 그래야 하는 것처럼 기능한다 하더라도, 정치적 대의가 투명성과 완벽함이라는 특징을 갖고 있을지라도, 대의는 정의상, 본질적으로 권력으로부터 주민을, 명령하는 자로부터 명령 받는 자를 분리시키는 메커니즘이다. 18세기의 공화제 헌법이 기초되고 대의가, 발흥하는 정치 질서의 중심으로 (특히, 주권적sovereign 주체로) 배치되었을 때에도, 정치적 대의가 주민들, 심지어 "인민"으로 지칭된 백인 남성들의 실제적 참여를 통해서 작동되지는 않는다는 것이 이미 분명했다. 대의는 오히려 사람들을 권력 구조들과 연결하고 동시에 떼어놓기 위해 기능했다는 의미에서 "상대적" 민주주의로 간주되었다.

장 자크 루소는 사회계약(그러니까, 근대 민주주의의 토대)을 다음의 용어들로 이론화했다. 사적 소유가 불평등을 창출하고 따라서 자유를 위험에 빠뜨리는 상황에서도 민주주의를 보장할 수 있는 정치 체계system가 발명되어야 한다. 하나의 국가를 구성할 수 있고,

사적 소유를 보호할 수 있으며, 공적 소유를 누구에게나 속하면서도 아무에게도 속하지 않는 그 무엇으로 규정하는 체제 말이다. 이렇게 대의는 모든 사람에게 복무하는 것이지만 모든 사람의 것이란 결국 어느 누구의 것도 아니다. 루소에게 대의란, 사회를 구성하는 "모든 사람의 의지"로부터 "일반의지"로, 다시 말해 모든 사람에 의해 미리 선택되었던 사람들의 의지이지만 어느 누구에게도 응답하지 않는 의지로의 (형이상학적) 이행에 의해 발생된다. 칼 슈미트가 말하듯이, 대의한다는 것은 현재를 부재로 혹은 아무것도 아님으로 만드는 것을 말한다. 슈미트의 결론은 완전히 루소의 가정들과 일치하며 그것들은 미국 헌법과 프랑스 혁명의 헌법들에 표현되어 있다. 대의의 역설은 완벽하다. 우선 그것이 그렇게 오랫동안 기능할 수 있었다는 것이 놀랍다. 그리고 그와 같은 공허함 속에서도, 미신과 폭력을 설교하고 있는, 강한 자들, 부를 소유한 자들, 정보를 생산하는 자들, 공포를 변론하는 자들의 의지에 의해서 엄청난 지지를 받을 수 있었다는 사실이 놀랍다.

그러나 오늘날 우리가, 대의라는 근대적 신화를 믿고, 그것을 민주주의의 수단으로 수용할지라도 그것을 가능하게 만드는 정치적 문맥은 근본적으로 줄어들었다. 대의의 체계들이 주로 국가적 수준에서 구성된 이상, 전 지구적 권력 구조의 발생은 그것들을 극적으로 침식한다. 새로 생겨나는 전 지구적 제도들은 주민들의 의지를 대표하는 듯한 행세를 거의 하지 않는다. 정책 합의들은 국민국가들의 대표 능력 외부, 즉 전 지구적 거버넌스governance 19 구조들 안에서 이루어지고, 사업 계약들도 그 구조들 안에서 서명되고 보증된다. "국가 없는 헌법들"이 존재하든 그렇지 않든 간에, 신비로운 방식으로 사람들을 권력의 자리에 올려놓는 척했던 대의의 기능은, 이 전 지구적 지형에서는 분명히 더 이상 효과적이지 못하다.

그리고 대의된 사람들은 어떤가? 이 전 지구적 맥락에서, 시민으로서의 그들의 자질들qualities 중 남아 있는 것은 무엇인가? 더 이상 정치적 삶의 적극적 참여자가 아니기 때문에, 대의된 사람들은, 이 사회적 삶이라는 정글에서 홀로 싸우면서, 스스로를 가난한 자들 중의 가난한 자라고 인식한다. 만일 대의된 사람들이 그 생기 있는 감각들을 활성화시키고, 민주주의에 대한 욕망을 일깨우지 않으면, 그것은 권력의 순수한 산물이 될 것이고 더 이상은 시민-노동자를 참조하지 않는 거버넌스 메커니즘의 빈 껍질이 될 것이다. 그렇게 되면 대의된 사람들도, 다른 형상들과 마찬가지로, 신비화의 산물일 것이다. 빚진 사람들이 자신의 생산적인 사회적 힘에 대한 통제를 부정당하듯이, 미디어된 사람들의 지성, 정서적 능력들 그리고 언어적 발명력 등이 배반당하듯이, 그리고 보안된 사람들이, 두려움과 공포로 환원된 세계에서 살아가면서, 연합적이고, 정당하고 애정 어린 사회적 교류의 모든 가능성을 빼앗기듯이, 대의된 사람들도 실제적인 정치적 행동에 접근할 수가 없다.

2011년의 운동들 대다수가 그들의 비판을 정치적 구조들과 대의의 형태들에 집중한다. 왜냐하면 그들은 분명히 대의가, 그것이 효과적일 때조차, 민주주의를 키우기보다는 가로막는다는 것을 알기 때문이다. '민주주의를 위한 기획은 어디로 가버렸는가?' 라고 그들은 묻는다. 우리가 어떻게 민주주의를 위한 기획과 다시 관계 맺을 수 있는가? 시민-노동자의 정치적 역량을 쟁취한다는 것(아니, 실제로, 처음으로 그것을 깨닫는다는 것)은 무엇을 의미하는가? 그 운동들이 가르치는 하나의 길은, 이 장에서 우리가 묘사한, [네 가지의] 궁핍하고 잠재력을 빼앗긴 주체적 형상들에 반대하는 반란과 봉기를 통과해 간다. 민주주의는 단지 그것을 이해하고 실행할 수 있는 주체가 생겨날 때에만 실현될 것이다.

위기에 맞서는 반란

위기에 맞서는 반란

오늘날의 신자유주의 지도자들은 ─ 그들의 집무실이나 회사 중역실, 그들의 매스컴과 증권 거래소에서 ─ 위기는 끔찍하고 상황은 절망적이라고 끊임없이 우리에게 반복해서 말한다. 그들은 우리가 침몰하는 타이타닉 호를 타고 있으며, 궁극적 파국으로부터 목숨을 부지하려면 빚진 사람들, 미디어된 사람들, 보안된 사람들, 대의된 사람들의 상황을 훨씬 더 악화시키는 것에 동의해야 한다고 말한다. 그들은 우리에게 상황을 더 악화시키는 것만이 유일한 구원이라고 단언한다! 이러한 협박에 직면해서, 우리 모두의 마음속에서 끓어오르는 분노를 분출하고 그것을 목소리로 표현하는 것이 가능하지 않겠는가?

현대 사회의 지배받는 네 개의 형상들은 반란을 일으킬 능력을 갖고 있고, 그들 자신을 전복시킬 능력을 갖고 있고, 권력의 형상들이 될 능력을 갖고 있다. 이러한 전복은 변증법적 과정의 결과가 아니라 하나의 사건, 즉 지배 관계들을 부수고 예속의 형상들을 재생산하는 과정들을 폐지하는, 주체적 카이로스[1]의 결과다. 이것은 단지 우리가 수행한 이론적 추론에 불과한 것이 아니다. 이것은, 일련의 반란과 저항의 심급들을 구성하는, 2011년에 시작된 투쟁들의 순환에 의해 지지되고 확인된 현실이다.

사회적, 경제적 그리고 정치적 삶의 신자유주의적 변형들은 단순히 그러한 변형들이 생산한 주체들의 권력을 빼앗고 궁핍하게 한 것만이 아니다. 사실상, 오늘날 프롤레타리아가 겪고 있는 궁핍화는, 맑스와 엥겔스가 이론화했듯이, 임금 하락과 개인적이고 집단적인 삶을 위한 물질적 자원의 고갈만이 아니라 (그리고 점점 더) 우리의 인간적 능력들의 박탈, 특히 우리가 정치적 행동을 할 수 있는 능력의 박탈이기도 하다. 한나 아렌트 자신은, 승리를 구가하는 자본주의 시대에는, 인간 행동의 잠재력이 이렇게 일반적으로 축소될 것임을 잘 파악했고 또 예상했다. 사실, 우리가 묘사하고 있는 현재의 현상들을 따라갈 수 있었다면, 그녀는 이러한 과정에 대한 이해와, 행위action 2에 대한 자신의 개념을 더 심화시킬 수 있었을 것이다. 이 개념은 자본주의 시대의, 착취당하는 관료화된 노동의 둔중鈍重한 모습들과 다를 뿐만 아니라, 노동과 착취의 조건들을 가로지르고 전복시키는 살아 있는 카이로스, 저항의 카이로스일 수도 있다.

당신이 빚의 무게에 눌려 있을 때, 당신의 주의가 최면에 걸려 화면에 고착되어 있을 때, 당신이 당신의 집을 감옥으로 만들었을 때, 당신은 자본주의의 위기가 인간의 정념들을 얼마나 많이 개별화하고 그것들에 부담을 주는 것인지 깨닫게 된다. 당신은 혼자이고 잠재력을 빼앗긴다. 그러나 당신이 주위를 둘러보자마자, 당신은 그 위기가 함께-있음을 낳았음을 알게 된다. 위기 속에서 빚지기, 미디어되기, 보안되기 그리고 대의되기는 하나의 집합적 조건을 구성한다. 확실히 대안은 없다. 우리는 타이타닉 호의 갑판 위에 있다. 또 특이성의 역량들의 이러한 궁핍과 감소는 우리의 삶을 잿빛 무관심으로 이끈다. 그러나 우리는 여기에 함께-있다. 여기에 저항의 카이로스만이 아니라 공동체의 카이로스도 있다.

우리는 궁핍함, 비참함 그리고 고독과 같은 조건들에서 우리를 해방시키기 위해 투쟁해야 한다. 그러나 어떻게 우리가 시작할 수 있는가? 잠재력을 빼앗긴 주체는 그것이 행할 수 있는 것에서 분리된 형상이다. 들뢰즈가 『니체와 철학』3에서 말하는 것처럼, 그것이 할 수 있는 것으로부터 분리된 힘이다Une force séparée de ce quelle peut. 우리는, 행위를 '함께-있음'과 다시 연결시킬 힘을 발견해야 한다. 예를 들어 개인적 고통을 표현하는 분노가, 그것의 외로운 싸움에서조차, 함께-있음을 암시하기도 한다. 그것은 특이하게 된다. 왜냐하면 특이하게-되기는 개별적으로-되기와는 대조적으로, 함께-있음 안에서 다시 한 번 주체적 힘을 발견하는 것을 의미하기 때문이다. 특이한 주체성은 다른 특이성들과의 재구성recomposition이 없이는 어떠한 사건도 없다는 것, 반란 없이는 특이한 주체성들의 함께-있음도 없다는 것을 깨닫는다. 특이화 과정은 다음과 같은 모습으로, 즉 자기긍정, 자기가치화, 그리고 주체적 결정으로 구현된다. 이 모든 것들은 함께-있음의 상태를 향해 열려 있다. 파열rupture의 결정에서부터 함께 행동하자는 제안에 이르기까지의 모든 정치 운동들은 이런 식으로 발생한다.

빚을 전복하라

주체화 과정은 거부에서 시작한다. 나는 하지 않겠다. 우리는 당신의 빚을 지불하지 않겠다. 우리는 우리의 집에서 쫓겨나는 것을 거부한다. 우리는 긴축 정책에 복종하지 않겠다. 대신에 우리는 당신의 ─ 아니, 사실상 우리의 ─ 부를 우리 것으로 만들고 싶다.

예를 들어 위기가, 개인들이 홀로 버텨야만 하는, 가장 강한 타격을 가하는 특정 시기에, 저항의 의지가 극단적이고 필사적인 힘을 가지고 솟구친다. 그것은 어디에서 오는가? 많은 철학자들은 의지의 기원을 결핍에 두고 있다. 마치 원하거나 행동하기 위해서는, 우리가 갖지 못한 것에 집중해야 한다는 듯이 말이다. 그러나 그것은 사실이 아니다. 의지는 결핍이 아니라 풍부함을 단언하려는 충동에서, 욕망을 발전시키려는 충동으로부터 생겨난다. 빚을 갚지 않으려는 의지는 우리가 갖지 않은 것, 우리가 잃어버린 것을 추구하는 것을 의미할 뿐 아니라 더 중요하게는 우리가 욕망하는 것, 더 좋고 더 아름다운 것을 확언하고 발전시키는 것을 의미한다. 사회성과 사회적 관계들의 충만함 말이다.

빚에 대한 거부는 따라서 공허한, 개별화된, 파편화된 지형을 생산하기 위해 사회적 유대나 법적 관계들을 끊는 것을 의미하지 않는다. 우리는 **구속[유대]**bond와 **채무[은혜]**debt라는 용어에 새로운 의미를 부여하고 새로운 사회적 관계들을 발견하기 위해서 그러한 구속bonds과 채무debts에서 탈주한다.4 맑스가 자본주의 사회에서의 주요한 사회적 연결로서의 화폐에 대해 말할 때 그는 현실주의적이었다.

맑스는, "개인은 자신의 호주머니에 사회와의 유대만이 아니라 사회적 권력을 갖고 다닌다."라고 썼다. 채무에 대한 거부는 화폐의 권력과 화폐가 창출하는 구속bonds을 파괴하고 동시에 새로운 유대bonds들과 새로운 형태의 은혜를 구성하는 것을 목표로 한다. 금융의 구속이 아니라 사회적 유대에 의해 연결되면, 우리는 점차 서로에게 빚을 지게 된다. 이러한 사회적 상호의존성에 의해 특징지어지는 주체적 형상들은 이미, 삶정치적 생산과 가치화에 의해 투여된 삶이 헤게모니를 쥐고 있는 새로운 경제적 상황에서 준비되고 발전되었으며, 특이성들의 협력 위에 세워졌다. 협력과 생산적 상호의존성은 공통적인 것의 조건들이고, 공통적인 것은 이제 사회적 생산의 주요한 기초를 구성한다. 우리를 서로 연결시키는 우리의 사회적 유대들은 하나의 생산수단이 된다. 우리의 상호의존성에서, 우리의 공통성commonality에서, 우리는 생산성과 힘[역량]을 발견한다.

금융 채무의 흐름들이, 개별화하는 효과들(괴로움, 좌절 그리고 고통 ─ 이 모든 것들이 우리의 고립으로 인해 배가된다.)을 야기한다 할지라도, 새로운 형태의 빚이 계약 관계 안에 폐쇄되기보다 더욱더 사회적이고, 반反개인적이고, 이행移行적이고 특이한 것으로 되는 것은 이 때문이다. 주체가 이러한 자각에 도달할 때, 특이성이, 자신이 종속되어 있는 궁핍과 역량박탈disempowerment의 나선들에서 빠져나갈 때, 주체는 이러한 사회적 유대와 사회적 은혜가 측정될 수 없다는 것, 아니 오히려, 전통적이고 양적인 용어들로는 측정될 수 없다는 것을 알게 된다. 그것들[사회적 유대와 사회적 은혜]은 단지 질적 용어들로만, 즉 욕망의 수단들로서만, 우리 자신을 오래된 비

참함에서 끄집어내고 오랜 채무의 끈들을 끊는 결정들로서만 주어
질 수 있다.

사회적 형식의 채무(은혜)는 공통적인 것이 갖는 고결한 측면을 증
명한다. 무엇보다 이러한 채무(은혜)는 채권자가 없는 채무이고, 특이
성들 사이의 관계를 맺는 것에 의해 규정된다. 게다가 그것은 도덕과
죄의식으로 제한되지 않는다. 그것은, 도덕적 의무라기보다, 우리가
사회와 서로에게 지고 있는 사회적 빚(은혜)에 대한 상호적 인식에 근
거하기 때문에 공통적인 것the common의 윤리를 통해서 기능한다.

최근 수십 년 동안 가난하고 곤궁한 자들의 수많은 투쟁들이 개
인적이고 집단적인 빚의 멍에에 대항해서 벌어졌다. 월스트리트를
점거하라는 구호는 가장 눈에 띄는 보기가 될 것이다. 왜냐하면 월
스트리트는 전 지구적 채무 사회와 모든 채권자들에 대한 환유의
궁극적 상징으로 복무하고 있기 때문이다. 그러나 이러한 항의들은
결코 홀로 설 수 없다. 우리는 주코티 공원의 야영장으로 흘러들고
있는, 최근의 채무 시위들의 두 개의 주요한 흐름들을 본다. 이 흐름
들 중 하나의 흐름은 주로 종속된 국가들의 국가적 채무에 집중한
다. 이 흐름은 경제 위기에 대한 신자유주의적 정책에 반대하는 집
회 운동들과 2001년 아르헨티나 민중 봉기5에서 최고조에 도달한,
세계은행과 IMF에 반대하는 다양한 대안세계화 시위들을 거쳐,
1989년 베네수엘라, 1977년 이집트 그리고 1976년 페루에서 발생
한, 긴축 정책에 반대하는 십여 차례의 "IMF 폭동들"로 소급된다. 또
다른 흐름은 더욱 균열된 것이다. 이 흐름은 가난한 자들에게 개인
적이고 개별화하는 채무의 부담을 지우는 것에 대한 항의라는 특징

을 갖는다. 가령 1992년 LA, 2005년 파리, 2011년 런던의 폭동들에 서처럼 말이다. 이 세 번의 폭동들은 모두 대도시에서 인종적 종속에 반대하는 분노의 표현들이었고, 경찰의 폭력적 행동들에 의해 발발했다. 하지만 인종적 특징은 각각의 경우에 상품과 부의 힘에 대한 거부와 강하게 맞물렸다. 부분적으로는, 소유할 수 없었던 상품들에 대한 욕망이 약탈과 방화를 부채질했다. 그러나 그 사건들은, 그러한 상품들이 사회적 예속의 수단으로 기능하는 방식들에 대한 상징적 파괴이기도 했다.

우리는, 몇몇 사람들이 주코티 공원의 질서 정연한 점거자들을, 나아가 축제적인 대안세계화 시위 참여자들을, 가난하고 곤궁한 자들의 야만적 자크리들[폭동들]jacqueries 및 분노의 폭력적 표현들과 함께 묶는 것에 주저하고 있다는 것을 알고 있다. 그러나 이 투쟁들 중 어떤 것은 더 선진적인 것이고, 다른 것들은 후진적인 것이라고 생각지 말라. 아니다. 자발성에서 조직화로 나아가는 정치적 의식의 이행에 대한 낡은 볼셰비키적 이론은 여기에 더 이상 끼일 자리가 없다. 가난한 자의 반란은 더 조직되고 더 건설적이어야 하며, 덜 폭력적이어야 한다는 설교는 더 이상 하지 않도록 하자. 미국의 대학 캠퍼스에서 경찰은 최루탄을 사용함에 반해, 대도시 어두운 지역들에서는 실탄을 사용한다. 우리가 생각하기에, 이러한 투쟁들 각각에서 가장 중요한 것은, 강력한 거부가 새로운 사회적 유대를 형성할 수 있는 과정들과 어떻게 연결될 수 있는가를 이해하는 것이다. 그들은 질서의 복원을 요구하지 않고, 피해자들에 대한 정의와 배상을 요구하지도 않는다. 그보다 그들은 또 다른 가능한 세계를 구축하기를 원한다.

진리를 만들라

우리가 미디어되기를 거부하려면, 신문에서 읽는 모든 것을 믿고 우리에게 제공되는 진리들을 단순히 소화하기만 하면서 우리 자신이 기만당하는 것을 멈추어야 할 뿐만 아니라, 미디어로부터 우리의 주의를 멀리 떼어낼 필요가 있다. 때때로 우리는 비디오 화면에 사로잡혀 눈을 떼지 못하는 것처럼 보인다. 당신은 사람들이 거리를 걸으면서 (그리고 심지어 차를 운전하면서) 고개를 숙이고 휴대폰으로 문자를 보내다가, 마치 홀린 듯 서로 부딪히는 것을 얼마나 자주 보았는가! 주문呪文을 깨버리고 소통하는 새로운 방식을 발견하라! 우리가 다른 정보 혹은 다른 기술들을 필요로 한다는 것은 말할 것도 없다. 그렇다. 우리는 진리를 발견해야 한다. 그렇지만 더 중요한 것은, 우리가, 함께-있으면서 소통하는 네트워크에서 특이성들에 의해서만 생겨날 수 있는 새로운 진리를 만들어내야 한다는 사실이다.

정보 제공에 초점을 맞추는 정치적 기획들은, 비록 명백히 중요한 것이라 할지라도, 쉽게 실망과 환멸로 이끌 수 있다. 혹자는, 미국 국민들이 자신들의 정부가 무엇을 하고 있으며 그 정부가 일으킨 범죄들이 무엇인지 알고 있기만 하다면, 그들이 봉기하여 그것을 바꾸어 버릴 수 있을 것이라고 생각할지 모른다. 그러나 사실상,

그들이 노엄 촘스키가 쓴 모든 책들과 위키리크스6가 폭로한 기사 자료들을 다 읽는다 할지라도, 그들은 여전히 똑같은 그 유력한 정치가들에게 표를 던져 다시 권력을 쥐도록 할 수 있고 결과적으로 동일한 사회를 재생산할 수도 있다. 정보만으로는 충분하지 않다. 이데올로기의 비판적 실천들에도 똑같은 것이 적용된다. 권력에 대한 진실을 폭로하는 것은, 사람들이, 마치 예속이 자신들의 해방이라도 되는 양, 자신들의 예속을 위해 분투하는 것을 막지 못한다. 그리고 공적 영역에서 소통 행위를 위한 공간을 여는 것으로도 역시 충분하지 못하다. 미디어된 사람들은 허위의식의 형상이 아니라 오히려 주의 깊게, 매료된 상태로 웹에 붙들려 있는 형상이다.

네트워크에서 능동적으로 소통할 수 있기에 앞서 당신은 특이성이 되어야 한다. 소외에 대항하는 오래된 문화적 기획들은 당신이 당신 자신에게로 돌아갈 것을 요구했다. 그 기획들은, 자본주의 사회와 이데올로기가 우리 자신으로부터 우리를 분리시키고 우리를 둘로 쪼개는 방식들과 맞서 싸웠고 그래서 (대개는 개인적 맥락에서) 총체성과 진정성의 형식을 추구했다. 이와 달리, 당신이 특이성이 되면, 당신은 결코 총체적 자아가 되지 않을 것이다. 특이성들은, 내적으로는 다양한multiple 상태로 있고 오직 외적으로만 그들 자신이 타자들과의 관계 속에 있음을 발견하는 것에 의해 규정된다. 그러므로 네트워크에서 특이성들의 소통과 표현은 개인적이지 않고 합창적이다. 그리고 그것은 함께-있는 동안 우리 자신을 만들면서, 하나의 행위doing와 연결되어 있으므로, 언제나 활동적operative이다.

우리가 미디어되지 않는다고 해서, 우리가 미디어와 상호작용하는 것을 그치는 것이 아니라 ─ 2011년 운동들은 페이스북이나 트위터 같은 사회적 미디어를 활용하는 것으로 잘 알려져 있다 ─ 미디어와 우리가 맺는 관계들이 변하는 것이다. 우선, 특이성들로서의 우리는 네트워크 속에서 자유로운 이동성을 얻는다. 우리는 곤충들처럼 떼 지어 모이고, 새로운 길을 따르고, 새로운 패턴과 무리로 합친다. 여기서는 정치적 조직organization의 형식이 핵심적이다. 즉 특이성들의 탈중심화된 다중은 수평적으로 소통한다. (그리고 사회적 미디어는 그들의 조직 형식에 들어맞기 때문에 그들에게 유용하다.) 오늘날 시위와 정치적 행동들은 명령을 내리는 중앙 위원회에서 나오는 것이 아니라 오히려 수많은 소규모 그룹들의 결집과 그들 사이의 토론으로부터 나온다. 시위가 끝난 후에도, 이와 유사하게, 메시지들은 이웃 지역과 다양한 대도시 회로들을 통해 바이러스처럼 확산된다.

둘째, 미디어는 우리의 집단적 자기 생산을 위한 도구가 된다. 우리는, 개인적이기를 멈추고, 공통의 언어에 우리 자신을 개방하면서, 타자들과의 관계 안에서 우리를 구성할 때에만, 새로운 진리를 창출할 수 있다. 진리 만들기는 집단적이고 언어적인 창조활동이다. 때때로 시위에서 정치적 구호들의 창조와 확산은 진리 만들기 행위를 구성한다. 예를 들어 월스트리트 점거 운동에서 나온 99% 대 1%라는 담론은 사회적 불평등의 현실을 분명히 보여주었고, 정치적 논쟁의 용어들을 극적으로 변화시켰다. 더욱 복잡한 예는 2001년 아르헨티나 사람들의 구호, "모두 다 꺼져버려"Que se vayan todos가 창출한 진실이다. 그 구호는 정치인들, 정당들 그리고 입헌 체계 그 자체의 부패만이 아니라 새로운 참여 민주주의를 위한 잠재력을 응축된 형태로 표현했다. 그러한 진리의 생산은 또, 서로와 관계하며 우리가 함께-있음의 조건들을 협상함으로써, 정치적 정동들을 창출하는 것을 포함한다. 함께-있음에서 이러한 정치적 정동들을 표현하는 것은 새로운 진리를 구체화한다.

따라서 네트워크에서 특이성들 간의 진정한 소통은 집단 야영을 필요로 한다. 이것은, 예를 들어, 학생 점거들에서 발생하는, 지식 생산 및 자기학습 경험과 같은 것이다. 함께-있음을 통해 새로운 종류의 소통과 집단지성이 구성되기 때문에, 그 순간은 마치 마술처럼, 깨우침처럼 느껴진다. 타흐리르에서 푸에르타 델 솔, 주코티 공원까지 2011년에 점거된 광장들에서, 집회들에서의 토론, 갈등 그리고 합의를 통해 새로운 진리들이 생산되었다. 주거권과 담보물 압류에서 성차gender 관계들과 폭력에 이르는 주제들에 관한 모임들과 작업그룹들은 자기 학습 경험이자 지식 생산을 확산하는 수단으로 기능한다. 그러한 집단 야영을 경험하며 살았던 어느 누구라도, 새로운 지식과 새로운 정치적 정동들이 그 상호작용들의 신체적이고 지적인 강도intensity속에서 어떻게 생겨나는지를 깨닫게 된다.

집단 야영이 갖는 소통 능력의 가장 최근의 분명한 예는 아마도 멕시코의 치아빠스에서 사빠띠스따Zapatista 7가 수십 년 간에 걸쳐 행한 자치self-rule 실험일 것이다. EZLN[사빠띠스따 민족 해방군]은 설립 초기부터 라깡도나Lancandon 정글로부터 전자 성명聲明을 발표하고, 인터넷으로 메시지를 게시하는 등 전에 없던 새로운 방식으로 미디어를 활용한 것으로 유명했다. 그러나 훨씬 더 중요하고 혁신적인 것은 집단적 자치를 실천하는 사빠띠스따 공동체 내부에서 생산된 소통의 네트워크들과 정치적 진실이다. 공동체 내에서 성차와 사회적 위계를 전복하고 의사결정과 관리 책임을 모든 사람에게 개방하려는 부단한 시도들은, 복종하면서 지도하고, 물으면서 걸어가는 그들의 기획들에 실체와 의미를 부여한다.

탈주하라

오늘날 사람들이 보안체제를 거부하는 모든 방식들 중에서 가장 의미심장한 것은 탈주의 양상들이다. 당신은 감옥을 피할 수도 없고, 군대와 맞서 싸울 수도 없다. 그저 당신이 할 수 있는 일이라곤 도망가는 것뿐이다. 사슬을 끊고 도주하라. 아주 자주, 탈주는 열린 공간으로 나오는 것보다는 오히려 보이지 않게 되는 것을 의미한다. 보안은 대개 당신을 보이게 만듦으로써 기능하기 때문에, 당신은 보여지는 것을 거부함으로써 도피해야만 한다. 보이지 않게 되기도 탈주와 같은 것이다. 탈주자, 탈영병, 감시를 피해 숨은 자들은 자유를 위해 투쟁하는 보안된 사람들의 진정한 영웅들(혹은 반영웅들)이다. 그러나 도망칠 때는 조지 잭슨[8]을 생각하고, 나갈 때는 무기를 집어 들어라. 차후에 쓸모가 있을 수도 있다.

그러나 당신이 당신의 힘을 깨달을 때조차, 당신은 그저 거부하고 도주할 수 있을 뿐이다. 보안체제의 무게에 눌려 사는 사람들은 자기 자신을 무력한 존재로, 그 체제의 압도적인 힘에 비해 왜소한 존재로 생각하는 경향이 있다. 감옥사회의 사람들은, 스스로가 리바

이어턴에게 잡아먹혀 배 속에 살고 있다고 생각한다. 우리가 어떻게 군대의 화력과 맞서며, 모든 것을 감시하는 시선과 모든 것을 알고 있는 정보 체계를 피할 수 있겠는가? 출구를 발견하기 위해 우리가 할 수 있는 일은, 푸코와 그에 앞서 니콜로 마키아벨리가 설명한 권력의 본성에 대한 기본적 인식을 기억하는 것뿐이다. 권력은 사물이 아니라 관계이다. 당신 앞에 서 있는 권력이 아무리 힘세고 오만해 보일지라도 그것이 당신에 의존하고 있으며, 당신의 두려움을 먹고살며, 단지 당신이 그 관계에 기꺼이 참여하기 때문에 생존하고 있음을 깨달아야 한다. 탈출구를 찾아라. 언제나 하나의 출구는 있게 마련이다. 탈주와 불복종은 자발적 예속에 대항하는 신뢰할 만한 무기들이다.

탈주는 종종 기이한 형태를 취하기도 한다. 예를 들어 15세기 스페인의 마라노marrano [9]들은 강제로 기독교로 개종 당해야 했지만, 계속해서 비밀리에 유대교를 실천하며 지냈다. 그들은 이중의 삶을 살았다. 권력의 힘이 지켜볼 때에는 복종하고, 보이지 않는 곳에서는 그것을 거꾸로 뒤집었다. 그들은 이를테면 가만히 머물면서도 비밀의 탈주를 감행했다.

우리의 투쟁의 일부는 도처에 존재하는 보안체계의 촉수들에 반대할 뿐 아니라 감옥과 병영이라는 매우 실질적이고 구체적인 담장들에도 반대하는 것이다. 예를 들어 안젤라 데이비스 [10]는 정당하게도 감옥의 폐지를 주장한다. 미국의 감옥들(그리고 도처에 있는 이민자 구류 센터들)의 인종차별적 구성을 고려할 때, 감옥에 대항하는 투쟁은 인종 차별과 종속의 가장 극단적인 구조들을 종식시키자는 새로운 폐지론의 핵심이다. 오늘날의 감옥들은 분명히 19세기 개혁가들이 상상했던 재교육 혹은 사회적 재통합이라는 고귀한 기능들하고는 아무런 관계가 없다. 그와는 반대로 감옥은 반사회적 주체성들을 생산하고 재생산하며 두려움을 영속화하고 사회적 관계들을 독살하는 기계다.

군대와 군사화에 대항하는 투쟁도 똑같이 중요하다. 군대 시설이 공적인 자유의 기반을 흔들고 민주주의가 거의 전적으로 무시되었다는 저명한 미국 대통령들의 경고들을 생각해 보라. 상비군에 대한 토마스 제퍼슨과 제임스 매디슨의 격렬한 비판[11]에서부터, 엄청난 군사 시설과 강력한 군수 산업의 결탁에서 기인하는 재앙들에 대한 드와이트 아이젠하워의 불길한 예감[12]에 이르기까지. 국가의 설립자들과 과거의 대통령들을 그렇게도 존경하는 미국이 이 문제에 관한 그들의 항변은 아예 못들은 척했다. 감옥과 마찬가지로 군대는 주체성들을 분해하고 사회적 관계들에 독을 주입한다. 귀향군인들은 전쟁과 [군대 내의] 위계 때문에 상처를 입을 뿐 아니라, 그들이 돌아와 대하는 가족들에게, 그리고 그들이 소통하는 모든 사람들에게 자신의 병든 주체성을 확산시킨다. 페미니스트들은, 군국주의가 전파하고 재생산한 남성성의 형식들이 갖는 권력, 유약함, 그리고 병리학을 오랫동안 분석해 왔다.[13]

감옥과 군대 폐지를 위한 기획들은 정당하고 중요한 긍정적 효과를 갖고 있다. 그러나 우리는, 이러한 투쟁들이 이제 와서야 구성되고 있기 때문에 우리가 살고 있는 사회에서 충분히 실현되는 것은 불가능하다는 것을 인정하지 않을 수 없다. 감옥과 군대는 독극

물이다. 그러나 뜻과는 달리, 병든 신체는 생존하기 위해서 그것을 계속 섭취하지 않으면 안 된다. 그렇게 함으로써 자신을 부단히 망가뜨리면서도 말이다. 감옥은 감옥을 필요로 하는 사회를 생산하고, 군대는 군국주의를 필요로 하는 사회를 생산한다. 갑작스런 약물 중단은 자살행위일 것이다. 오히려 그 신체가, 자신의 독성을 정화하기 위해서는 장기간에 걸친 치료를 받아야 한다.

건강한 사회에 이르는 열쇠는 두려움을 종식시키고 진정한 자유와 안전을 창출하는 것이다. 2011년 2월 카이로의 타흐리르 광장에서 가장 가슴 뭉클하고 고무적인 장면들은, 정부를 지지하는 세력들이 말과 낙타를 타고 광장을 날뛰며 시위자들을 야만적으로 구타한 지 불과 며칠 만에 나왔다. 불의함을 비난하거나 앞으로 자신들을 어떻게 방어할 것인지에 대해 주장하는 대신에 사람들은 단순히 그리고 분명하게 다음과 같이 말하기 시작했다. "우리는 더 이상 두렵지 않다." 이 구호가 무바라크 정권을 떠받치고 있던 결정적 돌덩어리를 빼내버렸다. 3개월 후 마드리드의 푸에르타 델 솔에서 야영시위대들이 경찰에 의해 위협을 받고 있었을 때, 그들의 응답은 이집트에서 나온 그 단언을 반복했다. "No tenemos miedo(우리는 두렵지 않다)." 우리는 이 투사들이, 광장에서 그들의 함께-있음에서 아주 크게 기인했음에 틀림없는, 그와 같은 두려움-없음의 상태를 어떻게 성취했는지 충분히 설명할 수는 없지만, 그것의 정치적 힘과 중요성만은 쉽게 식별할 수 있다. 권력은, 그것의 주체들이 두려움에서 벗어나 자유로워지는 순간, 더 이상 살아남을 수 없다.

두려움-없음의 그러한 표현들은, 더 큰 대의大義가 지속될 것이라는 확신을 가지고 기꺼이 죽음을 무릅쓰는 전사, 체 게바라의 혁명적 영웅주의를 연상시킬 수 있다. 그러나 우리는 영웅들이나 순교자들에 대해서는 거의 관심이 없다. 게다가 우리는, 이 광장들에서 야영하는 사람들이 두려움을 떨쳐 버릴 수 있었던 것이 영웅주의와 거의 관계가 없고 심지어 죽음하고는 거의 아무런 관계도 없다고 생각한다. 스피노자는, "자유인은 죽음에 대해서는 조금도 생각하지 않는다. 그의 지혜는 죽음에 대한 성찰이 아니라, 삶에 대한 성찰에 있다."고 다소 비교秘敎적인 어투로 말한다. 스피노자의 견해에 따르면, 진정한 안전은 모든 적들을 압도하기 위해 가장 많은 힘을 축적하는 데서 오지 않으며, 사도 바울의 카테천14처럼 죽음을 물리치거나 악의 접근을 막는 것을 요구하지도 않는다. 우리는 불멸에 대해서는 어떠한 환상도 갖고 있지 않다. 우리는 다만, 죽음이 그저 부록처럼 덧붙여지는 삶의 기쁨들에 초점을 맞추고 있을 뿐이다. 야영시위대들 ─ 이들은 함께-있으면서 토론하며, 의견이 다르고, 서로 다툰다 ─ 은 스피노자가 예견했던 진리를 다시 발견한 것처럼 보인다. 진정한 안전과 두려움의 파괴는 자유의 집단적 구성을 통해서만 달성할 수 있다는 사실 말이다.

당신 자신을 구성하라

'당신은 나를 대의하지 않아!' '모두 다 꺼져버려!'¡Que se vayan todos!

대의와 대의적 통치구조들에 대한 이러한 거부들은 21세기 초 신자유주의의 위기 동안 수백만 명의 사람들에 의해 선언되었다. 이 항의들과 거부들의 하나의 새로움은, 그것들이 직접적으로, 그 위기가 경제적, 사회적, 정치적일 뿐 아니라 입헌적인 것임을 분명히 해준다는 사실에 있다. 대의적 구조들과 자유주의적 거버넌스 체제들 모두가 의문에 부쳐졌다. 의회적 대의의 이론과 실천이 생산한 대단한 개념적 도약("모든 사람의 의지"에서 "일반의지"로의)은 결국 치명적인 것으로 드러났다. 그리고 추락하는 곡예사를 받칠 안전망으로서 만들어낸 새로운 형식의 거버넌스조차도 너무도 약하고 낡아 해진 것으로 드러났다. 어느 누구든 그 헌법[정치체제]의 부활과 구원을 믿는 것은 점차 어렵게 되었다. 구舊체제ancien régime는 한때는, 분 바르고 가발을 쓴 사람들[귀족]의 지배를 위한 이름이었다. 그러나 지금은 대의 기계가 구체제다! 공화제 헌법은 두 세기가 넘도록 자신들의 시대를 누렸다. 그것으로도 아직 부족한가?

정치적이고 입헌적인constitutional 논쟁이 재개되어야 한다. 그리고 오늘날 요구되는 급진적 변화는 내용(사적이고 공적인 것에서 공통적인 것으로)에 관한 것일 뿐만 아니라 형식에 관한 것이기도 하다. 어떻게 사람들이 공통적인 것 안에서 함께 밀접하게 연합하고 민주적 의사결정에 직접 참여할 수 있을까? 어떻게 다중이, 민주주의를 재발명하고 실현하는 방식으로, 공통적인 것의 제도들의 군주prince가 될 수 있을까? 이것이 제헌[구성] 과정의 임무다.

금융 채무가 사회적 유대로 변형되었을 때, 특이성들이 생산적 네트워크 안에서 상호작용할 때, 안전에 대한 욕망이 두려움에서 벗어날 때, 이러한 세 가지 형상들의 전도로부터 민주적 행동을 할 수 있는 주체성들이 생겨나기 시작할 것이다. 산업 시대의 부르주아 사회들에서 정치적 행동을 위해 이용 가능한 길은 주로 조합주의적corporatist이고 개인주의적이었다. 탈산업적 신자유주의 사회에서 그 가능성들은 훨씬 더 빈약하다. 그리고 대의된 사람들에게는 단지 수동적이고 일반적인generic 정치적 역할만이 허용된다. 부르주아 시민에서 대의된 사람들로의 이동이 사법적 형태로, 하지만 점차 아무런 내용도 갖지 못한 형태로 보편화한다. 이제 정치적 주체성의 새로운 형상들이 조합주의적이고 개인주의적인 분할 선들을 넘쳐흐르는, 그리고 정치적 행동의 일반적이고 추상적인 형식들에 실체와 내용을 부여하는 참여 형식들을 발견할 수 있다. 규칙들을 생산하는 메커니즘들은 공통의 양상들을 따라서 특이한 형식으로만 구축될 수 있다. 이제부터는 제헌[구성] 권력들이 작용해야 하고 아래로부터 부단히 갱신되어야 한다.

그러나 몇몇 친구들은, 우리에게, 왜 우리가 아직도 헌법[구성]들에 관한 얘기를 하고 있는지 묻는다. 우리는 왜 모든 규범적 구조들과 제도들에서 벗어나지 못하는가? 모든 혁명은 제헌[구성] 권력을 필요로 한다. 혁명을 끝내기 위해서가 아니라 그것을 지속시키기 위해서, 혁명이 성취한 것을 보장하기 위해서, 그리고 혁명을 더 멀리 나아가는 혁신을 향해 계속 열어 두기 위해서 말이다. 제헌[구성] 권력은, 우리의 자유, 평등 그리고 연대에 따라 사회적 생산과 사회적 삶을 조직하는 데 필수적이다. 제헌[구성] 과정들은, 사회적 갈등들, 필요들, 욕망들의 사회적 직조와 물질적 기반에 더욱

적합하도록, 부단히 정치적 구조들과 제도들을 갱신한다.

좀 더 철학적으로 말하면, 제헌[구성] 과정들은 주체성 생산의 장치들15이다. 그러나 우리의 친구들은 거듭해서 묻는다. '왜 주체성들이 생산되어야 하는가?', '왜 우리는 단지 우리 자신일 수 없는가?'라고. 왜냐하면 표현되어야 할 원래의 혹은 원초적인 인간 본성이 있다고 할지라도, 그것이 자유롭고, 평등하고 민주적인 사회적·정치적 관계들을 양성할 것이라고 믿을 이유가 없기 때문이다. 정치적 조직화는 언제나 주체성들의 생산을 요구한다. 우리는, 민주적 정치 행동과 공통적인 것의 자기관리를 감당할 수 있는 다중을 생산해야 한다.

하나의 예가 이 명제의 한 측면을 분명히 설명하는 데 도움을 줄 수 있다. 2011년 광장을 점거했던 스페인의 인디그나도스가, 2011년 가을 총선에 참여하기를 거부했을 때, 그들은 거센 비난을 받았다. 그들을 비난하는 사람들은 그들을 무능한 무정부주의자들이라고 불렀고, 국가 제도들과 선거 정치에 참여하기를 거부한 그들의 행동을 이데올로기적이고 히스테리적이라고 비난했다. 그들이 좌파를 분열시키고 있다는 것이었다! 물론 인디그나도스는 무정부주의자들이 아니고 좌파를 분열시킨 책임도 없다. 오히려 그들은 좌파를 개혁하고 새롭고 다른 좌파를 선보일 수 있는 드문 기회를 만들었다. 그들 중 대다수는, 수년 전 마드리드의 아토차 기차역에 가해진 비극적인 폭파를 우익 정치가들이 공개적으로 바스크 투사들16의 소행으로 돌렸을 때, 즉각 휴대전화와 다른 미디어(그들은 파살로pásalo, 즉 "다른 사람들에게 계속 전달하세요."라고 썼다.)의

놀라운 중계를 통해 진실을 밝혔던 사람들과 동일한 활동가들이었다. 그들의 행동은 실제로, 사회주의자들과 사빠떼로가 선거에서 뜻밖의 승리를 거두도록 이끌었다. 그래서 인디그나도스는 2011년 선거에 참여하지 않았다. 그것은, 부분적으로는 집권 기간 중에 신자유주의 정책을 계속 펴나갔던 사회주의적 당에 상을 주기를 거부했기 때문이고, 그리고 더 중요하게는 그들이 이제 더 큰 전투를, 특히 대의구조와 입헌질서 그 자체를 겨냥하는 전투를 치러야 하기 때문이었다. 그 싸움의 스페인적 뿌리는 반파시스트 투쟁의 전통으로 거슬러 올라가며, 프랑코 정권의 종말에 뒤이은 이른바 민주주의로의 이행을 새롭고도 비판적으로 조명한다. 인디그나도스들은 이 싸움을 **제헌(구성)** 과정이라기보다는 **헌법폐기적**destituent 과정으로, 기존의 정치구조로부터의 탈주와 같은 것으로 간주한다. 그러나 새로운 제헌(구성) 권력을 위한 기초를 준비하는 것이 반드시 필요하다.

공통적인 것을 구성하기

LET'S ACKNOWLEDGE THE REALITY: THE FUTURE OF THE HUMAN RACE REQUIRES THE COOPERATION OF ITS MEMBERS OUR INCREASINGLY INTERCONNECTED WORLD OBSCURES THE UNDERLYING TRUTH THAT
ALL OF OUR GRIEVANCES ARE CONNECTED
TOO MUCH $ IN TOO FEW HANDS
STRAIGHT UP CORRUPTION
ENABLES
THE TOP 1% OF AMERICANS OWN MORE THAN HALF OF THE ASSETS
THIS IS INHERENTLY A PROBLEM.
BECAUSE: SOME WEALTH ACCUMULATION IS LEGAL AND LEGIT, BUT SOME IS DEFINITELY NOT.
AND SOME IS QUESTIONABLY ETHICAL
TO SAY THE LEAST!
SHOCK DOCTRINE
INCOME DISPARITY
TOO MUCH DEREGULATION
GREED
USING CRISIS TO PUSH THROUGH ECONOMIC DEREGULATION
PROFITING OFF OF SUFFERING
RACISM
RACISM = PREJUDICE + POWER
CAN WE AGREE THESE ARE BOTH WRONG?
$ = POWER
UNJUST ENRICHMENT
NEGLIGENCE TOWARD THE POOR AND THE WORKING CLASS
DISREGARD FOR HUMAN DIGNITY
UNJUST PROFITS OFF OF PUBLIC SERVICES
OVER CONSOLIDATION OF POWER
LET THESE FACTS BE KNOWN
DISREGARD FOR HEALTH AND SAFETY
PROTECTING RIGHTS OF INSTITUTIONS OVER PEOPLE
VESTED INTEREST IN MAINTAINING STATUS QUO
POWER IS GENDERED AND HETERO-NORMATIVE
FALSE SCARCITY
LACK OF TRANSPARENCY
KEEPING THE MAJORITY COMPLACENT
SUPPRESSION OF DISSENT
SO WE CAN'T PROTEST, OBJECT, SUE OR SHAME THEM!
CONSOLIDATION OF INFORMATION W/OUT ACCOUNTABILITY
ECOLOGICAL IRRESPONSIBILITY
IRRESPONSIBLE USE OF INFO = IRRESPONSIBLE USE OF RESOURCES
THESE GRIEVANCES ARE NOT ALL INCLUSIVE. HOWEVER YOU HAVE BEEN WRONGED BY THE CORPORATE FORCES OF THE WORLD, OCCUPY WALL STREET STRIVES TO BE YOUR ALLY.
THEY, THE CORPORATIONS, PLACE PROFIT OVER PEOPLE, SELF INTEREST OVER JUSTICE, AND OPPRESSION OVER EQUALITY. THEY RUN OUR GOVERNMENTS.
LET US NOT BE WEIGHED DOWN BY THE COMPLEXITY OF OUR SITUATION, BUT
UNITED BY ITS SINGULARITY AS WE RE-ESTABLISH A SYSTEM THAT PROTECTS OUR RIGHTS

공통적인 것을 구성하기

원리들의 선언

앞서의 장들에서 우리는 신자유주의적 자본주의가 효과적인 전 지구적 거버넌스 규칙을 생산하고 유지하고 보증하는 데 실패했으며, 그 결과 금융 시장이, 가난한 사람들에게 더 심하게 불이익을 주는 방식으로 경제와 사회를 지배할 수 있게 되었다는 사실을 주장했다. 두 가지의 부가적 특징들이 현 상황을 규정한다. 첫째, 우리가 다른 곳에서 포괄적으로 논의했듯이,[1] 생산은 이제 공통적인 것의 틀 안에서 지역적 층위들과 전 지구적 층위들 모두에서 현실화된다. 그래서 노동력은 공통적인 것이 되었고, 삶은 노동에 내몰리며, 금융화의 형태 하에서 자본주의 발전은 주로 공통적인 것의 착취를 의미한다. 둘째 자본주의 발전은 해소할 수 없는 경제적, 사회적 그리고 정치적 위기로 괴롭힘을 당한다. 이러한 위기는, 적어도 부분적으로는, 생산력들이 점차 공통적으로 되어가고 있는 반면에, 생산과 소유 관계들은 여전히 개인주의적이고 사적인 규칙과 규범들에 의해 규정되고 있다는 사실로 설명될 수 있다. 그런데 이러한 개인적이고 사적인 규칙들은 새로운 생산적 현실을 파악할 수 없고 가치의 새로운 공통적 원천들에 완전히 외부적이다.

비슷한 강도強度의 위기들에 직면했던 1930년대의 정부들과는 대조적으로, 오늘날의 지배 권력들은 경제적이고 사회적인 곤경의 깊이에 적합한 정치적 해법을 발전시킬 능력이 없다. 존 메이너드 케인즈나 프랭클린 루즈벨트 같은 사람들은 무대에 등장하지 못했다. 그리고 당시의 산업 생산에는 유효했던 그들의 오래된 요리법은 우리의 탈산업주의 시대에는 적용될 수 없다. 신자유주의의 지배적인 시장기반 정책들들은 이제 제안할 아무 것도 갖고 있지 않다. 그 대신 우리가 필요로 하는 것은 질적 도약, 즉 패러다임의 전환이다.

지배 권력들은 그 위기를 풀 수 있는 입헌적constitutional 개혁을 제안할 수 없다. 입헌적 개혁의 근대사는 언제나 고안된 중재를 포함하는데, 그것은 우선 자유주의 헌법의 경우에서는 교환의 상업적 관계를 중시했고, 나중에 복지주의 헌법의 경우에서는 자본과 노동 간의 변증법을 중시했다. 오늘날 현대 경제의 핵심에 자리하고 있는 금융화의 과정들을 중시하면서 어떤 중재들이 고안될 수 있는가를 상상하기란 어려운 일이다. 국가 주권은 차치하고라도, 대의나 민주주의 같은 범주들은, 전 지구적 금융 시장들이 적법성과 정치를 자율적으로 생산하는 지배적 위치에 있음을 인식하지 않고는 재

규정될 수 없다. 금융이 시행하는 명령은 점차 국민국가들의 제도적 중재를 뛰어 넘는 경향이 있고, 고용과 임금만이 아니라 (거주에서 건강까지의) 기본권의 향유도 금융 시장의 역학과 부침에 불가항력적으로 의존하도록 협박하는 경향이 있다.

그럼에도 불구하고 이러한 상황에서 수많은 정치 투쟁들, 특히 2011년의 야영시위대는 입헌적 적절성을 갖는 새로운 원리들을 제기했다. 정치투쟁들은 이 원리들로 새로운 공통감각을 구성했고, 그것들을 제헌[구성]적 행동 기획의 기초로 삼았다. 오직 공통적인 것에 기초를 둔 제헌[구성] 과정만이 실질적 대안을 제공할 수 있다고 믿으면서, 우리는 다음과 같은 진리들을 자명한 것으로 받아들인다 : 모든 사람들은 평등하다 ; 그들은 정치적 투쟁을 통해서 양도불가능한 권리들을 획득했다 ; 이 권리들에는 삶, 자유 그리고 행복 추구뿐만 아니라 공통적인 것에 대한 자유로운 접근, 부의 분배에서의 평등 그리고 공통적인 것의 지속가능성 등이 있다. 이러한 권리들을 안전하게 지키기 위해서는, 통치 받는 자의 참여와 정부 조직의 투명성으로부터 그 정당한 권력을 도출하는 민주적 거버넌스가 수립되어야 한다는 것 역시 분명하다. 끝으로, 어떠한 형태의 정부가 이러한 목적들을 파괴하려고 할 때는 언제든지, 그와 같은 원리들에 기초하면서 자신들의 안전과 행복에 가장 많은 영향을 줄 것처럼 보이는 방식으로 권력을 조직함으로써, 그 정부를 바꾸고, 폐지하고, 새로운 정부를 수립하는 것이 사람들의 권리라는 것 역시 분명하다.

제헌[구성]적 투쟁들

우리는 공통적인 것의 지형 위에서 제기되고, 긴급한 필요를 표현할 뿐 아니라 새로운 입헌적 과정의 경로를 도안하는 투쟁들을 제헌[구성]적이라고 간주한다. 프랑스 및 미국을 창건한 사람들 중 몇 사람, 가장 유명한 사람으로 니콜라 드 콩도르세2와 토마스 제퍼슨은 각 세대가 그 자신만의 헌법을 창안해야 한다고 주장했다. 오늘날 우리는, 현존하는 헌법 제도들과, 공통감각이 요구하는 민주적 필요들 사이에서 결정되는 극적인 단절break을, 그러한 원리에 따라 파악해야 한다. 전통이 우리에게 가르치는 바와 같은, 학대와 찬탈의 기나긴 연쇄는, 변함없이 동일한 목적을 추구하면서, 그것들[공통감각이 요구하는 민주적 필요들]을 절대적 독재 아래에 두려는 기획을 노골적으로 드러낸다. 그러한 정부를 떨쳐 버리고 미래의 안전을 위한 새로운 보호장치를 제공하는 것이 우리의 권리이고, 의무이다. 그래서 오늘날의 투쟁들은 무엇보다도, 제헌[구성]적 특징보다는 헌법폐지적[탈구성적] 특징을 드러낸다. 그것들은 낡은 헌법을 고갈시킴으로써 우리와 우리 사회 안에 남겨진 독재의 효과를 파괴해야 한다.

그래서 새로운 투쟁은, 우리가 이제는 구체제라고 부를 수 있는 것과 심각한 불균형을 나타낸다. 푸코는, 권력은 언제나 하나의 주체에 작용하는 다른 하나의 주체의 행위이며, 따라서 언제나 명령과 저항 사이의 관계라고 주장한다. 그러나 그 운동들이 그렇게 강렬하게 발전할 때, 그것들은 종종 이미 존재하는 관계들에서 벗어나고, 그 지점에서, 이미 자신이 다른 편에 있음을 깨닫는다. 독립 선언은 새로운 제헌[구성] 과정을 위한 실제적 기초를 창출한다. 달리 말해 오늘날 그 투쟁들은 정치적 갈등의 우발적 결과만이 아니라 하나의 사건을, 즉 욕망과 정치적 제안의 분출을 표현한다. 투쟁을 수행하고 새로운 사회를 상상하는 주체들의 심장과 두뇌에 거주하는 공통감각은, 처방적prescriptive 가치를 가지며 새로운 형태의 삶을 창안하고, 활성화시키고, 조절하는 권력을 갖는다. 구체제로부터 자신들의 독립을 선언하면서, 그들은 새로운 존재론적 조건들에 스스로를 뿌리박고, 더욱 평등하고, 공통적이며, 지속가능한 관계들이 자랄 수 있는 환경을 수립한다. 이러한 제헌[구성] 권력은 그 투쟁들에 깊이 박혀 있고, 이 양도할 수 없는 권리들의 선언은 그것의 성숙에 이르고 있는 역사적 운동의 행로를 드러낸다.

단기적으로 그러한 제헌[구성]적 투쟁들이 실패할 수 있다는 사실이 이 과정을 벗어나는 것은 아니다. 우리는 북아프리카만이 아니라 중동, 그리고 아라비아 반도의 몇몇 나라들을 불태웠던 비상한 운동들을 보았다. 이러한 운동들 중 몇몇은, 2011년 봄에, 독재 권력과 이전 식민 지배자들의 도움을 얻어 지배했던 부패한 정부들과 기업도당들을 전복시킴으로써 신속한 성공을 거두었다. 그러나 반동세력들이 길을 가로막았던 나라들이나 민주화 운동이 최초의 승리를 쟁취했던 나라들을 포함하여 투쟁 속으로 들어섰던 모든 나라들에서, 정치적 상황은 이런저런 방식으로 다시 보수적 엘리트들의 수중으로 들어갔다. 그렇다면 이것은 그 제헌[구성]적 투쟁들이 쓸모없다는 것을 의미하는가? 물론 그렇지 않다. 그해 봄에 자유와 평등이라는 양도할 수 없는 원리들이, 그것들이 완전히 실현되려면 더 많은 시간이 필요할지 모르는 원리들이 단언되었다. 그리고 그 원리들은 북아프리카에서 스페인, 그리스, 미국으로, 그리고 그 밖의 곳으로 차례차례 옮아갔다. 투쟁들은 봉기적 방식으로 새로운 권리들을 표현했고, 비록 지금은 잠재되어 있지만, 압력을 유지해서 무지와 지배, 복종과 두려움으로부터 장막을 걷어냈던, 새로운 제헌[구성] 권력이 나타나도록 만들었다. 이제부터는 매년마다 자연의 봄만이 아니라 정치의 봄도 올 것이다.

자율적 시간

우리가 아랍의 봄의 길고 확장적인 시간성을 주장할 때,[3] 우리는, 그러한 투쟁들의 시작을 규정하는 것으로 보였던, 사건들의 봉기적 가속과는 다른 시간 개념을 은밀하게 도입하는 것으로 보일 수도 있겠다. 2011년 야영시위대를 특징지었던 공개적이고 수평적인 집회들의 의사결정 과정은 가끔은 매우 느리기도 하다. 따라서 알렉시스 드 토크빌[4]이 오래전 제안했던 것처럼, 봉기적 사건들이 제도적 과정들의 그 느린 시간이나 장기 지속[5]보다 우선권을 가져야 하는가? 아니다. 우리는 그렇게 생각하지 않는다. 이러한 투쟁들에서 흥미롭고 새로운 점은 그것들의 느림 혹은 신속함이 아니라 오히려 그들이 자신들의 시간을 관리하는 정치적 자율성이다. 이것은, 금세기 초 정상회담들의 스케줄을 따라 다녔던 대안지구화 alterglobalization 운동의 경직되고 지치게 만드는 리듬과는 엄청난 차이를 보인다. 이와 달리, 2011년의 투쟁순환에서는 속도, 느림, 깊은 강도들, 그리고 피상적 가속화들 등이 조합되고 뒤섞인다. 모든 경우에 시간은, 그 자신만의 일정표와 발전의 리듬을 만들면서, 외부의 압력들과 선거 시즌에 의해 부과된 스케줄로부터 철수한다.

자율적 시간성이라는 개념은, 우리가, 그 운동들이 대안을 제시한다고 주장할 때, 우리가 의미하는 것을 분명히 하는 데 도움을 준다. 대안은, 단순히 권력 프로그램에 반대하는, 행동, 명제 혹은 담론이 아니라 급진적으로 비대칭적 관점에 근거하는 새로운 장치다. 이것의 입지점은 다른 곳에elsewhere이다. 그것이 동일한 공간을 공유할 때조차 그렇다. 자율은 그 시간성의 리듬을 일관되게 만들뿐만 아니라 그것의 주체성들, 투쟁들 그리고 제헌[구성]적 원리들의 생산을 일관되게 만든다.

제헌[구성]적 행동의 시간적 결정들은 다른 요소들과의 관계에서도 비활성과 신속함 사이에서 동요한다. 아마도 가장 중요한 것은, 모든 제헌[구성]적 행동이 얼마나 직접전염적contagious이고 간접전염적infectious인가 하는 것이다. 예를 들어, 튀니지와 이집트에서처럼, 독재 권력 앞에서 대놓고 자유를 요구하는 것은 부의 평등한 분배라는 생각을 도입하고 퍼뜨린다. 스페인에서처럼, 대의라는 전통적 정치구조들에 반대하면서 민주주의를 위한 욕망을 제기하는 것은 참여와 투명성에 대한 필요를 불러일으킨다. 미국에서처럼, 금융 통제가 만들어낸 불평등에 항의하는 것은 공통적인 것의 민주적 조직화와 그것에 대한 자유로운 접근에 대한 요구로 이끈다. 여기서 우리의 주요한 관심은 각각의 정치적이고 입헌적인 요구의 논리적 연쇄를 따라가는 것이 아니라 오히려, 이 제헌[구성]적 사례들의 확산 속에서 생겨난 운동들과 여러 가지 혁명적 경우들에서 생겨난 운동들을 묘사하고 또 그것들을 느낄 수 있도록 만드는 것이다. 시간성들은, 생각들과 욕망들의 소통의 바이러스적 강도에 따라서, 느리기도 하고 빠르기도 하다. 각각의 경우에 그것들은 특이한 종합을 수립한다.

제헌[구성]적 운동들의 느린 시간성은 — 집회들의 숙고에 의해 유형화된 — 지식들과 전문기술의 (통제는 물론이고) 확산과 표현을 가능케 하고 또 필요로 한다.6 언젠가 칼 슈미트에게 "정치적인 것의 자율성"이 존재했다고 하더라도, 당신은 여기서는 그것을 발견하지 못할 것이다. 야영시위대의 제헌[구성]적 의사결정은, 시간을 요하는, 지식과 의지의 복잡한 구축과 협상을 통해 이루어졌다. 어떤 단일한 지도자나 중앙위원회가 결정을 내리는 것이 아니다. 널리 확산된 지식과 전문기술들의 도움을 받는, 때때로 느리고 복잡한 의사결정의 절차들은 또 새로운 제헌[구성]적 운동들의 인류학적 (혹은 존재론적) 차이의 중요한 요소를 나타낸다. 스페인의 인디그나도스들과 월스트리트 점거자들은 (대의, 선거방법들 등과 같은) 정치적 삶의 현재적 형식들에 대한 비판, 사회적 불평등에 대한 항의 그리고 금융 지배에 대한 공격들을 자신들의 담론과 행동에서 결합시키는 방식으로, 이러한 복잡성의 유력한 사례를 제공한다.

끝으로, 이러한 제헌[구성] 과정들의 대안적 시간성은 정치적 정동들의 교육뿐만 아니라 지식들의 확산과 창조를 촉진한다. 타흐리르 광장, 로스차일드 거리, 점거된 위스콘신 주의회 의사당 그리고 신타그마 광장 등은 모두, 분명히, 강렬한 정동들에 의해 특징지어진다. 그 현장들에서 정동들이 표현된다. 그러나 더욱 중요한 것은 그 정동들이 생산되고 훈련된다는 것이다. 이 제헌[구성]적 경험들이 정동들의 흐름으로, 그리고 정말로 커다란 기쁨으로 얼마나 많이 활성화되었고 또 충만했는지를 이해하는 것은, 직업 정치인들이나 야영시위장에서 함께 시간을 보내지 않은 사람들에게는, 불가능하진 않다 하더라도 어렵다고 해야 할 것이다. 물론, 물리적 인접성이 정동들의 공통적 교육을 촉진시킨다. 그러나 협동의 강렬한 경험들, 극단적으로 취약한 상황에서 공동의 안전의 창출, 그리고 집단적 숙고 및 집단적 의사결정의 과정들 또한 극히 중요하다. 야영시위장들은 사회적이고 민주적인 정동들을 생산하는 거대한 공장이다.

대항권력들

제헌[구성]적 노동은 느리고 아주 철저하다. 그것은 그 자신의 시계에 따라서 움직인다. 그러나 기다려주려 하지 않는 몇 가지 긴급한 문제들이 있다. 사람들이 현재 고통 받고 있는데, 아름다운 제헌[구성] 과정이 무슨 쓸모가 있단 말인가? 우리가 완전한 민주적 사회를 만들 무렵에, 지구가 이미 수리할 수 없을 만큼 망가져 있다면 어찌되는가?

그 제헌[구성] 과정은, 사회적이고 환경적인 필요와 위험의 영역에서 즉각적 행동을 취하는, 일련의 대항권력들을 동반하지 않을 수 없다. 입헌적 행동의 이 이중적 관계는, 마그나카르타 선언이 삼림헌장 Charter of Forest을 수반했을 때인 13세기에 영국 법체계의 기반에 확립되었던 관계와 유사한 어떤 것이다. 피터 라인보우Peter Linebaugh가 주장하는 것처럼, 삼림헌장은 역사가들이 그것에 부여해온 것보다 훨씬 더 많은 주목을 받을 만한 가치가 있다.7 마그나카르타가 시민들의 권리를 주권과 관련하여 규정하는 데 비해, 삼림헌장은 공통적인 것에 접근하는 권리를 규정한다. 그 당시 삼림에 접근한다는 것은 땔감과 음식을 포함하는 생활필수품에 대한 권리를 의미했다. 오늘날 제헌[구성] 과정은, 그와 유사하게, 삶의 권리를 보장하고, 안전하고 건강하며 품위 있는 삶을 영위하는 데 필요한 필수품을 제공하는 일련의 조치들을 수반해야 한다.

그러한 필요들 중의 한 영역은 환경이 직면하고 있는 위험들을 포함한다. 식물과 동물 종들의 악화와 파괴, 그리고 대지와 바다의 오염은 조금도 줄지 않고 계속되고 있다. 이산화탄소 배출이 계속 상승하는 가운데, 과학자들이 기후 변화에 있어서의 불회귀점이라고 예상하는 날짜가 점점 더 가까워오고 있다. 그리고 추잡스럽게도, 권력을 쥔 사람들의 논의는, 예방 전략에서 변화된 기후에의 적응전략으로 바뀌고 있다. 원유 유출, 방사능 누출, 역청탄tar sand을 가공하는 과정에서 생기는 수질오염 등등, 재난의 목록은 증가하고 있고 그것을 막을 방법은, 경제 위기라는 맥락 속에서, 약화되고 있을 뿐이다. 마치 지구의 안녕을 위한 관심은, 인간과 다른 종들의 삶에 어떤 실질적 필연성을 갖지 못하고, 단지 경기가 좋을 때에만 가질 수 있는 선택적 관심사에 불과하다는 듯이 말이다. 거대 기업들이, 환경을 파괴하는 자신들의 관행을 포기할 능력도, 의지도 없다는 것은 아마 놀랍지도 않을 것이다. 그러나 국민적 정부나 초국민적 제도들도 똑같이 그 큰 문제들에 대처할 수 없음이 드러났다. 그들은 상호합의에 도달할 수도 없고, 단독으로 합의를 강제하지도 못한다. 인류는, 인류 자신이, 지구를, 그리고 그 자신의 삶을 위해 필요한 조건들을 파괴하지 못하도록 만들기에는 전적으로 무력한 것처럼 보인다.

대항권력들이 필요한 또 하나의 영역, 그리고 환경적 관심사들과 불가분하게 연관되어 있는 영역은, 음식, 건강, 주거를 위한 인간적 필수품들과 관련이 있다. 그리고 그것들은 부분적으로는 공통적인 것에 대한 접근(권)을 통해서 해결될 수 있는 것들이다. 주거는, 전 세계 사람들에게 긴급한 필요다. 종속된 나라들에서, 주거의 결핍 및 표준주거의 결핍은 종종, 사용되지 않는 땅과 건물을 점거하고 거기서 머물 권리를 합법화하기 위한 운동에 의해 다루어진다. 세계의 지배적 지역들에서 경제 위기는, 집을 담보로 한 대출금을 갚을 수 없거나 집세를 계속 낼 수 없는 사람들에 대한 무분별한 압류로 이어졌다. 퇴거 반대 운동은 집이 없는 사람들에게 적절한 주거를 마련해 주는 기획들을 동반해야 한다. 이와 마찬가지로, 건강에 좋은 음식과 물에 대한 접근은 세계의 가장 빈곤한 지역들에서 가장 절박한 문제이지만 가장 부유한 지역들에서도 실제적이고 긴급한 문제다. 물과 같은 자원들의 민영화에 반대하는 투쟁은 매우 중요하다.

환경적 위기들과 사회적 위기들은, 생명체들과 풍경을 파괴하면서 전 지구를 가로질러 계속되고 있는 무수한 전쟁들에 의해 모두 다 악화된다. 우리에게는, 전쟁상태가, 고강도에서 저강도로, 다시 그 역으로 옮겨가면서 결코 끝나지 않는, 어떤 역사 단계에 도달한 것처럼 보인다. 우리가 살고 있는 전 지구적 보안체제는 평화 상태를 만들어내기보다 오히려 전쟁사회를 영구화하고 있다. 권리들을 유예시키고 감시를 강화하고 전쟁 사업에 모든 사람을 끌어들이면서 말이다. 누가 전쟁들과 전쟁상태를 끝장낼 것인가? 지배적 민족국가들, 특히 미국이 그렇게 할 의사가 없다는 것은 확실하다. 이제 모든 전쟁들을 종식시킬 전쟁이라는 낡아빠진 책략을 믿을 사람은 아무도 없다. 전쟁들은 단지 더 많은 전쟁을 낳을 뿐이다. 그리고 평화의 꿈을 갖고 태어난 유엔과 같은 초국가적 기관들조차도 전쟁을 끝낼 힘을 전혀 갖고 있지 못하다.

어떤 종류의 대항권력들이 인류, 동물 세계, 식물 세계, 그리고 지구 그 자체의 지속적 번창을 보장할 수 있을까? 이러한 노력에서 절대적으로 중요한 것은, 일국적 및 국제적 체제들의 법적 수단들을 일종의 대항권력으로 사용하는, 오늘날 너무도 많은 사람들이 행하고 있는 작업이다. 환경을 오염시키는 기업들에 대항하는 집단소송제 ; 전쟁, 고문, 경찰직권남용에 반대하는 인권 요구 ; 난민, 이민자, 수감자들을 위한 변론 — 이러한 행동들은 법체계의 요소들을 주권 권력에 대항하는 것으로 활용하면서, 왕의 권력에 대립하는 재판관의 권력을 이용한다. 그러나 그러한 대항권력들의 작동들은, 매우 중요한 것이지만, 그것들이 호소하는 주권 권력(그것이 국민국가든 초국적 체계든 간에)에 의해 언제나 제한되고 한정된다. 국민국가와 국제기구의 주권적 권력이 오늘날 점차 부식됨에 따라, 그 대항권력들의 힘도 점차 제한된다.

대항권력을 구성하기 위해 삶정치는, 국내법과 국제법이 제공하는 의지依支의 수단을 넘어, 자신의 뜻대로 사용할 수 있는 강제의 무기를 필요로 한다. 민주적 대항권력들은, 기업들과 국민국가로 하여금 공통적인 것에 대한 접근을 개방하도록, 모두가 자신들의 기본적 욕구를 충족할 수 있게끔 부를 공평하게 나누도록, 사회시스템, 생태계, 주민들 그리고 지구에 가해지는 파괴를 중단하고 그것들이 입은 손상을 복구하도록 강제할 수 있어야 한다. 그러한 민주적 대항권력들은 어떻게 구성될 수 있으며 그들의 힘은 어디서 얻을 것인가? 이것이 어떻게 일어날 것인지는 우리에게는 분명하지 않다. 그러나 분명한 것은 인류와 지구의 긴급한 필요들이 있으며, 기존의 모든 권력들은 그것들을 충족시키는 것에 무능하다는 점이다.

이 모든 것이 현재 투쟁하고 있는 사람들의 머릿속을 가득 채우고 있는 생각들이다. 야영시위를 경험한 사람이라면 누구라도 이러한 문제들과 씨름했다. 그들은 또, 더욱 지역적인, 어쩌면 세속적인 또 다른 관심사도 갖고 있다. 대항권력은 무엇을 의미하는가? 그리고, 경찰이 공격할 때, 그리고 질서의 세력들이 그들을 쫓아내려고 시도할 때, 어떤 종류의 힘이 적합한 것인가? 이 문제에도 우리는 만족할 만한 대답을 갖고 있지 못하다. 우리는 단지, 끈질긴 제헌[구성] 과정들이 즉각적으로 행동하는 대항권력들에 의해 보충되어야 한다는 확신만을 갖고 있을 뿐이다.

소통

스페인에서 2011년 5월 인디그나도스들의 야영시위대를 위한 지형을 준비하고 진척시킨 시위들 중의 하나는 사회당 정부가 제안한 법(〈싱데 법〉8)에 대한 반대를 표현했다. 그 법은, 소셜 네트워크 사용자들을 범죄화하면서, 소셜 네트워크를 규제하고 사유화하겠다고 위협했다. 그 법에 대항해서 수많은 투쟁들과 "떼지은"swarming 봉기들이 발생했다. 네트워크들을 해방시킨다는 그 투쟁의 목표는 처음부터 투쟁의 도구도 함께 제공했다. 사실상, 해방된 네트워크들은 스페인 야영시위대에게 주요한 조직화의 도구였다. 그보다 앞서서 지중해 남쪽 연안에 있는 나라들에서 그랬고, 그 이후에 영국의 폭동들과 점거 운동들에서 그랬던 것처럼 말이다. 사람들은 언제나, 특히 이 경우에는, 한편에서는 투쟁들의 구축과 유통을, 그리고 다른 한편으로는 제헌[구성] 권력의 표현을 결합시켜야 한다. 이 전복적인 전략들 속에서 투쟁의 직접적인 주제들과 도구들이 뒤섞인다. 그리하여 공통적인 것의 제헌[구성] 권력은, 새로운 미디어들(휴대폰 기술, 트위터, 페이스북, 그리고 더 일반적으로 인터넷)을 민주적이고 다중적인 거버넌스의 실험 수단으로서 채택함으로써, 제헌[구성] 권력의 여러 주제들과 밀접하게 뒤섞인다.

그 어느 때보다 오늘날, 소통의 문제들은 직접적으로 지식의 문제들과 밀접하게 뒤섞인다. 우리는, 자본이 점차 지식의 생산과 표현을 착취함으로써 기능하는 사회, 즉 인지자본주의 사회에 살고 있다. 지식은 사회적 관계들의 핵심을 구성한다. 자본주의적 통제의 맥락에서도 그렇고 산 노동living labor의 저항이라는 맥락에서도 그렇다. 따라서 현재의 투쟁순환에서 활동가들의 대부분이 학생들, 지적 노동자들, 그리고 도시의 서비스업에 종사하는 사람들(어떤 사람들

은 이들을 인지적 프레카리아트precariat 9라고 부른다.)이라는 것은
우연이 아니다. 그들은 소통 활동, 지적 노동 그리고 연구에 필요한
노력들을 스스로의 힘으로 조정한다. 이것은, 스페인, 그리스, 이스
라엘 그리고 미국에서의 봉기만이 아니라 튀니지와 이집트의 봉기
들이, 그리고 가난 혹은 금융 착취에 집중되는 봉기들만이 아니라
자유에 대한 요구를 주요한 특징으로 갖는 봉기들이 모두 공유하는
하나의 견고한 기초이다. 투쟁의 증식과 그것들의 수행적performative
성격10은 노동력의 새로운 성질에 근거한다. 인지노동의 중심성이
헤게모니를 쥐게 되면서, 그것은 이러한 투쟁의 형식들 속에 스며
들고 그 속에 결정結晶된다. 항의시위에서 제헌[구성]적 과정으로의
운동들의 이행에서 권력의 공공성과 투명성에 대한 요구가 중심적
인 것으로 된다.

인지노동자들에게 있어서, 호기심, 활력 혹은 지식에 대한 욕망
을 훈육하거나 억압하려는 노력은 그들의 생산성을 감소시킨다. 이
러한 특질들은 현재의 경제적 생산에 핵심적이다. 그러나 그것들은
또한, 권력의 행사와 대의의 적법성과 관련된 새로운 모순들을 개
시한다. 사실, 호기심, 활력 그리고 지식에 대한 욕망은 권력의 불투
명성과 비밀유지가 파괴되어야 한다고 요구한다. "정치가"라는 형
상 그 자체가 공격을 받고 있으며, 치욕으로 간주되고 있다. 모든 형
태의 전문적 지식은 다수의 광범위한 정치적 행동의 맥락에서 재조
직되어야 한다. 그리하여, 권력의 모든 초월성이 제거되어야 하듯,
지식의 모든 초월성도 제거되어야 한다.

이 점에서 우리는, 엄청난 금기가 파괴되고 있다고 말할 수도

있을 것이다. 수 세기에 걸쳐 지도자들은, 민주주의와 국가이성[11]
이 손을 잡고서 함께 간다고 주장했다. 지금은, 오히려, 진정한 민
주주의의 도래는 국가이성의 완전한 파괴를 의미해야 한다. 예를
들어, 위키리크스의 활동들과 그것을 지지하는 익명의 네트워크들
은 이것을 아주 분명하게 보여준다. 국가가 비밀금고를 열어 그 작
동을 투명하게 만듦으로써 글라스노스트[12]의 과정을 개시할 용의
가 없다면, 이 투사들이 정부로 하여금 빨리 그렇게 하도록 도울 것
이다. 이것은 가장 커다란 권력남용을 경고하는 문제에 그치는 것
이 아니고 오히려 정부의 일상적 작동에서 투명성을 강력히 요구하
는 문제이다.

소수자에 대한 보호와 소수자의 표현

소수자에 대한 보호는, 다수결 원칙의 모든 도식들이 검토해야
만 하는, 고전적인 입헌적 난제難題이다. 지배하는 다수자가 소수자
를 억압하는 것이 어떻게 억제될 수 있는가? 고전적인 공화주의적
해법은, 특정한 경우에, 대표자들에게 의사결정권을 부여함으로써,
다수결 원칙을 폐지하는 것이다. 예를 들어, 그 주제에 관한 법적 논
의의 시금석인 「연방주의자 논문 제10호」[13]의 제임스 매디슨에게
있어서, 다수에 대해 소수를 보호하는 것은 "순수 민주주의"에 반대
하고 대표자 지배를 찬성하는 결정적 논변이다. 그러나, 운동들의
발전은 우리에게, 소수자 보호는 다수결 원칙을 폐지하는 것을 필
요로 하지도 않으며, 정체성 그룹들로의 분리를 암시하지도 않는다
는 것을 보여주었다. 오히려, 의사결정 과정에서의 특이성들의 관계

가 차이들을 표현하고 포함할 메커니즘을 제공한다.

물론 어떤 경우에 어떤 소수자를 보호할지를 결정하는 것은, 윤리적이고 정치적인 선택을 요구한다. 모든 경우에 모든 소수자가 다수의 결정으로부터 보호받을 가치가 있는 것은 아니다. 실제로 대부분의 경우에 소수자들은 투표에서 져야 한다. 그렇지 않다면 다수결 원칙은 무의미할 것이다.

매디슨은 보호받아야 할 소수자의 두 가지 주요한 예들을 보여 주는데, 그것들 간의 차이가 이 점을 명확히 하는 데 도움을 준다. 우리는, 다수자 종교의 지배 혹은 강요에 맞서 소수자의 종교적 실천의 자유가 보호되어야 한다는 것에 분명히 동의한다. 그러나 매디슨은 또한 「연방주의자 논문 제10호」에서 가난한 다수에 맞서 부유한 소수를 보호하는 것에 대해 논의한다. 그는, 만약 보호받지 못한다면, 소수의 재산 소유자와 채권자들은 경제적 문제에 관한 투표에서 재산이 없고 빚진 다수의 사람들에게 지게 될 것이라고 추론한다. 그래서 그는, 정부가 다수의 격노에, 즉 "지폐를 지지하며, 채무폐지를 지지하고, 부의 균등한 분배를 지지하는, 혹은 어떤 다른 부적절하거나 사악한 기획을 지지하는" 격노에 저항할 어떤 힘도 갖지 못할 것을 두려워한다.[14] 그러한 결정에 대항하여 [소유자이자 채권자인 소수자를] 보호하기 위해서 매디슨은, 정치가들이 모든 사람들의 의지에 대항하는 (루소의 용어로 말하자면) 일반의지임을 보증하면서, 다수의 관점이나 감성보다 우월한 , "계몽된 관점과 덕망 있는 감성"을 가진 "대표자들이 결정을 대신 내리는 것"을 옹호한다.

분명히 부유한 재산소유자들과 채권자들은, 모두가 향유하는 기본적 보호 이상으로, 소수자로서 특별한 보호를 받을 필요도 자격도 없다. 그들의 부는 그들에게 이미, 다수자들에 대한 엄청나게 불균형적인 권력을 부여하고 있다. 경제 정책과 사회 정책에 대한 공적 의사결정에서 왜 1%가 99%의 의지에 대항해서 보호받아야 하는가? 사실 매디슨의 주장이, 종교적 소수자들을, 소수의 힘 있고 부유한 재산소유자들이나 채권자들과 같은 선상에 놓고 있다는 것은 괴상하다.

매디슨이 주장하듯이, 우리가 의사결정권을 "계몽된" 그리고 "덕망 있는" 대표자들에게 이양하지 않으면서, 어떻게 힘 없는 소수자의 권리에 대한 관용을 보장할 수 있을까? 우선 우리는, 현재의 사회운동들이, 관용에 대한 새로운 개념을 가져오는, 다수결 원칙의 새로운 실천들을 실험하고 있음을 인정해야 한다. 예컨대, 그 운동들은 다수의 의지를 표현하는 수행적 실천을 계속 발전시켜 왔다. 서로 다른 점거지들과 야영지들에서, 적게는 1백 명에서 많게는 5천 명에 이르는 사람들이 참가하는 집회 토론에서, 당신은 사람들이 연설자의 말에 대한 각각의 동의 혹은 반대를 표현하기 위해 손을 위아래로, 손가락을 좌우로 조용히 움직이는 것을 본다. 또 다수자의 감정들을 역동적으로 표현하기 위해서 집회에서는 트위터가 사용된다. 그러한 실험과 새로운 표현의 기술이 중요하다고 우리가 생각할지라도, 우리에게 이것이 본질적인 요점은 아니다.

보다 중요한 것은, 운동들이 조직되는 방식들, 그리고 특별히 그것들이 차이를 포함하는 방식들이다. 수평적, 민주적 집회들은 만장

일치를 기대하거나 추구하지 않고 오히려 갈등과 모순에 열려있는 복수적 과정들로 구성된다. 다수의 결정은 차이나는 것들을 포함하는 과정, 혹은 차라리 차이나는 것들의 접합을 통해서 앞으로 나아간다. 달리 말해, 집회가 하는 일은, 서로 다른 관점들과 욕망들이 우연적 방식으로 함께 들어맞을 수 있도록, 그것들을 연결하는 방식을 발견하는 것이다. 그렇게 되면 다수는 동질적 단위나 합의체가 아니라 차이들의 연속적 연결상태로 된다. 그러므로 소수자들은 분리됨으로써가 아니라 과정에 참여할 권한을 부여받음으로써 보호를 받는다. 그러한 편성[배치]configuration은, 우리로 하여금, 대표자들의 지혜에 의존하는 일반의지 개념을 뒤로한 채 떠날 수 있게 해주는 대신, 정치를, 모든 사람의 의지에 따라 민주적으로 만들어 나갈 수 있게 해준다.

그처럼 역동적이고 내적으로 다양한 다수자의 작동은 관용에 대한 관습적 생각도 바꾸어 놓는다. 관용은 종종 소수자의 사회적 분리와 그들의 차이에 대한 무관심으로 이해되곤 했다.[15] 당신은 그가 게이가 아닌 척 행동함으로써 그의 동성애을 관용한다. 그렇지 않으면 당신은, 그가 지배적 사회와 떨어져, 그와 비슷한 사람들끼리 함께 살도록 허용함으로써 그를 관용한다. 그러나 다수결 원칙은, 무관심을 통해서든, 혹은 그들을 예외로 만들어 사회와 격리를 시킴으로써든, 소수자들이 보호받아야 한다고 요구하지 않는다. 이와 달리 관용은 모든 사람에게, 다르게 참여할 힘을 주어야 하고 다른 사람들과 함께 적극적으로 일할 힘을 주어야 한다. 이와 같은 관용이야말로, 지배하는 다수가 갖는 내적 다양성multiplicity의 핵심적 특징이다.

정치(학)의 다원적 존재론

우리가 여기서 다루는 2011년의 투쟁들은 서로 멀리 떨어진 장소들에서 일어났고, 그 투쟁의 참가자들은 매우 다른 형식의 삶을 살고 있다. 어떤 이들은 폭군을 몰아내고 자유롭고 공정한 선거에 참여할 권리를 요구했고, 반면에 다른 이들은 정치적 대의체제를 비판하고 거부했다. 어떤 이들은 설립된 노조를 지원하거나 노조의 지원을 받았고, 반면에 다른 이들은, 종종 전통적 노조들에 의해서 대의되지 못하는, 불안정한 노동자들과 비물질적 생산 형식들16에 집중했다. 그런데 왜 우리는 이러한 투쟁들을 동일한 순환의 일부로 간주해야 하는가?

이러한 투쟁들이 빚, 미디어, 보안체제 그리고 부패한 정치적 대의체제 등의 권력에 의해 특징지어지는 동일한 적과 맞서고 있다는 것은 사실이다. 그러나 중요한 점은, 그들의 실천들, 전략들, 그리고 목적들이, 비록 다르기는 하지만, 서로 연결되고 결합되어 다원적이고 공유된 하나의 기획을 형성할 수 있다는 것이다. 각각의 투쟁이 갖는 특이성은 공통의 지형의 창출을 방해하기보다는 촉진한다.

앞에서 우리는 이러한 운동들이 소통적 실험실과 같은 어떤 것에서 태어나며, 그것들을 함께 묶는 접착제는 (인지노동의 많은 형식들처럼) 처음에는 언어적이고 협동적이며 네트워크 기반적인 것처럼 보인다고 설명했다. 우리는, 이러한 협동이 그 운동들에서 구축된다고, 그리고 그들의 공통의 언어는 매우 느리긴 하지만 자기 통제적이고 자기제한적이며 자기관리적인 자율적 시간성에 따라 널리 퍼진다는 것도 언급했다. 다중의 수평적 의사결정 과정들은 시간적 자율을 필요로 한다. 구호들과 전투적 욕망들의 소통은 종종 작은 공동체에서, 이웃집단들에서 느리게 시작하지만 특정한 시점에는 바이러스처럼 퍼져나간다. 텔 아비브 거리에서 야영했던 이스라엘의 인디그나도스들 중 어떤 이들은, 자신들이 그와 같은 공동체적 관계들에 기반한 키부츠 전통의 정신과 정치적 형식을 개혁한다고 생각했다. 스페인의 인디그나도스들은, 자신들의 반파시스트적 전통들에 의지하면서, 정치 프로그램의 요소들을 발전시켰던, 야영시위대와 작업그룹들의 텐트 안에서, 어떻게 제헌[구성]적 담론이 — 정동들, 필요들, 생각들의 도시이웃 속으로의 지역적 소통이, 아래로부터, 그리고 단순한 것으로부터 — 총회17들과 의사결정 체계를 형성하기 위해 떠오를 수 있는지를 보여주었다.

그래서 이러한 운동들은 연방주의적 모델에서 영감과 지원을 발견하려는 경향이 있었다. 소규모 그룹들과 공동체들은 자신들 사이의 차이를 포기하는 것이 아니라 표현함으로써, 서로 연결될 길을 발견하며 공통의 기획들을 창조할 길을 발견한다. 그러므로 연방주의는 합성composition의 동력이다. 분명히 여기에는, 국가 주권 이론이나 연방 주권 이론 가운데에서 남아있는 것이 거의 없다. 그렇지만 미시적 수준에는 연합이라는 연방주의적 논리의 열정과 지성이 남아 있다. 이러한 운동들에 대항해서 배치된 많은 무기들은 사실상 이러한 연방주의적 논리의 연결을 해체시키는 것을 겨냥하고 있다. 종교적 극단주의는 종종 아랍 나라들에서 일어난 운동들을 분열시키는 기능을 한다. 앙심을 품은 인종차별적 억압 형식들은 영국의 폭동자들을 분할하는 데 사용되었다. 그리고 북미, 스페인 그리고 유럽의 다른 지역들에서는, 비폭력적 시위자들을 폭력으로 밀어붙이는 경찰의 도발이 시위대들 간의 불화를 생산하기 위해서 반복적으로 사용되었다.

이렇게 하여 정치(학)는 이 운동들에서 다원적 존재론을 획득하고 있다. 서로 다른 전통들에서 나오고 서로 다른 목표를 표현하는 투쟁들의 다원론이 집회의 협동적이고 연방주의적인 논리와 결합하여 제헌[구성]적 민주주의 모델을 창조한다. 그 모델 속에서 이러한 차이들은 공유된 합성composition을 형성하기 위해 서로 상호작용하고 또 연결될 수 있다. 우리는 지금까지 전 지구적 자본에 대항하는, 금융 독재에 대항하는, 지구를 파괴하는 삶권력에 대항하는, 그리고 공통적인 것에의 공유되고 열린 접근과 그것의 자주관리를 지지하는 다양한 운동들을 보아왔다.

다음 발걸음은 이 새로운 관계들을 살아 내는 것이고, 그것들의 구축에 참여하는 것이다. 지금까지 우리는 정치와 다원성을 분석했다. 그러나 이제 우리는 존재론적 기계를 탐험해야 할 것이다. 이 작업을 하기 위해서는 우리가 그 운동들의 주체성 생산 속으로 진입하기만 하면 된다. 토론, 학습, 교육, 연구, 소통 그리고 행동에의 참여 ─ 이러한 것들이 주체성 생산의 중심축을 구성하는 행동주의의 몇 가지 형식들이다. 정치학의 다원적 존재론은 전투적 주체성들의 조우와 합성을 통해 가동된다.

결정

다중 속에서, 그리고 그 운동들 속에서 의사결정의 계보학을 추적하는 것은 매우 어렵다. 실제로 이러한 과정의 조건들과 실천들 대다수는 눈에 보이지 않는다. 그럼에도 불구하고, 2011년의 운동들의 특이한 행위behaviors들이 실현했던 몇몇 조건들을 분석함으로써, 우리는 그 과정의 본질을 파악할 수 있다.

저항과 반란은 사실, 그 운동들의 초기의 결정들 중의 일부이다. 여기서 중심적인 것은, 하나의 운동을 지탱하는 모든 집합적 상상력의 토대가 되는, － 선동 임무, 데모, 야영 등등의 － 활동가들을 위한 공통 영역의 구축을 예상하고 촉진하는 결정들이다.

이러한 과정을 위한 하나의 조건은, 단지 남들과 "함께-있기"만이 아니고 남들과 "함께-하기"이다. 이 함께-하기는 사람들에게 의사를 결정하는 법을 가르쳐주고 널리 퍼뜨린다. 일단 빚진 사람들이 그/녀의 빚을 갚지 않기로 결정하면, 미디어된 사람들이 미디어의 통제와 미디어의 거짓말로부터 벗어나기로 결정하면, 보안된 사람들이 눈에 보이지 않기로 결정하고 두려워하지 않는 법을 배우게 되면, 대의된 사람들이 대표자들에 의해 지배되기를 거부하기로 결정하면, 또 다른 결정이 내려져야 한다. 자율적이고 참여적인 주체가 되기 위해서는 개인적인 것으로부터 집단적인 것으로의 도약이 필요하다. 이러한 결정은 특이한 동시에 공통적이어야 한다.

이러한 맥락에서 비추어 볼 때, 근대 정당이 － 대의적이고 의회적인 형식에서건 전위적인 형식에서건 － 이러한 종류의 의사결정 기관으로서 기능할 수 없다는 것은 분명하다. 과거에 정당들은 자신의 권

력을 합법화하기 위해, 사회운동들의 힘과 이상들을 흡수하는 방법
을 자주 추구했다. 그들은 다중에게 말한다. '당신들은 거리에서 할
만큼 했습니다. 이제 집으로 돌아가세요. 그리고 정부 청사에서 대
의大義를 치켜듭시다.' 정당들이, 때때로 다음 선거에서 이득을 보면
서, 그러한 작업에 성공한 다음에는, 대개 그 운동들을 파괴했다.
2011년에 분출했던 운동들에 직면하여 정당들은, 그 운동들의 힘을
이용하고 흡수하려고 시도했다. 특히 아랍 국가들에서 그러했다. 그
러나 이것은 더 이상 가능하지 않다. 그 운동들이 생산한 결정의 힘
은 정치적으로 함께 행동하는 사람들과 있어야 하며 저 공통의 지
형 너머로 이전될 수 없다. 정당들이 운동의 힘을 찬탈하는 데 실패
할 때, 그들은, 제도적 수단을 사용해서, 그 운동들이 맨 먼저 항의
했던, 저 권위주의적이고 억압적인 실천들을 반복한다. 그러나 그것
이 그 이야기의 끝은 아닐 것이다. 그들[운동들]이 우리의 눈과 신문
의 표제들로부터 한동안 사라질지라도, 다중은 불가피하게 새로운
영토 위에서 다시 모이게 될 것이며 그들의 자율과 힘을 표현할 새
로운 합성들을 발견하게 될 것이다.

입헌적 사례들

　바로 다음 절에서 새로운 권력론 및 새로운 권력분업과 정면으
로 맞서기에 앞서, 우리가 상술한 제헌[구성]적 원리들과 양도 불가
능한 권리들을 몇 가지 구체적 사례들의 맥락에서 시험해보는 것이

유용할 것이다. 특히 우리는, 몇 가지 사회적 재화들이 ― 물, 은행, 그리고 교육 같은 것이 ― 어떻게 공통적 재화로 구성될 수 있는지, 그리고 이러한 원리들과 권리들에 의거하여 어떻게 공통적인 것의 제도들로 변형될 수 있는지 검토해보고 싶다. 본질적으로 문제는 제도들, 재화들, 그리고 자원들이 민주적 참여를 통해 실제 공통적으로 관리될 수 있는지 여부이다.

물

　자원이 공통적이라고 선언하는 것만으로는 충분하지 않다. 예를 들어, 물의 민영화를 금지하는 것이나 그것은 공통재라고 추상적으로 단언하는 것만으로는, 그것을 공통적인 것으로 만들고 모든 사람이 그것을 공개적으로 이용하도록 만들기에 충분하지 않다. 이것은 두 번의 고무적인 사회운동들에서 우리가 배운 교훈이다. 2000년 볼리비아 코차밤바에서의 물 전쟁[18]과 2011년 이탈리아에서의 물과 관련한 국민투표[19]가 그것이다. 두 가지 투쟁들 모두가 공적인 수자원 시스템의 민영화를 막았다. 하지만, 그 투쟁들은 그것을, 의도했던 대로, 공통의 자원으로 만들기보다 공적 통제를 강화했다.

　물과 같은 자원을 공통적인 것으로 만드는 것은, 재화 자체뿐만 아니라 그것을 지탱하고 있는 하부구조 전체에 대한 조치를 필요로 한다. 달리 말해, 물에 대한 자유로운 접근은, 분배와 여과의 복잡한 구조들과 장치들이, 시민들 자신의 결정에 의해 통제되는, 효과적인 민주적 관리에 종속되는 것을 필요로 한다. 우리는 여기서 사용자나 고객이 아닌 시민을 언급하고 있다. 물과 그것의 물리적 관리가 평등하고 민주적인 참여의 구조들을 통해 관리되어야 한다는 것을 강조하기 위해서다.

그리고 이 사례에서 물이 공통적인 것이 되도록 하기 위해서는, 자유로운 접근(권)이라는 입헌적 원리가 천명되고 발전되어야 한다. 이와 더불어, 그 사용의 지속가능성의 원리가 고려되어야 한다. 그것은 미래를 마치 현재인 것처럼 상상하는 것을 의미하고 다음 세대를 위해 자원의 이용가능성을 소중히 여기는 것을 의미한다. 그리고 결국 물이 공통적인 것이 되기 위해서는, 가공과 분배에 대한 기술적 요건들만이 아니라 사회적 필요들에 대한 지식이 전문가들의 영역에 (그리하여 정치가들에 의해 휘둘려지는 무기로) 남아 있어서는 안 되고 시민들 사이에 널리 퍼져야만 한다. 예를 들어 도시의 필요와 농업적 수요 모두를 충족시킬 만큼 물이 충분치 않을 때, 분배는 관련 지식이 있는 주민들에 의해 민주적으로 결정되어야 한다.

물 분배에 대해 내가 무엇을 알고 있는가? 그리고 내가 그것을 배우기 위해 시간을 내기를 원하는가? 당신은 당신 자신에게 이렇게 묻고 있는지 모른다. 지식은 명백히 민주적 참여와 공통적인 것의 관리를 위한 전제조건이다. 그러나 우리는 우리 사회에 관한 정치적 결정에 참여하는 데 필요한 지식의 복잡성을 과장해서는 안 된다. 사람들은 무관심하고 무지하도록 훈련되었으며, 민주적 참여에 대한 자신들의 욕구를 억압하도록, 또 사회 시스템들은 너무 복잡해서 전문가들만이 그것들을 이해할 수 있다고 생각하도록 조장되었다. 물론 이전의 시대에 공동체들은 실제로 물과 다른 자원들의 분배에 관해 함께 결정했다. 안데스 산맥의 아이마라족Aymara도 그랬고 네덜란드와 알프스 산의 주민들도 그랬다. 오늘날 우리는 이러한 지식들에 대한 욕구를 자극할 필요가 있고 또 정치적 참여의 즐거움을 재발견할 필요가 있다.

물을 공통적인 것으로 만든다는 것이, 그것을 (그것의 조절과 관리를 지역기관들이나 국가기관들에 할당한다는 의미에서) 공적인 것으로 만드는 것을 의미하지 않는다는 점이 분명해야 한다. 공통의 결정은 민주적 참여를 통해 만들어지지 선출된 대표자들과 전문가들에 의해 만들어지지 않는다. 이 차이는 핵심적인 입헌적 문제를 제기한다. 현재의 헌법들에서 공법public law과 공적 권력은 사적인 것과 연계된 것으로 정의된다. 그리고 그것들은, 국가의 자유주의적 대의기구와 관련해서 볼 때는, 사적인 통제에 종속된다. 그러므로 공적인 것을 공통적인 것으로 변형시키는 문제는 처음부터 적어도 세 가지 문제를 제기한다. 첫 번째 문제는 법을 공통적인 것으로 만들기라는, 즉 공통적인 것의 사법절차를 창출하기라는 추상적이지만 근본적인 원리이다. 그것은 시민 공동체가 재화를 통제하고 관리하는 데 필수적인 것이다. 두 번째 문제는 재화의 공통적 사용 원리들을 구체화하는 관리 체계를 만드는 것이다. 그리고 세 번째 문제는 민주적 참여를 소유와 관리 모두에 관한 정치적 지형으로 정의하는 것이다. 공통재common goods에 대해 말하는 것은, 시민들의 직접적 참여에 의해 관리되는 일단의 상품들에 관한 입헌적 절차를 구축하는 것을 의미한다.

공통적인 것을 사회와 헌법을 조직하는 중심 개념으로 만드는 것은 법률 이론에서도 중요한 것이다. 특히 그것은 루소의 "일반의지" 개념을 탈신비화하는 데 도움을 준다. 루소는 그것을, "모든 사람의 의지" 위에 놓이고, 따라서 그것을 초월하는 하나의 총체whole 로서의 국민people의 의지라고 간주한다. 모든 시민들이 민주적으로 관리해야 하고 결정해야 하는 공통재는, 일반의지처럼 초월적인 것이 아니라, 공동체에 내재하는 것이다. 사유 재산을 하나의 범죄라고 비난하기까지 했던 혁명가 루소는, 권위의 개념으로서의 일반의지를 확립해 낸다. 이것은, 모든 사람의 것이기 위해서 그것[일반의지]은 그들 모두 위에 놓여야 하고, 어느 누구에게도 속하지 않아야 한다고 상상함으로써만 가능했다. 루소의 일반의지 개념이 국가주의적이고 심지어 권위주의적인 해석들을 허용하는 것은 바로 이 때문이다. 이와 달리, 공통재는 모든 사람에 의해서 구축되고, 소유되고, 관리되고, 분배되어야 하는 것이다. 공통되기becoming comon는 다중의 이성, 의지 그리고 욕망에 의해 인도되는 지속적 활동이며, 다중 자신은 자신의 지식과 정치적 정동들의 교육을 겪어야 한다. 사회를 구축하고 제헌[구성]적 과정을 산출하기 위해 시민들은, 그러므로, 상상하도록 강제당하면서 그들 자신을 제국적 일반의지에 종속시켜야 하는 것이 아니다. 오히려 그들은 모든 사람의 의지를 함께 엮는 과정을 통해서 스스로 공통적인 것을 창조할 수 있다.

은행들

다중의 제헌[구성]적 원리들과 분리 불가능한 권리들을 실현하려면 은행들이 공통재를 위해 공동으로 관리되어야 한다. 그리고 금융은 민주적 계획을 위한 도구가 되어야 한다. 우리가 여기서 관심을 갖는 것은, 어떤 미래 사회에 화폐가 제거될 수 있을 것인가 아닌가의 문제가 아니다. 그보다 오히려 우리는, 생산수단을 관리하고 교환 수단을 규제하기 위해 민주적으로 요구되는 몇몇 제도적 활동에 초점을 맞추고 싶다. 화폐는 상품 유통을 위한 수단으로서, 저축을 보장하고 사고와 불운에 대비하여 보험을 드는 수단으로서, 노년에 대비하는 수단으로서 기능한다. 우리는 아래에서, 화폐가 투자의 수단이 될 때, 어떻게 그것이 민주적으로 관리되어야 하는지를 검토할 것이다. 곧장 우리는 그것이 축적의 수단으로서는 금지되어야 한다고 말할 수 있다. 화폐를 낳는 화폐란 고리대금업에 대한 아주 오래된 정의이다. 오늘날 그러한 투기적 금융 실천들은 그때와 마찬가지로 비난 받아야 한다.

우리가 은행의 역할을 검토할 때, 채무와 불안정에 대항한 투쟁들에 의해 생산된 여러 가지의 제헌[구성]적 원리들이 작동하기 시작한다. 자유와 평등, 공통적인 것에 대한 접근(권), 그리고 사회관계들과 발전의 지속가능성 같은 것이 그것이다. 이 원리들은, 화폐의 작동과 은행의 활동이 공통재의 촉진에 종속될 뿐만 아니라 소비와 재생산이라는 사회적 필요에 종속되는 것을 필요로 한다. 은행들은 언제나 (심지어 현재의 신자유주의적 체제에서도) 사회적 계획화의 기관들이다. 자유주의적이고 신자유주의적인 체제에서 이 계획화는 부를 축적하고 사적으로 유통하는 수단을 보장하고 확대하는 것을 지향한다. 이것이 오늘날 은행을 **독립적**이라고 부르는 것의 주요한 의미다. 다시 말해 은행이 시민들의 민주적 통제로부터 독립적인 것이다. 그러한 종류의 독립은 다른 사람들의 삶과 안전을 위험에 빠뜨린다. 뉴딜 정책[20]의 근본적 조치들 중의 하나는 저축은행과 투자은행을 분리시킴으로써 위험을 제한하는 것이었다. 그러나 투기적 조작 속에서 사람들의 저축을 위험에 빠뜨리지 않는 것이 유일한 문제는 아니다. 오늘날 더 중요하고 더 기본적인 것은 투자를 시민들의 민주적 의사결정과 참여적 지배의 통제 아래로 가져가는 것이다.

확실히 소비에트 사회주의의 경험 이후에, 계획화에 대한 기억들이, 심지어 "계획"the plan이라는 개념 자체조차 악명 높게 되었는데, 그렇게 된 데에는 상당한 이유가 있다. 사회주의적 계획경제는 시민들에게서 선택의 자유를 박탈했고, 사회적 재생산에 잔인하고 강압적인 규범을 부과했다. 그러나 우리는 이러한 결과들이 계획화의 기법들에서 비롯하는 것이 아니라 그것들을 활용하는 공적이고 정치적 권력들에서 비롯하는 것임을 주목해야 한다. 공권력에 대한 우리의 반감과 공적인 법에 대한 우리의 의심은 대개 이 실패한 경험들의 도착적perverse 효과들에서 기인한다. 공적인 것, 즉 사회적인 것을 초월하는 권위는 언제나, 종종 비합리적이고 맹목적이고 숨막히는, 관료적 방식으로 행동한다. 그래서 우리는, 사회주의 정권들 아래에서 사회적 계획화의 관료주의적 도구로 기능했던 은행의 역할을 거부한다. 그러나 우리는 이윤과 지대의 확장을 목적으로 하는 은행들의 자본주의적 모델도 거부한다. 두 모델 모두 공통적인 것에 반해서 행동하기 때문이다.

사적 축적의 수단이거나 공적 계획화의 수단으로서의 은행에 대한 거부는, 공통적인 것의 축적과 계획화를 지향하는 새로운 모델을 생각할 길을 열어준다. 우리가 살고 있는 삶정치적 생산과 인지자본주의의 시대에는, 생각들, 정동들, 코드, 소통 등을 가지고 작업하는 사람들 같은 주요한 생산력들 중의 일부는 공장에 집중되어 있지 않고, 사회적 지형을 가로질러 확산되고 있다. 실제로 메트로폴리스는 이러한 힘들이 거주하고 상호작용하는 특권적 장소다.[21] 이러한 맥락에서 금융자본과 공조하는 은행들은, 이러한 생산적 역량들capacities을 사업에 이용할 수 있도록 만들기 위해, 집단적인 사회적 능력들competencies을 "결합하고" 파편화된 지식들을 "통합하는" 중심적 행위자로서 시장에 나타난다. 실제로 금융자본은, 생산 조건이 변화했음에도 불구하고, 산업 시대에 그러했던 것처럼, 여전히 은행들과 기업 사이의 관계에 따라 작동한다. 그리고 이것이 최근의 경제적 재난을 가져왔던 하나의 요인이다. 우리는 능력들을 결합하고 지식을 통합하는 이러한 기능이 사회적 생산과 재생산의 민주적 계획화에 어떻게 이용될 수 있는가를 상상해 볼 필요가 있다. 생산은 제한되고 분리된 영역, 가령 공장 같은 곳에 고립된 것으로 이해되어서는 안 되고 사회 전체를 가로질러 확산되는 것으로 이해되어야 한다. 그러므로 공통적인 것을 위해서는 은행이 사라져서는 안 될 것이다. 오히려 모든 범위의 생산적인 사회관계들을 등록하고, 양성하고, 후원하는 은행의 기능들이 증가되고 또 확장되어야 할 것이다.

이런 방법을 통해 자유와 공통적인 것에의 접근(권)이라는 제헌

[구성]적 원리들이, 은행을 다른 민주적 기관들의 버팀목으로 만들면서, 은행제도를 관통할 수 있다. 오늘의 투쟁들이, 은행과 금융산업들이 사회적 불안정을 가중시키고 사회적 불평등을 악화시키며 자유를 제한하는 방식을 포함하는, 그 실천들의 부당함을 탄핵하기 위해, 그것들을 공격해야 한다는 것은 분명하다. 하지만 내일, 그 투쟁들은, 은행들과 금융수단들이 민주적 참여를 통한 사회적 부의 생산, 재생산, 분배를 계획하는 데 필요한 기능들을 수행하도록 그것들을 구부리면서, 그것들을 변형시킬 길을 찾아야 할 것이다.

교육

교육을 공통적인 것의 기관으로 만들기 위해, 우리는 물과 은행의 예에서 우리를 안내했던 세 가지 원리들(자원들을 공통적인 것으로 만들라, 자주관리의 체계를 개발하라, 모든 결정을 민주적 참여의 절차에 복종시키라)을 적용하려고 노력할 필요가 있다. 지식은 탁월한 공통재이다. 그리고 교육은 지식, 생각, 정보에 대한 접근에 의존한다. 이러한 재화들에 대한 열린 접근open access 22의 개요schema를 창출하는 것은 명백히, 공통적인 것의 기관으로서의 교육 개념을 위한 전제조건이다.

그러나 교육은 지식에 관한 것만이 아니며 심지어 지식에 관한 것이 교육에서 가장 우선적인 것도 아니다. 공부를 할 때 우리는 확실히 지식을 얻고, 사실을 배우고, 생각들을 가지고 작업한다. 그러나 무엇보다 우리는 우리의 지성을 기른다. 즉 우리는 생각할 수 있는 능력을 개발하고 훈련한다. 이러한 의미에서 교육은 가장 기본적인 원리에서 언제나 자기교육이다. 어느 누구도 당신을 위해서 공부할 수 없고, 생각할 수 있는 힘은 언제나 이미 당신 안에 있다. 당신의 지성은 경작되어야 할 필요가 있다. 물론 자기교육은 교사들을 없애거나 학교를 해체하는 것을 의미하지 않는다. 그것은 오히려, 이러한 관계들과 제도들이 공부에 도움이 되는 환경을 창출하는 쪽으로 정향되어야 함을 의미한다. 교사가 줄 수 있는 가장 커다란 선물은, 각각의 학생들이 생각할 힘을 갖고 있고 그 지성을 공부에 사용할 욕망을 갖고 있다는 인식이다. 공부는 자기교육의 본질이다. 그러나 불행하게도 현행의 교육형식들에서 그것은 너무도 드물다. 자기교육은, 독단주의와 검열이라는 장애물로부터 자유로울 뿐만 아니라 금융적 장애물로부터도 자유로운, 정보, 지식, 공부 도구 등등을 포함하면서, 공통적인 것에 대한 열린 접근의 심급으로서 (아마도 모범적인 심급으로서) 조직되어야 한다.

그러나 자기교육은 개별적 고립과 혼동되어서는 안 된다. 우리가 마음속에 품고 있는 유형의 자기교육은 루소의 『에밀』23과 몇 가지 유사점들을 가지고 있지만, 중요한 차이들도 가지고 있다. 에밀은 감각들의 훈련을 통해, 그리고 맨 먼저 물질적 세계와의, 그 후에는 생각 및 도서 영역과의 상호작용 훈련을 통해, 시적이고 감성적인 교육을 받는다. 우리가 논의하고 있는 자기교육도 이와 비슷하게 사회적이고 과학적일 뿐만 아니라 정서적이다. 그러나 주요한 차이는 그것이 개별적이지 않다는 점이다. 우리는 오직 타인들과의 관계 속에서 그리고 그들과의 상호작용 속에서만 공부할 수 있다. 그들이 물리적으로 현전(現前)하고 있든 아니든 간에 말이다. 이러한 의미에서 교육은 언제나 공통적인 것 속에서 특이성들의 평등함의 표명이며 그것의 연습이다. 달리 말해, 우리가 공부를 할 때, 우리는 언제나 다른 사람들의 지성을 알아보며, 그것으로부터 도움을 얻는 법을 배운다. 루소의 에밀이, 자신의 장래의 동료인 소피[24]를 만났을 때, 즉각, 그녀가 자신보다 열등하다고 상상하는 것은 아마도 전혀 놀라운 일이 아닐 것이다. 우리가 생각하는 바의 자기교육은, 우리의 공통 지성을 발전시키는 협동적 기획을 필요로 한다.

지식의 관리는, 다른 자원들의 관리와 마찬가지로, 열린 접근(권), 평등, 지속가능성 그리고 참여의 원리들에 의해 인도되어야 한다. 민주적 의사결정의 구조들이, 교육의 발전을 규정하는 현재의 계획화 형식을 대체해야 한다. 오늘날의 교육, 특히 고등교육은 강하게 유도되고 있고, 자금조달이 계획화의 주요 메커니즘이다. 공교육을 위한 국가의 자금지원이 (유럽과 북미 전체에서 매우 극적으로) 감소함에 따라, 사적인 자금조달이 계획화의 중심적 힘으로 된다. 달리 말해 대학들은, 그들의 내부 위계, 관리 스타일, 보상 체계와 관련해서만이 아니라, 무엇보다도 연구와 교육에 자금을 대는 기업들이 실제로 지식에 대한 관리와 교육 계획의 수립을 결정하고 있다는 점에서 더욱더 기업적으로 되어가고 있다.

미국 정부의 교육 계획 프로젝트 중의 하나는, 1957년 소련이 스푸트니크sputnik 위성을 발사한 것에서 자극을 받았다. 이듬해에, 우주 경쟁에서 소련이 앞선 것은 과학과 수학에서 미국의 교육이 소련보다 뒤쳐졌음을 나타낸다고 믿으면서, 의회는 교육 시스템의 모든 수준에 대한 자금지원을 극적으로 끌어올리기 위해서 국가 방

위 교육 법안National Defense Education Act을 통과시켰다. 그 법안의 주요
한 수혜자는 응용 수학, 공학 그리고 과학들이었다. 국가 안보가 그
프로젝트의 명시적 이유였지만, 교육 시스템의 강화와 이러한 연구
영역들로의 유도는 당시 산업의 감지된 필요들과 우연히도 맞아떨
어졌다. 그리고 실제로, 교육에 대한 이러한 부양책이 이후에 미국
기업에 어떻게 이익을 주었는지를 추적하는 것은 어렵지 않다. 그
자금지원은 또, 수많은 영역들에서 교육의 발전을 촉진하면서, 의도
하지 않았던 엄청난 효과들을 낳았다.

반세기도 더 지나간 후인 오늘날, 우리가 어떻게 교육의 계획화
와 자금유입의 그[국가 방위 교육 법안의 자금 지원]에 필적할 만한 조치
를 상상할 수 있을까? 비록 기업의 자금지원이 아직도 낡은 산업 모
델에 따라 과학에 집중되고 있지만, 우리의 현재의 삶[정치적 생산
의 시대에 기업의 필요는, 자금지원이 극적으로 감소해온 인문학
교육에 전형적인, 언어적, 소통적 그리고 지적 발전 영역들에서, 과
학에 못지않거나 오히려 그보다 더 크다는 사실을 주목하는 것이
필요하다. 그러나 교육이 공통적인 것의 기관이 되려고 한다면, 기
업의 이익이 아니라 전체 사회의 이익이 안내자여야 할 것이다. 교
육을 계획하고 교육에 자금을 지원하고 연구 기회를 발전시키고,
지식에의 접근을 개방하기 위해서는, 의사결정의 민주적이고 참여
적인 구조들이 수립되어야 할 것이다. 그것이야말로 제헌[구성]적 원
리들을 기반으로 구축될 수 있을 교육 제도일 것이다.

사유화privatization 위협에 직면할 때, 공통적인 것을 위한 투쟁은 종종 공적 통제를 방어하는 방향으로 흘러가거나 심지어 그것을 요구하는 경향이 있다. 사적 소유의 권력들에 대면하여, 우리가 달성하려는 목표가 공통적인 것일 때, 공적 소유를 위해 투쟁하는 것이 과연 필요한가? 예컨대, 대학의 사유화나 중등교육에 대한 자금지원 철회에 대항하는 학생들과 교수들의 투쟁에서는 그것이 필요한 것처럼 보인다. 그들이 일차적이고 직접적으로 호소할 것은 공적인 것의 권력을 거듭 주장하는 데 있는 것처럼 보인다. 이와 유사하게, 세계의 많은 지역들에서 공적 권력은, 천연 자원들의 — 가령 시에라리온의 다이아몬드, 우간다의 석유, 볼리비아의 리튬 혹은 캐나다의 역청탄과 같은 — 사적인 착취에 맞설 때, 주요한 대안인 것처럼 보인다. 소수의 수중으로 부를 집중시키며, 그 과정에서 사회와 자연 환경을 파괴하는, 종종 외국인이 소유한, 기업들의 사적 착취와 싸우기 위해서, 가장 효과적인 무기는 국가의 주권을 확언하고 자원을 공적 소유로 만드는 것처럼 보인다. 훨씬 더 극적인 것으로, 기후 변화와 같은 환경 재난의 위협에 직면했을 때, 국가의 통제와 규제를 주장하는 것은 사적 기업들이 야기한 지속적인 파괴에 대한 우리의 유일한 선택대안인 것처럼 보인다.

우리는 공통적인 것을 목표로 삼고 출발했지만, 우리 자신이 국가의 통제 아래에 다시 놓여 있음을 발견하게 된다. 그것은, 콜럼버스가 인도를 향해 출항했지만 아메리카 대륙에 도착하는 것으로 끝난 것처럼, 빗나간 항해이다. 그러나 이 유비가 딱 맞지는 않다. 그것은, 자본주의적 지배에 맞서 싸우면서, 자신들이 새로운 민주주의를 향한다고 생각했지만 결국 관료적 국가 기계로 끝나버린 소련의 경우와 더 유사하다. 우리가 공통적인 것을 위해 투쟁하지만 공적 소유와 국가 통제의 지배를 받아들이게 될 때, 우리가 어떤 종류의 흥정을 하는 것일까? 일단 그것에 성공하면, 우리는 우리로 하여금 공통적인 것의 민주적 관리에 더 이상 접근할 수 없게 만드는, 국가 지배에 고착되고 마는 것일까?

우리는 공적 소유로부터 공통적인 것으로, 국가 통제로부터 공통적인 것에 대한 민주적 관리로 가는 경로를 고무하고 구축하는 두 개의 경로를 본다. 첫 번째 경로는, 존 롤스John Rawls가 자신의 정의론에서 제안한 "차이의 원리"를 모델로 한다. 이 원리에 따르면, 재화 분배에서의 불평등은 사회에서 가장 적은 이익을 보는 구성원들에게 이익을 주는 경우에만 허용되어야 한다. 모든 사회적 결정에서 다른 요소들이 평등하다면, 우선권은 가난한 자들에게 혜택이 가도록 부여되어야 한다. 이 원리는, 점진적으로 그러나 일관되게 부의 평등한 분배를 향하는 경향이 있는, 동역학을 수립하는 것을 지향한다. 공통적인 것을 위한 차이의 원리도 이와 유사한 방식으로 작동할 것이다. 국가가 규제하는 사회적 기능들 중에서, 공통적으로도 그와 똑같이 잘 관리될 수 있는 사회적 기능들은 모두 공통의 수중으로 이전되어야 한다. 예를 들어 개별학습25이나 연구프로그램 같은 교육생활의 측면들을 자주관리하자는 제안들은, 국가관리에 비해 우선권이 부여되어야 한다. 이와 마찬가지로 천연 자원들에 대한 공통적이고 민주적인 관리는, 그것이 적어도 동등하게 효과적이고 효율적일 때에는, 언제나 우선권을 가져야 할 것이다. 이런 종류의 차이 원리는 하나의 이론적 안내로서 우리에게 유용한 것으로 보인다. 그러나 그것은, 진정한 사회적 변형을 보장할 만큼 충분히 효과적인 것은 아니다.

공적인 것에서 공통적인 것으로 가는 꾸준한 운동을 보증하는 두 번째 경로는 첫 번째 경로보다 능동적이고 실천적이며, 이중의 전투를 포함한다. 공통적인 것을 지지하고 신자유주의에 대항하는 많은 사회운동들이, 사적 소유의 지배를 폐지하기 위해 공적인 것을 지지하는 투쟁을 하며, 이와 동시에, 혹은 연속해서 공통적인 것의 이익과 자주관리의 메커니즘을 위해 공적 권력에 대항해 싸운다. 이 두 가지 경로들은 물론 서로 배타적이지 않다. 그 경로들은 함께 결합될 수 있고 다른 전략들과도 결합될 수 있다. 요점은, 우리가 공적인 통제를 단언하는 모든 전략들을 거부할 필요는 없지만, 우리가 그것들에 만족할 수도 없다는 점이다. 우리는 공통적인 것으로 향하는 운동을 보증할 동역학을 가동시킬 수단을 찾아야 한다.

공적인 것을 지지하면서 동시에 그것에 대항하는 이중 투쟁의 수많은 현대적 사례들이 있다. 교육의 사유화에 대항하는 학생 운동들은, 많은 환경 운동들이 그러하듯, 종종 이러한 성격을 띤다. 우리의 관점에서 볼때, 이러한 이중 운동의 모범적 예는, 라틴아메리카에서 사회운동들과 진보적 정부들 사이의 동역학을 포함하는데, 그것은 좀 더 꼼꼼히 분석해볼 만한 가치가 있다.

라틴아메리카에서의 진보적 정부들과 사회운동들

1990년대부터 금세기 처음 10년까지 라틴아메리카의 가장 큰 나라들 중 일부에서 정부들은, 신자유주의에 반대하고 공통적인 것의 민주적 자주관리를 지지하는 강력한 사회운동들의 지지로 선거에서 승리하고 집권했다. 이런 식으로 선출된 진보적 정부들은 많은 경우에 커다란 사회적 발전을 거두었다. 이 정부들은, 상당수의 사람들이 가난을 떨치고 일어나도록 도움을 주었고, 토착민과 아프리카계 주민들과 관련해 단단히 자리 잡은 인종적 위계들을 바꾸었으며, 민주적 참여를 위한 길들을 열어주었다. 그리고 이 정부들은, 전 지구적 경제 권력들, 세계시장 그리고 미국 제국주의 등과 관련하여, 경제적 맥락과 정치적 맥락 모두에서 지속되어온, 장기간에 걸친 대외종속 관계를 깨뜨렸다. 그러나 이러한 정부들이 권력을 쥐고 있을 때, 그리고 특히 그들이 구체제의 관행들을 반복할 때, 사회운동들은 투쟁을 계속한다. 이제는 자신들을 대의한다고 주장하는 그 정부들을 겨냥해서 말이다.

그래서 사회운동들과 정부들 사이에 준제도적quasi-institutional 관계가 발전해 왔다. 20세기 내내 사회주의적 실천들이 그러한 관계들의 유형학을 정치 구조에 내부적인 것으로 수립했다. 예를 들어 노조와 정당 사이의 동역학은 정당의 기능에 내부적인 것이었으며, 권력을 쥐고 있을 때, 사회주의 정부들은 사회운동의 활동들을 자신들의 지배구조 내부에 있는 것으로 배치했다. 노조, 정당, 사회운동들 그리고 정부가 동일한 이데올로기, 전술과 전략에 대한 동일한 이해 그리고 심지어 동일한 사람들에 의해 운용되었다는 사실(혹은 가정으)로부터 그러한 내부적 관계가 도출되었다. 사회주의적 당에 의해 고취된 "싸우면서, 정부 안에서"라는 구호는 이 두 가지 기능을 양립 가능한 것으로, 그리고 정당에 내부적인 것으로 간주했다.

그러나 사회운동과 정당 혹은 지배 기관들 사이에 그러한 내부적 관계를 정립하는 사회주의 전통은 깨졌다. 그 대신에, 이 시기 동안, 우리가 라틴아메리카 국가들에서 관찰했던 특징들 중의 하나는 결정적 외부성이며, 조직적 실천, 이데올로기적 입장, 그리고 정치적 목표와 관련해서 [정부로부터] 사회운동들의 분리다. 때때로 그 운동들과 정부들이 일국적 과두제들, 국제적 기업들, 혹은 인종차별적 엘리트들에 대항해서 함께 전투를 수행하기도 하지만, 심지어 그럴 때조차도 그들은 서로 분리를 유지한다. 그 운동들의 "정체성"은, 원주민 공동체들, 대지주들에 대항해 싸우는 토지 없는 농민들, 보장 소득을 요구하는 실업자들, 혹은 생산의 자주관리를 요구하는 노동자들 등과 같은, 특유한 지역적 상황들에 토대를 두고 있다. 그러나 그와 동시에 그 운동들은, 정부와 협력적이거나 적대적인 관계를 (혹은 동시에 이 두 가지 관계를) 유지한다. 그래서 그 운동들은 특정한 경제적, 사회적, 행정적 그리고 입헌적 문제들에 대해 자율적으로 행동할 수 있다.

운동과 정부 사이의 이러한 외부적 관계는 정부 행동의 지시적 측면들에 대한 상당한 변형(과 감소)을 촉발하는 힘을 갖는다. 달리 말하면 그것은 정부의 메커니즘들이 거버넌스의 과정으로 되도록 강제할 수 있다. 서로 다른 정치적·행정적 의지들이 얽혀 있는 현장들이 다원적이고 개방적인 곳으로 될 수 있다. 그리고 그러한 관리 기능은, 주권 권력이 입법 규범들의 합의적 중재와 다원적 창조를 위한 개방된 연구실이 되도록, 그것을 희석할 수 있다. 그럼에도 불구하고, 여기서 가장 흥미로운 것은 다양한 조우들과 때때로의 갈등들이 통치 과정의 깊은 정치적 일관성을 유지한다는 점이다. 여기서 "공통적인 것의 제도성institutionality"의 많은 측면들이 명확하게 나타난다. 낡은 식민적이거나 부르주아적인 헌법들에 대한 "헌법폐지적" 힘 ; 새로운 헌법의 윤리적이고 정치적이며 프로그램적인 측면들의 탁월함("다른 장소[위치]place에" 있기) ; 느린 시간성과 정치적 발전의 자율성 ; 제도들과 소통의 투명성에 대한 주장 ; 비상사태의 경우에 위험의 원인들에 대해 행사될 준비가 되어 있고, 입헌적 과정 그 자체에 내재하는 암묵적인 대항권력들의 표현 ; 증가된 소수자 보호 ; 그리고 이 모든 측면들을 안내하고 조정하는 민주적 의사결정 과정들 등이 그것이다.

우리가 여기서 사회운동들과 정부들 사이의 열린 관계를 가지고 서술하고 있는, 정치의 다원적 작용이 인민주의의 한 형태가 아니라는 것을 주목하라. 인민주의 정부는, 불투명하고 잠재적으로 악선동적인 혼합물을 만들기 위해, 사회운동들의 다양한 표현들을 주권 권력의 원천들과 결합해 낸다. 심지어 사회운동들이 인민주의적 틀 안에서 자신의 정체성을 유지할 때조차, 흔히 있는 일이지만, 그것들은 더 높은 종합의 부분임을 받아들여야 하고 헤게모니적 권력 안에 포섭되는 것을 받아들여야 한다. 헤게모니는 어떠한 인민주의 정부에도 본질적인 것이다. 그러나 사회운동들이 정부와 외부적 관계를 유지하고, 종종 정부에 반대하는 행동들을 통해서 자신들의 자율을 방어할 때, 그러한 인민주의적 헤게모니의 기반들은 침식된다.

몇몇 라틴아메리카 나라들에 ― 다양한 정도와 다양한 형태로 ― 존재하는 사회운동들과 진보적 정부 사이의 외부적 관계는 우리에게 하나의 "입헌적 사례"를 제공한다. 이것은, 그 중요성이 라틴아메리카에만 한정되는 예외적 현상이 아니다. 오히려 우리는 이러한 사례를 다른 나라들과 지역들을 위한 하나의 모델로 간주한다. 활동 중인 제헌[구성] 권력의 열린 동학에 대한 경험을 경유하지 않고서는, 민주적 참여를 향한 길도 공통적인 것의 새로운 제헌[구성] 과정을 향한 길도 생각하기 어렵다. 운동들과 정부들 사이의 열린 관계, 다양한 진입 지점을 갖는 다원적 형식의 거버넌스, 그리고 우리가 발명하는 삶의 형식을 위한 무한정한 규칙들의 형성, 이것들은 공통적인 것의 참여적 민주주의의 절차적 지평을 구성하는 몇 가지 요소들이다.

새로운 권력들과 새로운 권력분업을 위한 실천의제들^{agenda}

미국 헌법은 종종 통치의 완벽한 수단, 즉 "저절로 돌아가는 기계"로서 유명했다. 그러나 오늘날 미국 헌법뿐만 아니라 모든 공화제 헌법들은 틸틸거리다가 멈추는, 꽉 막혀 버린, 계속해서 고장나는 기계들이다. 운동들에 의해 제기된 입헌적 원리들과 진리들의 관점에서 보면, 그것들의 단점을 인식하는 것은 어렵지 않다.

공화제 헌법들은 뿌리로부터의 개혁을 절실히 필요로 하고 있다. 그러나 민주주의의 새로운 공간과 구조들을 생산할 수 있도록 그것들을 변형할 수 있을까? 입헌적 구조 안에 깊이 자리 잡은, 사적 소유와 자본주의 시장의 지배라는 원리는 공통적인 것의 자주관리를 개시하는 데에 어떤 피할 수 없는 장애를 제기하는가? 우리는, 민주적 개혁 가능성에 대한 이러한 질문들과 의심들이 전통적 좌파(그것의 가장 진보적인 인자들이 공화제 헌법들의 보호와 개혁에 묶여 있다.)의 중요한 입장들 중 몇 가지를 침식하는 것을 발견한다. 그래서 우리는, 현재의 위기에 비추어, 우리 시대의 입헌적 곤경의 몇 가지 측면들을 그려 보고 싶다. 이제 우리는, 관례대로, 정부의 세 가지 주요한 부서들을 검토하는 방식으로 그 곤경에 접근해 보고자 한다.

행정부의 권력은 지난 몇십 년 동안 상당히 확대되었다. 행정 관료주의는 실제로 두 배로 커져서 다른 두 부서에 필적하는 구조물을 발전시켰다. 예를 들어 미국에서 행정부의 법률 전문가들의 결정이 사법부의 전문가들보다 우선권을 갖는 경향이 있다. 행정부의 법률 고문실은 법무장관실의 중요성과 맞먹는다. 그리고 대통령의 경제전문가들은 입법 권력보다 우위에 있다. 이와 유사하게 유럽에서는, 한동안 정부들이 행정명령decree에 의한 법률제정을 통해 의회 권력을 유명무실하게 만들었다. 내무부 각료들과 경찰은 점차 의회의 통제로부터 자유롭게 되었다. 비상대권war powers과 군부통솔권은 입법부에서 행정부로 옮겨졌다.

다른 부서들에 비한 행정부의 이 불균형을 고려한다면, 버락 오바마(예로 들어보는 것인데, 우리는 다른 많은 사람들의 이름을 거명할 수도 있을 것이다.)가, 자신의 개혁의 실천의제agenda를 완수하는 데 있어 더 성공적이지 못했던 이유는 무엇일까? 오바마는, 조지 부시 행정부가 휘두른 예외적 권력들을 폐지하지 않았다. 그렇다면 왜 그는 그 권력들을 효과적으로 사용할 수 없었는가? 어느 정도까지 오바마는 그러한 행정 구조들에 갇힌 수인囚人이었는가? 물론 오바마는 혁명가가 아니다. 그렇지만 그는, 온건하지만 중요한 몇 가지 개혁들을 달성하려는 의도를 가지고 백악관에 들어갔다. 유럽 좌파가 처한 상황 속에서도 우리는 이와 똑같은 딜레마를 볼 수 있다. 좌파가 수행한 주요한 사회 개혁의 예를 살펴보기 위해, 우리는 프랑스의 미테랑 정부26의 첫 두 해로 되돌아가 보아야 할 것이다.

많은 면에서 개혁의 원천이어야 할 입법부가 점차 자신의 입헌적 기능들을 상실했다. 민주적 대의의 위기는 확실히 입헌적 배열arrangement의 주요한 약점을 표시한다. 이제 입법 권력들은, 사회적 기획들을 제안하고 예산을 관리하고 무엇보다 군사적 업무를 통제하는 데에 있어서 너무나 약한, 그래서 거의 없는 것이나 다를 바 없는 능력을 가지고 있을 뿐이다. 이제 사실상 입법 기관의 주요한 역할은, 행정부의 발의에 대한 지지를 하거나 그것을 저지할 장애물을 만드는 것으로 되어버렸다. 예컨대 미국 의회의 가장 큰 활동은 행정부의 기획들을 저지하고 정부의 작동을 멈추게 하는 것으로 보인다.

이러한 상황에서 좌파가 자신의 희망을 입법부(그리고 이것이 유일하게 이용가능한 공간이다.)에 맡긴다면, 그것은 불가피하게 좌절과 환멸을 겪을 수밖에 없을 것이다. 의회적 대의의 중추인 정당들에 대한 사람들의 소외감은 계속 커져가고 있고, 좌파 정당들에 대한 불신은 매우 강하다. 20세기부터 21세기에 이르기까지 정당에 요구되는 과제들은, 물론, 매우 복잡해졌다. 시민사회를 대의하는 것과 같은 고전적 문제들 외에도 정부 부채 문제, 이주민 문제, 에너지 정책 문제, 기후 변화 문제 등의 복잡한 문제들이 있다. 그 복잡성에 대처하려면, 그들의 대의 능력들은 확장되어야 하고 더 전문화되어야 한다. 그럼에도 불구하고 실제에서 그들의 대의 능력들은 사라지고 있다. 로비들이 횡행하는 의회 시스템은 이러한 과제들을 수행하기에는 완전히 부적절한 것으로 드러난다. 어떻게 하면 그것이 개혁되고 갱신될 수 있을까? 아래로부터 제헌[구성] 과정이 구축될 수 있는, 대의의 새로운 형식과 시민 논쟁의 새로운 지형을 창출하는 것이 가능한가? 전통적 좌파는 이러한 물음들에 어떠한 답변도 갖고 있지 않다. 선거 시스템을 개혁하는 것에 관한 논쟁들은 늘 아무런 성과도 내지 못하고 있다. 특히 선거법에 대해 토론하는 유럽에서 아이러니와 냉소주의를 구별하는 것은 어렵다. 좌파 정당들은 선거 정치에서 돈이 수행하는 지배적 역할에 대처할 능력을 전혀 갖고 있지 않다. 돈은, 직접적인 선거운동 기부금을 통해서, 그리고 미디어를 통해서, 점차 돈 있고 힘 있는 자들의 표현 수단이 되고 있다. 사회를 대의한다는 그들의 허세는 돈의 권력 뒤로 사라진다. 그 결과 역설적이게도, 부패는, 특히 좌파에게 있어서는, 선거에 당선되기 위해 어쩔 수 없이 선택할 수밖에 없는 길이 된다.

사법부 권력은 사실, 새로운 입헌적 균형을 결정하기 위해, 그리고 개혁주의적 길을 열기 위해 수많은 경우들에 동원되어 왔다. 예를 들어 미국에서는 그러한 시도들이 종종 성공을 거두기도 했다. 1930년대와 1960년대에 대법원의 법리학은 사회 개혁 운동들에 기여했고, 미국 헌법의 진보적이고 반인종주의적인 개혁을 제정하는 데 도움을 주었다. 그러나 그러한 경우들은, 경제 위기라든가, 사회 질서를 위험에 빠뜨리는 강한 사회적 갈등과 같은 예외적 상황들에 의존했다. 오늘날 사태는 실질적으로 변했다. 그리고 사법부 권력은 보수적 입장으로 되돌아갔다. 2000년 대통령 선거에서 대법원이 수행한 결정적 역할은 말할 것도 없고, 기업의 기부가 자유언론의 권리 하에 보호되어야 한다고 간주하면서, 선거에서 기업의 기부금 지출 한도액을 상향조정한 2010년의 대법원 결정을 인용하는 것으로 [그것을 증명하기에] 충분하다. 유럽에서도 과거에 사법부를 제헌 [구성] 기계로 벼려 내려는 시도가 있었고 낡은 자코뱅 유토피아를 부활시키려는 노력도 있었는데, 시도들은 결코 효과적이지 않았고 언제나 모호했다. 특히 이탈리아에서, 판사들의 권력에 토대를 두고 개혁을 법제화하려는 노력은 사법부에 귀속된 입헌적 입장의 기형화를 야기한다. 그리고 이 판사들이 보수적 노선을 따라 움직이는 것이 아닐 때에도, 그들은 단지 정치권력의 대리인들로 봉사할 뿐이다. 그리고 그것은 끝없는 재앙을 생산한다.

그 결과 좌파 정당들은 개탄의 정당들이 되었다. 그들은 복지 국가의 해체, 제국적 군사모험, 사람들을 일하도록 하지 못하는 기업의 무능력, 금융의 압도적 힘 그리고 은행가들의 탐욕 등을 개탄한다. 마침내 그들은 자신들의 대표자들의 부패와 그들 자신의 적법성의 결여를 개탄한다. 그들이 공격적 자세를 취할 수 있는 유일한 입장은, 예컨대, 유럽의 반파시즘 운동이나 미국의 민권 운동의 살균처리된 판본에 의해, 상상적 과거를 신성한 것으로 보호하면서 헌법을 방어하는 것이다. [하지만] 이 두 가지는 모두 지배적 금융 권력과의 입헌적 타협의 울타리 안으로 내몰린다. 그들은 종종 "중도파의 극단주의"27로 인해 고통을 겪는데, 그것은 그들에게 있어서는 목가적 과거라는 추억에 의존하는 것이다.

문제는 전통적 좌파가 오늘날 입헌적 개혁의 효과적인 동학을 개시할 능력을 갖고 있지 않다는 것에 그치지 않는다. 공화제 헌법들은 더 이상 개혁될 수도 구제될 수도 없다. 입헌적 질서와 사회적 지형을 변형시키기 위해서는, 새로운 제헌[구성] 과정이 필요하다. 우리는, 운동들이 구축한 진리들과 원리들에서, 그러한 과정을 시작할 기반을 본다. 비록 우리가 이러한 미지의 지형의 폭넓은 개요를 그릴 입장에 있지는 않다 하더라도, 이제껏 우리가 분석해 온 것을 토대로 우리는, 그 특징들 중의 몇 가지를 식별할 수 있다. 첫 번째 접근법으로서, 설명적 목적을 위해, 전통적 헌법의 세 가지 기능들 ― 입법, 행정 그리고 사법 ― 을 그대로 유지하면서 어떻게 그것들이 새로운 제헌[구성]적 원리들에 의해 변형될 수 있는지를 검토해 보자.

입법

제헌[구성] 과정에서 입법 권력은 대의 기관이 아니라 사회적 삶의 관리와 정치적 의사결정에 모든 사람들의 참여를 용이하게 하고 또 촉진하는 기관이어야 한다. 사실상, 최소한 18세기까지는 거슬러 올라가는 많은 역사적 경우들에서, 양원제 의회들은 그러한 제헌[구성]적 실험에 성공적으로 착수했다. 흔히 짧았던 이 계기들에서, 정치는 사회적 현실의 수준으로 끌어내려졌고, 사회적 필요와 욕망들의 표현에 따라 재구성되었다. 몇몇 라틴아메리카적 경험들과 같은, 우리 시대의 몇몇 경우들에서도, 제헌[구성] 의회들은 광범위한 사회적 힘들을 끌어모으고, 그것들을 표현함으로써 혁신적 역할을 수행했다. 제헌[구성] 권력의 입법적 얼굴face은 다양한 사회적 운동들과 사회적 힘들을 반영하고 또 구체화해야 하며 그럼으로써 정치의 다원적 존재론을 설명해야 한다.

이처럼 연방주의는 제헌[구성]적 입법 권력의 근본적 원리다. 여기서 우리가 사용하는 **연방적**federal이라는 말은, 더 작은 정치 단위들, 가령 주州나 군郡 같은 것들을 지배하는 중심적 권위를 의미하는 것이 아니다. 그보다 우리는, **연방적**이라는 말을 더 근본적인 의미, 즉 사회적 지형을 가로질러 퍼지고, 추상적이고 중심화된 단위 아래에 포섭되지 않는 다양한 정치세력들 사이의 개방적이고 포괄적인 관계로서 이해한다. 우리가 의도하는 바의 연방주의적 조직의 모양은, 달리 말하면, 피라미드적이지 않고 수평적이며 포괄적인 형태다. 그러한 연방주의는, 정치의 다원적이고 과정지향적인 차원들을 촉진한다.

연방주의의 이러한 "포스트-국가"적 측면들을 폐쇄적이지 않고, 중심화 되지도 않은 입법 권력의 기초로 만드는 것은 가능한가? 이것은, 우리가 입법 권력을 사회운동들의 시간성을 따르는 것으로,

그리고 그것의 연방적 구조들을 그것들의 (지역적이면서도 동시에 널리 산종된) 공간적 차원들에 맞추는 것으로 생각할 때 비로소 형태를 갖추기 시작한다. 배열의 이 복잡성은 실제로 생산적인 것으로 된다. 네트워크들은, 입법 기능들의 특이한 차원들을 측정하고 또 엮어 짜는 역할을 할 수 있다.

2011년의 야영시위장들과 점거된 광장들에 만들어진 집회들assemblies은 그러한 연방주의적 방식으로 권력을 확산시킨다. 각 집회들은 자신만의 규칙들에 따라 작동하고, 표현과 의사결정을 위한 자신만의 기술을 발전시킨다. 어떤 경우에는, 허공에 손을 흔든다거나 제안에 찬성하기 위해 트위터를 팔로우하는 것과 같은, 단순한 메커니즘들이 사용된다. 그렇지만 모든 집회들은 소수의 지도자들에게 권력을 집중시키는 뿌리 깊은 경향들을 중단시키려는 의도를 공유한다. 그 대신에 그들은, 모든 사람들이 숙의熟議와 의사결정에 포함될 수 있는 메커니즘을 제공한다. 달리 말해 집회 형식은 수백 명, 때로는 수천 명의 참가자들 사이에서 이 운동의 민주적 입법 권력을 창출하는 도구로서 기능한다. 물론 집회들이, 그것들의 짧은 기간 존속 동안에, 평등하고 민주적인 참여를 위한 열망을 늘 충족시키는 것은 아니다. 그러나 그것들은, 그럼에도 불구하고, 가능한 연방주의를 사유함에 있어서 강력한 모델을 제시한다.

집회들을 연방주의적 입법 권력을 위한 모델로 채택하는 것은 즉각 규모의 문제를 제기한다. 어떻게 그것들의 형식이 광장의 경계를 넘어 전체 사회로 확장될 수 있을까? 회의론자들은, 우리가 고대 그리스로부터 배우는 것처럼, 민주적 의사결정은 작고 제한된 인구에서만 가능하다고 답한다. 그러나 근대 전체를 통틀어, 수많은 기획들은 의사결정에의 참여를, 사회를 가로질러 널리 확장시키려고 노력해 왔다. 그것은, 궁극적으로 성공하지 못한 경우일지라도, 우리가 오늘날 추구할 수 있는 전략들을 암시한다.

예를 들어, 20세기의 몇몇 사회주의적 발의들은 권력을 노동자들의 손에 쥐어줌으로써, 그리고 노동자들이 그들 스스로 정치적 결정을 할 수 있는 수단들을 구축함으로써 연방주의적 방식으로 권력을 확산시키려 했다. 노동자 평의회workers' council는, 권위주의적 조류들과는 대조적으로, 혁명의 주요한 목표는 민주주의 즉 모든 사람에 의한 모든 사람의 지배라고 보는, 모든 사회주의 흐름들의 핵심명제를 구성했다. 적어도 파리코뮌 이래로, 노동자 평의회는, 독일의 라트Rat 28나 러시아의 소비에트soviet 같은 많은 변형들 속에서, 연방주의적 입법 권력의 기초로 생각되어 왔다. 그러한 평의회들과 그들이 만들어낸 파견대표 형식은, 노동자를 대의한다기보다는, 노동자들로 하여금 정치적 의사결정에 직접 참여하도록 한다. 물론 많은 역사적 경우들에서 이러한 평의회들은 짧은 기간 동안만 제헌[구성]적 방식으로 기능했다. 바이마르 헌법에서처럼, 어떤 경우에 그것들은 중립화되어 산업의 공동경영comanagement의 기관organs들로 되었다. 다른 경우에 그것들은, 과도기 이후에는 어떻든 민주적 거버넌스에 권력을 양보할, 노동자 독재의 기초라고 거짓되게 상상되었다. 그렇지만 그러한 실패들에도 불구하고, 노동자 평의회들의 활력적 요소는, 정치와 정치가들이라는 분리된 영역을 파괴하고 노동자들의 네트워크를 통해 정치적 의사결정의 회로를 확장시키면서, 생산 분야에서 입법 권력을 구현하려는 그들의 시도이다. 노동자 평의회의 커다란 힘은, 그들이 공장 노동자들 사이의 현존하는 관계를 활성화시켰고 또 활용했다는 사실에 있다. 생산에서 작동했던 바로 그 소통 회로들이, 평의회들의 정치 구조들에 맞게 다시 만들어졌다.

물론 우리는 21세기적 형태로 노동자 평의회를 부활시키자고 제안하려는 것이 아니다. 노동자 평의회들의 명백한 한계들 중의 하나는 바로, 그것들이 사회의 한 부분^{portion}에 제한되었다는 데에 있다. 모든 산업 노동자들의 참여조차도, [산업 외의] 다른 부문들의 임금노동자들, 노동자의 가족들, 실업자들 그리고 그 외의 다른 사람들을 그 정치적 과정으로부터 제외시킬 것이다.

그렇긴 하지만, 우리 시대의 생산의 몇 가지 근본적 특징들은, 우리로 하여금 노동자 평의회의 기본 기능을 좀더 넓고 좀더 민주적인 형식 속에서 다시 생각할 수 있게 해준다. 우리가 주장하듯이, 코드들, 언어들, 생각들, 이미지들, 정동들의 생산이 점점 더 우리 시대의 삶정치적 생산에서 중심적인 것으로 될 때, 생산 영역을 한정하던 경계들이 확장되고 모호해져서, 결과적으로 사회의 모든 것이 그 네트워크들 안으로 들어오는 경향이 있다. 이러한 상황 속에서 우리가 의사결정과 정치적 참여의 구조를, 과거의 노동자 평의회들이 했던 것처럼, 생산의 선들을 따라 확장한다면, 우리는 잠재적으로 훨씬 더 넓은 범위에까지 도달할 수 있을 것이고 또 사회의 훨씬 커다란 부분을 정치 구조들 안으로 들여올 수 있을 것이다. 달리 말해, 삶정치적 생산 속에서 창조된 관계 및 소통의 구조들은, 집회 형식을 넓은 사회적 층위로 확장시킬 수 있도록 재구성될 수 있을 것이다.

물론 이런 식으로 삶정치적 생산을 따르는 효과적인 정치 구조들을 만들어내는 것은 쉬운 일이 아니다. 또 그것은 일련의 부가적 질문들을 야기한다. 그러나 그것은 "광장들"의 교훈들과 그들의 집회 실험들을 (그것들을 사회적 수준에 적용하기 위해) 해석하기 시작하는 하나의 방식이다. 새로운 입법 권력을 창출하는 것의 주요한 과제는, 의사결정에의 참여를 사회 전체의 지형을 횡단하는 것으로 확장할, 연방주의적 형식을 창안하는 것이다.

끝으로, 사회를 민주화하고 의사결정에 모든 사람을 포함시키려는 노력은, 대다수 주민들 사이에 깊이 뿌리박힌 정치에 대한 혐오에 맞서 투쟁해야 한다. 집권자들은 오랫동안 이러한 정치 혐오를 조장해 왔다. 어떤 민주주의가 가능해지기에 앞서, 민중들의 참여에 대한 욕구와 자주관리에 대한 욕망을 함양하는 새로운 정치적 정동들의 생산이 있어야 한다. 2011년 야영시위들은 그러한 방향으로의 중요한 한 걸음이었다. 야영시위대에는, 오직 혹은 심지어 주로, 경험 많은 활동가들만 있었던 것이 아니다. 그러한 형식의 정치적 행동이 처음인 시민들도 거기에 있었다. 그리고 경험이 쌓이면서, 창조하고 참여하려는 그들의 욕망은 계속 커져갔다. 민주적인 정치적 정동들을 만들어내는 가장 확실하고 강력한 방법은 민주주의를 실행하는 것이다.

행정

　　행정 권력은 제헌[구성] 과정에서 사회적·경제적 계획화의 형식들과 발전을 위한 필요를 충족시켜야 한다. 그러나 근대와 현대의 계획화와 발전의 형식들은 폭넓게 그리고 정당하게 비판받아 왔다. 새로운 행정 권력을 상상하고 법제화하기 위해 우리는, 공통적인 것이 초점에 놓일 때, 그리고 의사결정이 민주적이고 참여적인 절차들을 통해 수행될 때, 계획화와 발전의 전통적 개념들과 실천들이 어떻게 변하는지를 우선 인식해야 한다.

　　국가사회주의가 실천한 계획화의 형식들은 비참한 죽음을 맞이했다. 그리고 우리가 앞서 말했듯이 어느 누구도 그 형식들의 죽음을 애도하거나 그것들을 부활시키려고 애써서는 안 된다. 이러한 실천들의 잔인성과 비효율성은 주로 의사결정 권력이 집중된 것의 결과다. 사회주의 관료제도는 (사회적 힘들의 구심적 흐름을 저지하면서) 중심에 놓인 사람들의 고립과 분리를 유지하는 것에 봉사했을 뿐만 아니라 (명령의 원심적 흐름을 용이하게 하면서) 지시사항들을 사회 전체에 관철시키는 것에 봉사해 왔다.

　　그러나 국가사회주의적 계획화의 야만성을 인식하는 것이, 종종 은폐되어 있고 신비화되어 있는, 자본주의적 계획화가 창출한 불의와 재앙들에 우리가 맹목이 되도록 해서는 안 된다. 20세기의 마지막 10년 동안 신자유주의적이고 신보수주의적인 혁명들은, 국가 권력을 축소하고 국가를 사회적 장에서 끌어내자고 주장하면서, 즉 우리의 등에서 사회를 내려놓자고 주장하면서, 약한 국가라는 신화를 퍼뜨렸다. 실제로 사회복지를 위한 국가 지출은 줄어들었다.

그러나 군사, 법률, 기업이익 등에 대한 자금지원의 증가로 인해, 사실상, 전체 사회 예산은 늘어났을 뿐이다. 신자유주의적 국가는, 기업적 이해관계 및 금융적 이해관계와의 밀접한 협조를 통해 자신이 법제화한, 강한 계획 권력을 행사한다. 신자유주의자들이, 시장이 결정한다고 주장하면서 여전히 환기시키고 싶어 하는 민주주의적 분위기aura에 어느 누구도 더 이상 속아 넘어가지 말아야 한다. 그러한 표현들에서 의사를 결정하는 시장이라는 것은, 기껏해야, 가공할 만한 계획화의 도구를 휘두르는 (은행들과 금융권력들을 포함하는) 부자 세력들을 돌려서 표현하는 완곡어구에 불과하다. 예를 들어 그들은 어떤 소프트웨어가 개발될 것인지, 어떤 댐들이 건설될 것인지, 누가 집을 살 것인지 등등을 결정한다. 평상시에는 금융과 은행들이 국가로부터 비교적 자율적으로 작동한다. 그러나 결국에는 언제나 그들의 뿌리 깊은 관계가 표면화된다. 금융위기가 절정에 달했던 2008년 가을에, 미국 정부의 공직자들과 월스트리트의 수장들이 행한 합동연극은 장막 뒤에서 일어나는 일을 살짝 엿볼 수 있게 해주었고, 의사결정권자들의 써클이란 것이 실제로 얼마나 작은지를 보여주었다. 어쨌든 현재의 위기는 자본주의적 계획화가 생산한 재앙들에 대한 또 하나의 실증이다. 따라서 우리는, 사회주의적이고 자본주의적인 재난들을 인식하면서, 어떠한 형태의 계획화와도 관련을 맺고 싶어 하지 않는 사람들과 쉽게 공감할 수 있다.

발전의 개념과 실천들도 마찬가지로 평판이 좋지 않다. 20세기 내내 발전은 주로, 산업 모델에 따른 성장으로, 즉 인간의 복지는 계속해서 더 많은 상품들을 생산하고 더 많은 자원들을 소비하는 것에 의존한다는 가정을 가지고 이해되었다. 이제 그러한 성장이, 세계의 지배적 지역들에서의 엄청난 낭비를, 종속된 지역들에서의 박탈과 겹친다는 것, 그리고 지구가 이러한 궤도trajectory에서는 살아남을 수 없다는 것은 너무도 분명하다. 이러한 산업적 양식 속에서 성장으로 간주된 발전 ― 더 많은 자동차들, 더 많은 상품들, 더 많은 농경지들 등등 ― 은 분명히 지속할 수 없는 것이다. 그렇기 때문에 세계의 많은 지역들에 사는 엄청난 인구들이 아직 재화와 음식의 부족으로 고생을 한다는 사실에도 불구하고, 현재의 궤도의 지속 불가능한 성질에 초점을 맞추는 어떤 사람들은 성장의 과정들을 역전시키고 발전의 개념을 포기하는 것을 옹호한다.

그러나 계획화와 발전에 관해 우리가 펼쳐 놓은 암울한 시나리오는, 우리가 공통적인 것의 중심성, 즉 지구와 (삼림, 바다, 토양, 대기, 물 등등의) 생태계의 중심성만이 아니라 생각, 이미지, 코드, 정보, 정동 등을 포함하는 사회적 노동의 생산물들의 중심성을 인식할 때 실질적으로 바뀐다. 그러나 물에 관해 우리가 앞서 논의한 바와 같이, 자원들은 즉각적으로 혹은 자생적으로 공통적인 것은 아니다. 우리가 공유된 자원에 대한 개방적 접근권을 가지려면 조직화와 하부구조의 기획이 요구된다. 물이 공통적인 것으로 되기 위해서 파이프, 펌프 그리고 관리 시스템이 필요한 반면, 생각이 공통적인 것이 되기 위해서는 교육, 출판토론회forum 등이 필요하다. 공통적인 것에 대한 접근이 자유롭게 되기 위해서 그것이 조직되어야 하는 것과 마찬가지로, 그것이 미래를 위해 유지되기 위해서는 관리되어야 한다. 지구 대기의 안녕도, 생각들의 모든 영역 및 실로 공통적인 것의 모든 형태들과 마찬가지로 계획화를 요구한다.

공통적인 것이 경제적 사회적 삶에 중심적인 것으로 될 때, 발전이란 무엇을 의미하겠는가? 그것이 언제나 성장을 의미하지는 않을 것임은 분명하다. 오히려 그것은, 모든 사람들이 우리의 공통적 부를 공유할 수 있고 그것에의 접근권을 가지며, 그것의 생산에 똑같이 참가할 수 있는 메커니즘을 구축하는 것을 의미한다. 이러한 상황에서 행정은 완전히 다른 형태를 띤다. 자본주의적인 (그리고 사회주의적인) 근대성 내내, 산업적 생산이 규제적 모델로서 기능했을 때, 생산적 협동을 조직하기 위해 경제적 행정은 통제와 훈육의 위계구조를 가진 관료조직을 필요로 했다. 삶정치적 생산을 위한 행정적 필요는 매우 다르다. 삶정치적 생산은 생각, 코드, 사회관계 등을 생산하는 우리의 지적이고 정서적인 능력들을 활성화한다. 삶정치 영역에서 생산적 협동은, 관료주의적 감시나 지도에 대한 필요 없이 생산자들 사이의 사회적 네트워크들에서 만들어지는 경향이 있다. 이것은 어떠한 행정도 필요하지 않다는 것을 의미하지 않는다. 오히려 이것은, 행정적 필요가 내재적이어야 하고 사회적 직조물 자체 속으로 엮여 짜여야 한다는 것을 의미한다.

우리는 설명의 명확성을 위해 입법 권력에서 독립된, 새로운 제헌[구성]적 행정 권력을 제시했다. 그러나 이 두 권력은 실제로는 아주 밀접하게 연관되어야 한다. 달리 말해, 계획화의 행정적 기능들은, 모든 사람들이 민주적으로 결정에 참여할 수 있도록, 연방주의적 방식으로 배치되어야 한다. 이것은 즉시, 우리가 앞서 제기했던, 전문성에 관한 이의를 제기한다. 제헌[구성]적 입법 권력의 요구를

실현하기 위해 정치적 정동들과 참여를 위한 욕구가 조성되어야만
하는 것처럼, 우리의 사회적 세계에 대한 지식과 전문성 또한 가장
포괄적인 수준에서 함양되어야 할 것이다. 오늘날 결정을 내리는
정치인들과 금융 거물들은 하늘에서 우리에게 인도된 천재들이 아
니다. 교육을 통하면, 우리의 자연적 사회적 경제적 세계들에 관한
정통하고 지성적인 결정을 내리기 위해, 우리가 적어도 그들만큼
전문적으로 될 수 없는 이유는 전혀 없다.

사법

입법과 행정에 관하여 말하면서 우리는 그것들의 기능들을 제
헌[구성] 과정의 성질과 조직적 필요를 탐구하는 수단들로 재해석할
수 있었다. 그러나 사법 권력이 그러한 기획 속에 어떻게 배치될 수
있는지를 검토하는 것은, 우리가 그것의 주요한 요소들 중의 일부
를 명확히 밝히고 풀어내는 것을 필요로 한다.

무엇보다도 우리는, 사법부가, 독립에 대한 요구에도 불구하고,
언제나 정치권력이라는 것을 인식해야 한다. 미국 대법원 판사들의
후보 청문회 광경이 그러한 사실을 예증해준다. 그리고 그들의 정
치적 성격은, 판사들이 사회 개혁의 기획들을 시도한다거나 다른
부서들 중 하나의 주도권을 방해하려고 시도할 때, 분명히 나타난
다. 정치가들은 판사들의 견해에 동의하지 않을 때는 판사들이 정
치적이라고 비난하고, 그들의 견해에 동의할 때에는 그들의 지혜와
독립을 칭찬한다. 우리가 그들의 그런 비난과 칭찬의 소리를 듣는
일은 드물지 않다. 심지어 사법부가, 예컨대, 학교들의 인종 간 통합

을 강제하기 위해, 소수자들의 투표권이나 노동자들의 조직권을 보호하기 위해 진보적 방향으로 행동할 때와 같은 드문 경우에도, 그들의 개입은 권위적 형식을 취하며, 궁극적으로 온갖 종류의 재앙을 불러오면서, 의회적 대의기구들의 권력을 실제적으로 찬탈한다.

우리의 의향은, 사법부를 진정 독립적으로 만들 방법을 찾으려는 것이 아니라, 오히려 사법부의 특정한 기능들이 불가피하게 정치적이라는 것을 인정하고, 이것들이 어떻게 정치적 지형 위에서 적절하게 재배치될 수 있는지를 찾으려는 것이다. 우리는 여기서 민법과 형법을 운용하는 과제에 대해 생각하고 있지 않다. 이러한 영역들에서 판사들과 배심원단은 당파적 압력으로부터 가능한 독립적이어야 한다. 그리고 여기서 우리는 실제로 법의 정치적 성격을 제거하는 도전적 과제에 착수해야만 할 것이다. 하지만 여기서 우리는 그보다는, 사법부의 입헌적 기능들 중의 일부에 초점을 맞추고 싶다.

사법부의 중심적인 입헌적 기능들 중의 하나는 정부에 대해 견제와 균형을 제공하는 것이다. 그러나 견제하는 능력은 차이를 필요로 한다. 사법부의 구성원들이 다른 두 부서들의 구성원들과 실질적으로 다르지 않으면, 그 부서는 다른 부서들을 견제하기에는 약한 메커니즘들만을 제공할 수 있을 뿐이다. 현재 사법부에 의해 제공되는 주요한 차이는, 그들이 정기적 선거에 종속되지 않는 이상, 사실 일시적일 뿐이다. 일반적으로 이것은, 균형보다는 타성 inertia을 통해 안정성을 창출하는 효과를 갖는다. 우리가 보기에, 만일 제헌[구성]적 입법 권력이, 의사결정을 사회 전체로 확대하는 연방주의적이고 참여적 원리들에 따라 만들어진다면, 그것은 훨씬 많은 실질적 차이들의 영역을 제공할 것 같다. 달리 말해, 공개적이고 제헌[구성]적인 집회 구조에서, 다양하고 갈등하는 세력들은 역동적 균형을 창출함으로써 서로를 견제하는 것으로 기능한다. 혹자는, 그러한 배치에서 다른 것들에 외부적인 "제3의" 권력으로서의 사법부의 위치가, 단일한 입법-행정 거버넌스 구조 안으로 삼켜져 사라지는 것 아니냐고 우려할 수도 있을 것이다. 그렇지만, 제헌[구성] 과정에 참여하는 사람들 사이의 차이들과 다른 사람들에 대한 각자의 외부성은 훨씬 더 크며 따라서 분리되어 있는 정부 기구보다 더 효과적이다.

사법부의 또 하나의 주요한 입헌적 기능은 헌법을 해석하는 것이다. 우리가 여기서 상상하고 있는 종류의 제헌[구성] 권력의 맥락에서도 우리는 그러한 해석[의 기능]이 여전히 핵심적이라고 생각한다. 자유, 행복, 공통적인 것에의 자유로운 접근, 그리고 지속가능성 등을 포함하여, 우리가 앞에서 근본적 원리로 제시한 양도불가능한 권리들은 제정되고 적용되기 위해서 해석을 필요로 한다. 문제는, 우리가 우리를 위해 그것들을 해석해줄 검은 관복을 입은 소규모 전문가들을 필요로 하는가의 여부이다. 만일 제헌[구성] 권력이 민주적이고 참여적인 형태를 취한다면 입헌적 해석 또한 사회화되어야 할 것이다. 입헌적 과정이 기초하고 있는 원리들과 진리들은, 어찌됐건 위로부터 아래로 전수되지 않았고 사회 자체의 운동들과 동학을 통해 구축되었다. 여기서, 우리가 앞서 말한 것처럼, 지성을 개발하기 위해서, 정치적 정동들을 창출하기 위해서, 전체 다중이 그러한 해석과 의사결정에 참여하도록 만들 전문지식의 필수도구들을 제공하기 위해서, 다시 광범위한 교육 기획이 필요하다. 우리는, 이것이 우리의 능력을 넘어서 있어야 할 이유를 알지 못한다.

우리는 새로운 헌법을 쓰겠다는 식의 주제넘음 같은 것은 갖고 있지 않다. 또 우리는, 입법권력, 행정권력, 사법권력에 관해 우리가 여기서 제시하는 암시들indications이 단지 약간의 일반적 원리들에 기여할 뿐이며 내용이 별로 없다는 것도 잘 알고 있다. 우리는 단지, 미래의 실천의제agenda의 일부를 형성할 수 있는 몇 가지 요소들에 주목하려고 했을 뿐이다. 그러나 2011년에 시작된 운동들의 선언으로부터 분명히 드러나는 것은, 새로운 사회를 구성하는 것에 관한 논의가 이미 무르익었으며, 유행하고 있는 가장 중요한 실천의제로 되었다는 사실이다.

그 다음

공통인의 사건

공통인의 사건

공통인의 사건

우리는 언덕 위의 도시를 볼 수 있다. 하지만 그것이 너무나 멀어 보인다. 모든 사람들이 접근권을 갖고 있고 공통적인 것을 공유하는 공정하고 평등하며 지속가능한 사회를 구성하는 것을 우리가 상상할 수는 있다. 하지만 그것을 실현할 조건은 아직 존재하지 않는다. 소수의 사람들이 모든 부와 무기를 독점하고 있는 세계에서 민주적 사회를 창출할 수는 없다. 지구를 계속 파괴하는 사람들이 여전히 결정을 내리는 한에서 당신이 지구의 건강을 회복시킬 수는 없다. 부자들이 자신들의 화폐와 재산을 내놓으려 하지는 않을 것이다. 독재자들이 무기를 내려놓으려 하지는 않을 것이며 권력의 고삐를 놓으려 하지도 않을 것이다. 결국은 우리가 그들로 하여금 그렇게 하지 않을 수 없도록 이끌어야 할 것이다. 하지만 천천히 가도록 하자. 그것이 그렇게 단순하지는 않다.

2011년에 시작된 투쟁순환을 포함하여, 저항과 봉기의 사회운동들이 새로운 기회를 창출했고 새로운 경험을 실험했다는 것은 사실이다. 그 실험들이 아름답고 고결하긴 하다. 하지만, 그것들 자체로 지배권력을 거꾸러뜨리는 데 필요한 힘을 갖고 있지는 않다. 심지어 커다란 성공조차도, 종종, 아주 빨리, 비참할 정도로 제한된 것으로 드러나곤 한다. 독재자를 몰아내라. 그 후에 당신은 무엇을 얻는가? 군사적 혁명평의회? 신정神政적 지배당? 월스트리트를 폐쇄하라. 그 후에 당신은 무엇을 얻는가? 은행들을 위한 새로운 구제조치? 우리를 겨냥해 축적된 무력은 너무 거대해 보인다. 괴물은 여러 개의 머리를 갖고 있다.

하지만 절망에 빠졌을 때조차도 우리는, 역사의 도처에서 정치권력과 그 가능성의 무대를 완전히 뒤엎는, 예기치 않고 예상불가능한 사건들이 도래한다는 것을 기억해야 한다. 그러한 정치적 사건들이 다시 오리라고 믿기 위해 당신이 천년왕국론 신봉자가 될 필요는 없다. 그것은 단순한 수의 문제만은 아니다. 어느 날 거리에 수백만 명의 사람들이 쏟아져 나오지만, 아무 것도 변하지 않는다. 다른 날 소규모 그룹의 행동이 지배질서를 완전히 뒤엎을 수도 있다. 때때로 그 사건들은, 사람들이 고통을 겪는 경제적 정치적 위기의 순간에 온다. 그렇지만 다른 때에 그 사건들은, 희망과 열망이 솟아오르는 번영의 시기에 도래한다. 심지어 가까운 미래에, 금융구조 전체가 붕괴하는 것도 가능하다. 혹은 채무자들이, 자신들이 진 채무를 갚지 않으려는 용기와 확신을 얻는 것도 가능하다. 혹은 사람들이 집단적으로 권력자들에게 복종하기를 거부하는 것도 가능하다. 그때 우리는 무엇을 할 것인가? 우리는 어떤 사회를 건설할 것인가?

우리는, 그 사건이 언제 도래할지 알지 못한다. 그러나 이것이, 우리가 그것이 도래할 때까지 기다리기만 해야 한다는 것을 의미하지는 않는다. 오히려 우리의 정치적 과제는 역설적이다. 그것이 도래할 날짜를 알지는 못하지만 그럼에도 우리는 그 사건을 준비해야만 한다.

이것은 실제로, 들리는 것만큼, 신비한 것이 아니다. 현재의 신자유주의 질서의 건축가들과 이데올로그들 일부로부터 교훈을 취해보자. 밀턴 프리드만과 시카고 학파[1]의 경제학자들은 신자유주의적 경제 정책을 연구했고, 그 정책으로 학생들을 훈련시켰다. 그들은, 신자유주의 정책들과 제도들을 실행시킬 사회정치적 조건들이 존재하기 오래 전에 (그리고 실제로 칠레에서 아우구스토 피노체트가 이끈 군사쿠데타가 일어나기 오래 전에) 그러한 정책들과 제도들을 기획했다. 나오미 클라인[2]의 설명에 따르면, 그 쿠데타가 있기 수개월 전에 모의자들이, 시카고학파에서 훈련받은 경제학자들인 "시카고 보이들"에게 경제강령을 간청했는데, 그들[시카고 보이들]은 프리드만의 사상노선에 따른 신자유주의적 경제사회 질서를 도입하는 데 필요한 조치들을 상술한 5백 쪽의 매뉴얼을 신속하게 조합할 수 있었다고 한다. 시카고 경제학자들은 피노체트의 쿠데타를 계획하지도 않았고 그것을 예견하지도 못했다. 하지만 그들은 그런 것이 일어났을 때에 대한 준비가 되어 있었다. 실제로 그때 이후로 수많은 다른 나라들에는, 신자유주의 정책을 도입하기(나오미 클라인은, 그것이 모두 일정한 형태의 재앙에 의해 가능해졌다고 주장한다.) 위한, 각 경우에 맞는 경제적 교본이 준비되어 있었다. 이 예에서 교훈적인 것은, 예기치 않은 기회를 위해 준비를 하는 것이 얼마나 유용하고 효과적일 수 있는가 하는 것이다. 그러나 칠레에서 신자유주의자들이 발견한 환경은 우리가 지금 직면하고 있는 환경과는 전혀 다른 것이다. 무엇보다도 기회의 성격이 완전히 다르다. 어떠한 쿠데타도 혹은 다른 군사적 행동도 오늘날 민주적 변형을 위한 사건을 촉진하지는 못할 것이다. 둘째로 [그것을] 준비하는 주체는 시카고 보이들과 같은 전위나 비밀결사일 수 없고 다중이어야 한다.

예견되지 않는 사건을 준비한다는 이 역설적 과제야말로 2011년 투쟁순환의 작업과 성취를 이해하는 최상의 길일지 모른다. 운동들은, 자신들이 예견할 수 없거나 예측할 수 없는 사건을 위한 지반을 준비하고 있다. 평등, 자유, 지속가능성, 공통적인 것에 대한 개방적 접근권 등을 포함하여 그것들이 촉진하는 원리들은, 근본적인 사회적 단절이라는 사건 속에서 새로운 사회가 건설될 수 있는 비계飛階[3]를 형성할 수 있다. 무엇보다도 집회들, 집단적 의사결정 방식들, 소수자들의 보호를 위한 기제만이 아니라 그들의 표현과 참여를 위한 기제들처럼, 운동들이 실험하는 정치적 실천들은 미래의 정치적 행동을 위한 안내의 역할을 수행한다. 그렇지만 어떠한 입헌적 원리나 정치적 실천보다도 훨씬 더 중요한 것으로, 운동들은 민주적 관계를 욕망하며 그러한 관계를 맺을 수 있는 새로운 주체성을 창출하고 있다. 운동들은, 새로운 사회를 어떻게 창조할 것인가, 그리고 그 사회에서 어떻게 살 것인가에 관한 매뉴얼을 쓰고 있다.

우리는 앞에서, 반란과 봉기의 힘이 우리로 하여금 우리 시대의 위기 속에서 자본주의 사회에 의해 생산되고 지속적으로 재생산되는 궁핍한 주체성에서 벗어날 수 있게 한다고 주장했다. 조직화된 거부의 운동이 우리로 하여금, 우리가 누구로 [즉 어떤 주체성으로] 되었는지를 인식할 수 있게 하고 또 다르게 되기를 시작할 수 있도록 한다. 그것은, 채무사회의 사회적 불평등성의 부정의함을 밝히면서, 우리로 하여금 우리 자신을 채무의 도덕성으로부터, 그리고 그것이 우리에게 부과하는 노동훈육으로부터 벗어날 수 있도록 돕는다. 그것은 우리로 하여금 우리의 주의를 비디오 화면으로부터 벗어나게 할 수 있고 또 미디어가 우리에게 걸어놓은 주문을 풀어내게 할 수 있다. 그것은 우리가, 보안체제의 질식상태로부터 벗어나도록 도울 수 있고 또 그 체제의 모든 것을 감시하는 눈으로부터 보이지 않게 되도록 도울 수 있다. 그것은 또 우리의 정치적 행동 능력을 불구화시키는 대의구조를 탈신비화할 수 있다.

그렇지만 반란과 봉기는 거부만이 아니라 창조적 과정도 작동시킨다. 우리시대 자본주의 사회의 궁핍화된 주체성들을 전복하고 역전시킴으로써, 반란과 봉기는 사회적 행동과 정치적 행동을 할 수 있는 우리의 능력powers의 실질적 기초들 중의 일부를 발견한다. 더 깊은 의미의 채무debt는, 어떤 채권자도 없는 사회적 유대bond로서 창출된다. 새로운 진리들은 함께 있는 특이성들의 상호작용을 통해 생산된다. 진정한 안전은 더 이상 두려움에 사로잡히지 않은 사람들에 의해 만들어진다. 그리고 대의되기를 거부하는 사람들만이 민주적 정치참여의 힘power을 발견한다. 봉기들과 반란들이 달성한 어떤 새로운 권력power에 의해 특징지어지는 이 네 가지의 각각의 주체적 속성들이 결합하여 **공통인**the commoner을 정의한다.

중세 잉글랜드에서 공통인들[평민들]은, 싸우는 사람들(귀족), 기도하는 사람들(성직자), 그리고 노동하는 사람들(공통인들[평민들])로 구성된 사회질서의 세 개의 신분들 중의 하나였다. 영국과 그 밖의 지역에서의 현대 영어 용법은, 높은 지위나 신분을 갖지 못한 사람을 가리키기 위해, 즉 모든 남자나 모든 여자를 가리키기 위해 공통인[평민]이라는 용어의 의미를 보존했다. 우리가 이 책에서 사용하는 **공통인**commoner이라는 용어는 중세 잉글랜드로 소급되는 생산적 성격을 보존하면서도 그것을 한층 더 전진시킨다. 공통인들은 단지 그들이 노동을 한다는 사실 때문에만 공통한 것이 아니라, 오히려 더 중요하게는, 공통적인 것 위에서 노동하기 때문에 공통하다.4 달리 말해 우리는, 빵 굽는 사람baker, 옷감 짜는 사람weaver, 방아 돌리는 사람miller 등과 같은 다른 직업들을 호칭할 때처럼 **공통인**이라는 용어를 이해할 필요가 있다. 빵 굽는 사람이 빵을 굽고, 옷감 짜는 사람이 옷감을 짜고, 방아 돌리는 사람이 방아를 돌리는 것과 똑같이, 공통인은 "공통한다commons." 즉 공통적인 것을 만드는 것이다.

그러므로 공통인은 비범한 과제 — 사유재산을 모든 사람의 접근과 향유가 가능하도록 개방하기, 국가 당국에 의하여 통제되는 공적 소유를 공통적인 것으로 변형시키기, 그리고 모든 경우마다 민주적 참여를 통해 공통의 부를 관리하고 발전시키고 지속시키는 기제들을 발견하기 등 — 를 완수하는 보통사람ordinary person이다. 그러므로, 공통인의 과제는, 가난한 사람

들이 먹고살 수 있도록 들과 강에 대한 접근권을 제공하는 것만이
아니라 아이디어들, 이미지들, 코드들, 음악, 그리고 정보 등의 자유
로운 교환을 위한 수단을 만들어내는 것이기도 하다. 우리는 이미
이 과제를 완수할 선결조건들 중의 일부를 살펴보았다. 상호간의
사회적 유대를 창출할 능력, 차이를 통해 소통할 수 있는 특이성들
의 능력, 두려움 없는 사람들이 느끼는 진정한 안전, 그리고 민주적
정치 행동의 능력 등이 그것이다. 공통인은 구성적 참여자이며 공
통적인 것의 개방적 공유에 기반을 둔 민주적 사회를 구성하는 데
에 기초적이고 또 필수적인 주체성이다.

"공통하기"의 행동은 공유된 부에 대한 접근과 자주관리만을 지
향해서는 안 되며 정치적 조직화의 형태를 구축하는 것도 지향해야
한다. 공통인은, 학생들, 노동자들, 실업자들, 빈민들, 성별과 인종
적 종속에 대항해 싸우는 사람들 등등을 포함하여, 투쟁하고 있는
매우 다양한 사회 집단들 사이의 연합alliances을 창출할 수단을 발견
해야만 한다. 그러한 목록들을 열거할 때 때때로 사람들은 정치적
절합의 실천으로서의 **동맹**coalition 5의 구축을 생각하곤 한다. 동맹이
란, 다양한 집단들이 자신들의 분명한 동일성을 유지하면서, 심지어
그들의 독립적인 조직구조를 유지하면서 전술적이거나 전략적인
연합alliance을 이루는 것을 의미한다. 공통적인 것의 연합은 이와는
완전히 다르다. 물론 공통하기는 모든 사람들이, 자신들이 모두 근
본에서는 같다는 것을 발견하기 위해, [여러] 동일성들을 부정할 수
있다고 생각하는 것을 의미하지 않는다. 아니, 공통적인 것은 동일
함과 아무런 상관도 없다. 오히려 상이한 사회집단들은, 투쟁 속에

서 특이성들로서 상호작용하며 서로간의 교류를 통해 계몽되고 고무되고 변형된다. 그들은 저주파로 서로에게 말을 하는데, 투쟁 밖에 있는 사람들은 흔히 그것을 들을 수도 이해할 수도 없다.

이것이야말로, 2011년에 시작된 투쟁순환으로부터 우리 모두가 배울 수 있도록 해야 할 하나의 교훈이다. 위스콘신 주의회 의사당에서 시위자들은, 자신들이 타흐리르 광장의 시위자들과 동일하다고 생각하는 착각에 빠져들지 않았다. 이와 마찬가지로 텔 아비브의 로스차일드 대로에 텐트를 쳤던 사람들도 자신들의 성찰을 푸에르타 델 솔의 야영시위대 속에서 이해하지 않았다. 자신들의 특유한 지역적 조건들에 확고히 뿌리를 박고 있으면서도 그들은 서로로부터 실천방식들을 빌려왔고 그것들을 과정 속에서 변형시켰다. 그들은 서로의 구호를 채용하면서도 그것들에 새로운 의미를 부여했다. 그리고 가장 중요한 것으로, 그들은 그들 자신을 공통의 기획의 일부로 인식했다. 공통인의 정치적 과제는 투쟁 속에서 이런 식의 상호교류를 통해, 그리고 특이성들의 변형을 통해 달성된다.

좌파에서 더 전통적인 정치적 사상가들과 조직가들 중의 일부는 2011년의 투쟁순환에 불쾌해 하거나 적어도 조심스러움을 표현한다. "거리는 가득 찼지만 교회가 텅비었다."고 그들은 개탄한다. 교회가 텅비었다는 말은, 비록 이 운동들에 많은 투쟁들이 있지만, 이념이나 정치적 중앙지도력이 거의 없다는 의미이다. 거리투쟁을 지휘할 당과 이념이 있게 될 때까지 이 추론은 계속된다. 이 추론에 따르면 교회가 가득 차게 될 때까지는 어떠한 혁명도 없을 것이다.

그러나 정확히 그 반대가 사실이다. 우리는 좌파의 교회들을 비울 필요가 있다. 나아가서 우리는 그 교회의 문에 빗장을 걸고 그것들을 태워버려야 할 필요가 있다. 이 운동들이 강력한 것은, 지도자가 없음에도 불구하고가 아니라 바로 지도자가 없기 때문이다. 그들은 다중들로서 수평적으로 조직된다.6 그리고 그들이 모든 수준에서의 민주주의를 주장하는 것은 하나의 미덕이라기보다 그들의 권력의 열쇠이다. 게다가, 그들의 구호들과 주장들은, 그것들이 표현하는 입장이 하나의 고정된 이념적 노선 속에 요약될 수도 훈육될 수도 없음에도 불구하고가 아니라 바로 그렇게 요약될 수도 훈육될 수도 없기 때문에 그토록 널리 퍼져나갔다. 거기에는, 무엇을 생각해야 하는지를 사람들에게 말해주는 어떤 당 간부도 없다. 오히려 거기에는, 때때로는 심지어 서로 모순될 수도 있지만, 그럼에도 불구하고, 종종 느리게, 정합적인 관점으로 발전하는, 매우 다양한 견해들에 열려 있는 토론들이 있다.

지도자의 부재나 당적 이념노선의 부재가 아나키anarchy를 의미한다고 생각하지는 말라. 만약 당신이 아나키라는 말로, 혼돈, 광적 소란, 아수라장 등을 의미한다면 말이다. 지도자들과 중앙집중적 구조들이 효과적인 정치적 기획을 조직하는 유일한 길이라고 생각한다면, 그것은 얼마나 비참한, 정치적 상상력의 부족인가! 2011년의 투쟁순환을 활성화시켰고, 이밖에도 최근년에 들어 여타의 수많은 정치적 운동들을 활성화시킨 다중들은 물론 탈조직화되어 있지 않다. 사실상, 조직화의 문제는 논쟁과 실험의 주요한 주제이다. 집회를 어떻게 운영할 것인가, 정치적 불일치를 어떻게 해결할 것인가, 어떻게 민주적으로 정치적 결정을 내릴 것인가 등의 문제들이 그것

이다. 오늘날도 여전히 자유, 평등, 공통적인 것 등의 원리를 열정적
으로 지키고 있는 사람들에게는, 민주적 사회를 구성하는 것이 필
수적인 과제로 주어지고 있는 것이다.

:: 참고문헌

리즐 햄턴, 멜라니 잭슨, 산드로 메사드라, 제데디아 퍼디, 쥐디쓰 흐벨, 기기 로게로, 라울 산체스 세디요, 니코 스컬리아, 캐씨 윅스 등을 포함하여, 이 작은 책을 준비하고 출판하는 것으로 우리를 도와준 친구들에게 감사드린다.

들어가며 : 바통을 이어받기

"내가 당신을 향해, 저주파로, 이야기를 하고 있다는 것을 누가 알겠는가?" : Ralph Ellison, *Invisible Man* (New York : Vintage, 1947), 581 참조. [랠프 엘리슨, 『보이지 않는 인간』, 조영환 옮김, 민음사, 2008.]

1장 위기의 주체적 형상들

빚진 사람들

우리는, 현대 사회에서 빚의 정치적 중요성에 대한 분석을 위해 매우 유용한, 최근에 발행된 네 권의 책을 발견한다.

François Chesnais, *Les dettes illégitimes* (Paris : Raison d'agir, 2011) ; Richard Dienst, *The Bonds of Debt* (New York : Verso, 2011) ; David Graeber, *Debt : The First 5,000 Years* (New York : Melville House, 2011)[데이비드 그레이버, 『부채, 그 첫 5,000년』, 정명진 옮김, 부글북스, 2011.] ; Maurizio Lazzarato, *La fabrique de l'homme endetté* (Paris : Editions Amsterdam, 2011).

"자유, 평등, 소유, 그리고 벤담" : Karl Marx, *Capital*, vol. 1, trans. Ben Fowkes (New York : Vintage, 1977), 280. [칼 마르크스, 『자본론 1』 상 · 하, 김수행 옮김, 비봉출판사, 2005.] 참조.

미디어된 사람들

"문제는 더 이상 사람들이 스스로를 표현하도록 하는 것에 있지 않으며, 그들이 마침내 말할 것을 발견할 수 있는 고독과 침묵의 조그만 틈새[공간]들을 제공하는 것에 있다." : Gilles Deleuze, "Mediators," in *Negotiations*, trans. Martin Joughin (New York : Columbia University Press, 1995), 121~34, 129 참조. [질 들뢰즈, 『대담 1972~1990』, 김종호 옮김, 솔, 1994.]

Étienne de La Boétie, *Discourse on Voluntary Servitude* (New York : Columbia University Press, 1942) [에티엔느 드 라 보에티, 『자발적 복종』, 박설호 옮김, 울력, 2004.] ; Baruch Spinoza, *Theological-Political Treatise*, in *Complete Works*, ed. Michael L. Morgan, trans. Samuel Shirley (Indianapolis : Hackett, 2002) 참조.

"노동자들에 의해 살아 있는 정보가 부단히 생산되지만, 결국 그것은 죽은 정보로 변형되어 기계들과 전체 관료 장치 속에 결정화(結晶化)하고 만다." : Matteo Pasquinelli, "Capitalismo mecchinico e plusvalore di rete," *UniNomade 2.0*, 17 November 2011, http://uninomade.org/capitalismo-macchinico/(특별한 언급이 없으면 번역은 모두 우리가 한 것이다.) 참조 ; 또 Romano Alquati, "Composizione organica del capitale e forza-lavoro alla Olivetti," part 1, *Quaderni rossi*, no. 2 (1962) ; and part 2, *Quaderni rossi*, no. 3 (1963)도 참조.

Karl Marx, *The Eighteenth Brumaire of Louis Bonaparte* (New York : International, 1963), 123~24. [칼 마르크스, 『루이 보나파르트의 브뤼메르 18일』, 최형익 옮김, 비르투출판사, 2012.]

보안된 사람들

"감옥은 그 문에 들어서기도 전에 이미 시작된다." : Michel Foucault, "Le prison partout," in *Dits et écrits*, vol. 2 (Paris : Gallimard, 1994), 193~94 참조.

미국의 감옥 수감자수에 대한 현재의 통계에 대해서는 the Sentencing Project, www.sentencingproject.org 참조.

Michelle Alexander, *The New Jim Crow : Mass Incarceration in the Age of Colorblindness* (New York : New Press, 2010).

점점 늘어나는 감옥 수감자수와 신자유주의적 경제전략의 관계에 대해서는 Loïc Wacquant, *Punishing the Poor* (Durham, NC : Duke University Press, 2009) 참조.

"우리는 늑대의 귀를 잡고 있다." : Thomas Jefferson, letter to John Holmes, 22 April 1820 참조.

대의된 사람들

"대의한다는 것은 현재를 부재로 혹은 아무것도 아님으로 만드는 것을 말한다" : Carl Schmitt, *Verfassungslehre* (Berlin : Duncker und Humblot, 1928), 209 참조.

2장 위기에 맞서는 반란

Hannah Arendt, *The Human Condition* (Chicago : University of Chicago Press, 1958). [한나 아렌트, 『인간의 조건』, 이진우·태정호 옮김, 한길사, 1996.]

"그것이 할 수 있는 것으로부터 분리된 힘" : Gilles Deleuze, *Nietzsche et la philosophie* (Paris : Presses universitaires de France, 1962), 140 참조. [질 들뢰즈, 『니체와 철학』, 이경신 옮김, 민음사, 2001.]

채무 뒤집기

"개인은 자신의 호주머니에 사회와의 유대만이 아니라 사회적 역량을 갖고 다닌다." : Karl Marx, *Grundrisse*, trans. Martin Nicolaus (New York : Vintage, 1973), 157 참조. [칼 맑스, 『정치경제학 비판 요강』 1~3권, 김호균 옮김, 그린비, 2007.]

탈주하라

Angela Y. Davis, *Are Prisons Obsolete?* (New York : Seven Stories Press, 2003).

"자유인은 죽음에 대해서는 조금도 생각하지 않는다." : Baruch Spinoza, *Ethics*, part 4, proposition 67 참조. [베데딕트 데 스피노자, 『에티카』, 강영계 옮김, 서광사, 2007.]

자신을 구성하라

미국 헌법을 회복할 훌륭한 기획에 대해서는 Jack Balkin, *Constitutional*

Redemption : Political Faith in an Unjust World (Cambridge, MA : Harvard University Press, 2011) 참조.

헌법폐기적 권력(poder distituyente)에 대해서는, Colectivo Situaciones, *19 and 20 : Notes for a New Social Protagonism*, trans. Nate Holdren and Sebastián Touza (New York : Minor Compositions, 2011) 참조.

3장 공통적인 것을 구성하기

원리들의 선언

우리는, 미국의 헌법이론 속에서, 독립선언에 포함된 원리들을 미국 헌법의 실제적이고 합법적인 기초로 해석하는 흐름들에 매료되었다. 이러한 사유노선의 강력한 원천들 중의 하나는 에이브럼 링컨이 1861년에 쓴 불가사의한 단상(斷想)이다 : "Fragment on the Constitution and Union," in *The Collected Works of Abraham Lincoln*, vol. 4, ed. Roy Basler (New Brunswick : Rutgers University Press, 1953), 168~69이다.

제헌[구성]적 투쟁들

Peter Linebaugh, *The Magna Carta Manifesto : Liberties and Commons for All*, (Berkeley : University of California Press, 2009). [피터 라인보우, 『마그나카르타 선언』, 정남영 옮김, 갈무리, 2012.]

입헌적 사례들

공부와 자기교육에 대해서는 Marc Bousquet, Stefano Harney, and Fred Moten, "On Study," *Polygraph*, no. 21 (2009) : 159~75 참조.

차이 원리에 대해서는 John Rawls, *A Theory of Justice* (Cambridge, MA : Harvard University Press, 1971), 75~83 참조. [존 롤스, 『정의론』, 황경신 옮김, 이학사, 2003.]

"저절로 돌아가는 기계" : Michael Kammen, *A Machine That Would Go of Itself : The Constitution in American Culture* (New York : Knopf, 1986) 참조. 캠먼은 이 제목을 제임스 러셀 로웰(James Russell Lowell)이 1888년에 쓴 에세이에서 차용한다.

행정부서의 팽창에 대해서는 Bruce Ackerman, *The Decline and Fall of the American Republic* (Cambridge, MA : Harvard University Press, 2010) 참조.

기업의 지배적 역할과 "전도된 전체주의"의 창출에 대해서는 Sheldon S. Wolin, *Democracy Incorporated : Managed Democracy and the Specter of Inverted Totalitarianism* (Princeton, NJ : Princeton University Press, 2008) 참조.

그 다음 : 공통인의 사건

Naomi Klein, *The Shock Doctrine : The Rise of Disaster Capitalism* (New York : Metropolitan Books, 2007). [나오미 클라인, 『쇼크 독트린』, 김소희 옮김, 살림Biz, 2008.]

우리와 유사한 방식으로 '공통인'(commoner)이라는 용어를 사용하는 분석들로는, 잡지 the *Commoner* (www.commoner.org.uk)를, 그리고 그 밖에 맛시모 데안젤리스, 조지 카펜치스, 실비아 페데리치 등 그 잡지와 연대하는 저자들의 작품을 참조하라.

『선언』의 형성과정(2011.1~12)

튀니지 친구에게 보내는 편지

아랍인들은 민주주의의 새로운 개척자들이다

튀니지 친구에게 보내는 두 번째 편지

월스트리트 점거의 핵심에 놓여 있는 '실질[진짜] 민주주의'를 위한 싸움

실질[진짜] 민주주의 : 마이클 하트와의 인터뷰

2012년에 기대하는 것

튀니지 친구에게 보내는 편지[1]

안또니오 네그리

사랑하는 A 군.

자네가 파리 8대학에서 내 학생이었던 20년 전에 우리가, 튀니지 혁명이 이런 성격을 띠리라고, 그리고 중앙 유럽에서 일어난 사회적·정치적 봉기uprising가 제기한 것과 유사한, 입헌적 문제들을 제기하리라고 상상할 수 없었던 것은 사실이네. 당시에 우리는 함께, 남부 튀니지의 인산탄광에서 노동계급의 축출, 거대한 국내외 이주 물결의 초기 징후, 그리고 유럽 섬유산업의 이전移轉이 자네 나라에 불러일으킨 느린 변형과정을 공부했었지. 자네는 나에게, 섬유업이나 관광산업 혹은 (최근에 들어서야 확장되기 시작한) 가스 및 석유 산업 등을 넘는 자네 나라의 생산적 잠재력을 보여주려고 노력했었지. 모든 일이 매우 빨리 진행되었네. 20년 전에 우리는 지구화라는 주제를 더듬거리기 시작하고 있었을 뿐이네. 그러나 오늘날 튀니지는 유럽의 한 지방이 될 정도가 되었고, 그와 더불어 세계의 한 지방이 될 정도에 이르렀네. 20년 전에 우리는 산업노동의 비물질노동/인지노동으로의 변형[2]을 겨우 이해할 수 있었을 뿐이었는데, 오늘날 튀니지는 이 최근의 노동력 형상을 매우 풍부하게 알고 있네. 그리고 20년이 지난 지금 우리는, 신자유주의가 시장의 형태변화와 노동력의 성격변화 위에 (그리고 그것들을 가로질러) 부과한 끔찍한 변형들을 발견하네. 고전적 임금체계의 종말과 더불어 대량 실업이, 그리고 견딜 수 없는 불안정화가 찾아왔네. 청년인구의 35%가 인지적 노동력에 속하는데, 그 중 10%만 고용되어 있네. 게다가 튀니지는 복지의 중요한 과실들에 대한 파괴, 극심한 지역 간 불평등, (성공한 것이든 중단된 것이든) 이주 과정의 재앙적 결과, 외부투자의 동결 등등이 계속해서 축적되고 있네. 그리하여 지난 20년은 우리에게 마피아적 독재, 통제할 수 없는 부패 그리고 기만적이고 잔인한 억압 체제 등을 확인해 줄 뿐이네. 그것이 기만적인 이유는, 이 체제가 서양의 공포와 이슬람주의의 협박에 의존하면서 그것을 통해 자신을 정당화하기 때문이며, 그것이 잔인한 이유는, 이 체제가, 부패한 독재에 의해 노동자들과 정직한 사람들을 착취하고 억압하는 순수하고 단순한 계급지배 체제일 뿐이기 때문이네.

자네는 내게, 사람들이 착취를 인식하게 되고 자유의 욕망이 반란으로 되어 승리한 지금, 무엇을 해야 하는지 물었네. 봉기는 새로운 힘을 창출했네. 그러나 낡은 적들에 대항해서 그리고 (어떤 순간에 분명히 출현할) 새로운 적들에 대항해서 이 힘을 어떻게 작동시킬 것인가? '교수 님, 우리가, 코르시카 섬이나 폴란드, 혹은 심지어는 캐롤라이나를 위한 최상의 헌법이 무엇인가를 놓고 서로 경쟁했던 계몽주의자들을 비웃던 때를 기억하시는지요?' 라고 자네는 내게 편지를 썼네. 그런데 우리[유럽 지식인들]는 튀니지의 새로운 헌법의 내용에 관해 (이번에는 웃지 않고 진지하게) 왜 논하고 있지 않을까? 공모共謀에 대한 고독한 성찰에서 영향을 받고, 어쨌건 이탈리아에서보다는 분명 더 많이 유통되는 전 지구적 정치문화에서 영향을 받으며, 봉기의 고뇌와 승리의 기쁨에서 큰 영향을 받아서, 그 문제를 잘 논할 수 있는 사람이 여기[유럽]에 없어서가 아니라네. 그것은, 오늘날, 튀니지에 대해서, 구축해야 할 새로운 권리들에 대해서, 정의해야 할 보장들에 대해서 말하는 것은 곧 유럽에 대해서 말하는 것이기도 하기 때문이지. 사람들은, 이번에는 유럽 지역들 중 일부가 그 지역을 실제적으로 지배하는 독재자들로부터 자신을 해방시켜야 할지 모른다는 것을 전혀 알지 못하네.

사랑하는 A 군, 자네가 더 이상 필요 없다고 판단하는 것이 나에게는 아직 소중한 습관으로 남아 있다는 이 아이러니를 자네는 내게 납득시키지 못했네. 나는, 봉기의 주역들이 행하고 제안하는 것에 의해 우리들이 대신될 수 없다고 확신하네. 그럼에도 불구하고 자네가 제시한 문제가 이제는 일반적이라는 것, 즉 새로운 자유의 헌법[구성]은 튀니지만의 문제가 아니라 모든 자유로운 사람들의 문제라는 것은 사실이네. 따라서 나는 누구나가 참여할 수 있는 토론, 즉 포럼을 시작하기 위한 몇 가지 생각들을 정식화해 보도록 하겠네. 우선 나는, 진정한 민주주의일 수 있기 위해, 즉 우리가 20년 동안 희망해 왔던 바와 같은 "절대적" 민주주의3일 수 있기 위해, 오늘날 다른 것들보다 더욱 중요한 것으로 보이는 몇 가지 논점을 강조하는 것에서 시작하고 싶네.

1) 우리는, 입법, 사법, 행정이라는 기존의 낡은 권력 부서들을 정화해야 하며 강화된 입법 권력의 항구적 통제 하에서 그것들을 엄밀하게 되살려내야 하네. 그리고 우리는 여기에 적어도 두 개의 다른 민주적 통치기관들을 추가해야 하네. 하나는 '미디어 부문'에서 작동하는 것이고 다른 하나는 '은행' 및 '금융' 부문에서 작동하는 것이네.

첫째로 정보나 소통을, 그리고 진리 및 자유와 관련된 여론의 구축을 다중의 여과에 맡길 가능성을 갖지 않은 민주적 체제를 상상하는 것은 더 이상 가능하지 않네. 봉기 동안에 인터넷에서의 발의[주도]가 갖게 된 커다란 중요성은 앞으로도 늘 실행될 수 있는 가능성으로서 보존되어야 하네. 이러한 실천들은 예외상태로부터 벗어나야 하고 항구적인 민주적 통제의 실행으로 되어야 하네. 하지만 이것만으로 충분치 않네. 구 미디어들도, 행정부와 정치적 이해관계가 그들에게 부과할 수 있었던 봉쇄에 직면했을 때, 그들의 활동을 자유롭게 해 줄, 사회적 통제에 종속되어야 하네. 그런데 이 민주적 형상을 공고히 할 길이 하나밖에 없네. 그것은, **표현의 권리가 화폐의 권력으로부터 해방되는 길**이네. 정보의 다원성이 정보를 자본화하는 수단을 표시해서는 안 되며, 토론을 활성화하고 견해들과 결정들의 대립을 활성활 수 있도록 인민주권에 의해 보장되어야 하네. 표현의 권리는 개인들에게만 보장되어서는 안 되고 집단적 행사를 위해서도 준비되어 있어야 하네. 이 권리를 악용하려는 자본가들의 일체의 의도를, 그리고 그 권리를 종속시키려는 모든 시도를 몰아내면서 말이네. 표현의 권리는 공통적인 것의 합법화를 향해 열린 제헌[구성] 권력으로서 긍정되어야 하네.

2) 은행들과 금융은, 자본주의의 발전 과정에서, 산업 엘리트들과 정치 엘리트들에 의하여 별도로 통제되는 권력이 되었네. 신자유주의에서는 심지어 이러한 통제조차 끝나게 되었네. 금융은 전 지구적 수준에서 자신이 개입할 정당성을 구축하면서 완전히 독립적으로 되었네. (자네가 말했듯이) 튀니지에서는 민주주의로 이행하는 과정에서, 시민생활에 대한 자본의 통제형식들의 진전도 전개되고 있네. 금융자본은 이미 더 공격적인 방식으로 나타나고 있네. 소통과 관련해서는, 검열이 뚜렷이 사라지고 있는 반면에, 새로운 형태의 통제가 나타나고 있네.

그러므로 문제는 이런 과정을 중지시키고, **금융기금의 할당과 투자정책의 수립이 공동으로 결정되도록**, 은행들을 공적인 서비스로 변형시키는 것이네. 금융기구들은 다중에게 복무하게 되어야 하네. 이것이 입법활동 및 행정활동과 조율된, 금융 프로그래밍의 민주적 권력의 구축을, 따라서 중앙은행의 거짓되고 위선적인 독립성(그 속에서 중앙은행은 전 지구적 자본의 도구가 되네)에서 벗어난 화폐권력의 구축을 함축한다는 것은 분명하네. 이것은 뚫고 지나가기 어려운 길이네. 그 도정에서 우리는 일국의 은행가들과 대립할 뿐만 아니라 자본의 전 지구적 이해관계와도 대립하는 우리 자신을 발견하네.

그러나 이것은 커다란 결단을 갖고, 조심스럽게 그러나 결연하게 걸어야 하는 길이네. 이런 식으로 우리들이 신자유주의와 금융자본에 맞서는 전 지구적 봉기의 첫 초석을 놓고 있으니, 언젠가는 그 봉기가 지금보다 더 무르익지 않겠는가?

이 속에서 『뉴욕타임즈』는 즉시 알아채네. 튀니지에서 일어난 것과 같은 "하나의 작은 혁명"이 마그레브[4]만이 아니라 아랍 세계 전체에 불을 붙일 수 있다는 것을. 그러므로 우리가 이것을 성찰할 때, 튀니지 사람들이 마침내 선출하게 될 사람들과 같은, 민주적이지만 허약한 지도자보다 독재자가 더 쉽게 (민중에게, 그러나 무엇보다도 은행과 다국적기업에게) 양보를 할 수 있다는 것을 고려해야 하네. 미국의 예상은 바로 여기에 있네. 요컨대 우리의 가설은 다음과 같은 것, 즉 오늘날 다른 무엇보다도, 그것으로부터 공통권의 형상들이 뒤이어 점진적으로 창출되어 나올, 은행의 국유화, 지대의 재전유 등을 실현하지 않는 민주적 혁명은 상상할 수 없다는 것이네. 다중의 활력이 구성될 수 있는 것은 바로 이런 방식을 통해서 뿐이네. 민주적으로 운영되는 금융기관에 할당되는 과제는 보장소득, 완성교육[5]의 가능성, 각 시민들에게 적합한 의료지원의 가능성을 확보하면서, 불안정성에 맞서, 튀니지 인구의 복지를 보장하는 것이네.

오늘날 공통적인 것에 의존하지 않는 자유는 없네. 튀니지에서 독재자가, 사유화할 수 있는 것이라면 모조리 사유화한 것이 우연은 아니네. 그러므로 그것들은 재전유되어야 하네. 사랑하는 A 군, 이제부터 자네 세대와 자네 자식들의 세대의 미래는 오직 공통적인 것과 그것의 공동관리에 달려 있다네. 물론 자네들이 물려받은 재난이 단번에 사라지지는 않을 것이네. 반란의 구름이 흩어지자마자 집중해서 결정해야 할 우선적인 것들이 있을 것일세. 하지만 제헌[구성] 정부라는 장치는 오직 공통적인 것과 관련될 수 있을 뿐이네. 공통적인 것의 기획을 이슬람주의자들에게 맡겨 두지 말게. (이것이 바로 자네의 관심사이지 않은가!) 아마도 그들은 지금부터 자신들의 활동을 공통적인 것에 대한 거짓 선전 하에서 전개시켜 나갈 것이네.

3) 셋째 논점은 정부 형태와 관련되네. 자네가 말했듯이, 튀니지의 항쟁은, 사회적인 항쟁이었네. 즉 그것은, 모든 사람들이 노동하는 사회로부터 태어난 것이네. 벤 알리는 무엇보다도 사회적 항쟁이 정치적으로 표현될 수 없도록 해야 한다는 것을 잘 알고 있었네. 그리고 모든 정치가들은, 청년실업이, 폭발할 준비가 되어 있는 시한폭탄임을 알고 있었네. 무엇 때문이었을까?

인지노동력인 청년들은 오늘날 탈산업시대의 실질적인 노동계급이네. 청년들이 인지노동력이기 때문에, 이들은 무력하지 않네. 오히려 이들은, 인구 중에서 가장 빈곤하고 가장 나이 든 층을 가로막은, 좌절감을 극복할 수단들을 가지고 있네. 무력함의 문화는 튀니지의 거리들에서 단호하게 극복되었네.

그러나 이 청년층은, 혁명적 과정이, 그 과정 속에서 봉기를 제헌[구성] 정부로 변형시키면서, 열려 있도록 감시해야 하네. 그들은 (사회주의자들이든, 민주주의자들이든, 혹은 이슬람주의자들이든 간에) 기존의 엘리트들의 손에 나라의 헌법의 변형과정을 맡겨서는 안 되네. 다른 한편, 튀니지 사람들은 오늘날, 새로운 헌법을 필요로 한다기보다 오히려 제헌[구성] 과정을 나라 전체로, 즉 군대, 관공서, 대학들을 포함하는 나라 전체로 확대하는 것을 필요로 하네. 나라를 다시 가동시키는 데 필요한 입법권력과 거버넌스가 젊은이들과 혁명적 집단들에 의하여 즉시 행사되어야 하며, 그렇게 하는 것이 가능하고 또 그렇게 하는 것이 긴급한 모든 곳에서 조직되어야 하네. 그러나 이 모든 것은 정치적 대의형식들이 안정적으로 고정되는 것을 최대한 오랫동안 피해야만 실행할 수 있네. (우리가 조금 전에 말한 바 있는, 계몽주의 시대의 민주적 헌법 기획에서도, 이 시간은 10년 이하일 수는 없었네.) 전 지구적 권력의, 그 은행들의, 그 중앙기관들의 유연성은 실로 거대하네. 이 양반들은, 균형이 자신에게 유리한 쪽으로 기울게 하기 위해서라면 사회주의자든 이슬람주의자든 그 누구든 찾아내는 데 (그리고 돈을 지불하는 데) 아무런 어려움도 느끼지 않는다네! [물론] 반란도 능력이 있음을 보여주었네. 그리고 이제 그것은 전 지구적 권력과 그 권력의 지중해적 발현들(이들은 튀니지의 봉기와 그것의 마그레브로의 확대가 가져올 수 있는 극단적 위험에 대항하기 위해 이미 관심을 집중하고 있는 중이네)에 맞서는 운동 속에서도 마찬가지의 능력을 보여주어야 하네.

기억하세나(이것이 바로 A 군의 관심사가 아닌가?). 만약 우리가 제헌[구성]행동위원회를 구축하지 못한다면, 정치를 회교사원 속으로 들어가도록 만들 것은, 극단적이거나 온건한 이슬람주의자들일 것이라는 사실을 말일세. 민주적이고 제헌[구성]적인 정치가 많아지면 많아질수록 정치는 더욱더 세속적으로 될 걸세 …… .

잘 지내게. 계속해서 정보를 교환하세. 우리는 얼마 전부터 사방에서 신선한 공기를 호흡할 수 있네. 이제 알제리를 기다리며.[6]

또니[7] 네그리

* 덧붙여

서양의 경제신문을 펴보면, 우파 인사들이 앞 다퉈 평가기관들을 인용해서 튀니지의 신용등급이 하락한 것에 대하여 말하네. 무디스는 이미 튀니지의 신용등급을 낮추었고 신용전망을 '안정적'에서 '부정적'으로 바꾸었네. 같은 주제에 관해, 좌파쪽에서는 이러한 결정을 개탄하네. 왜냐하면 그들은 우파와 달리, 봉기도 …… 생산적이라는 사실을 강조하기 때문이네. 공물약취를 통해 마피아가 튀니지의 산업을 갉아먹는 일이 없게 되면 성장의 재개가 가능하게 되리라는 것이지. 그러나 어떤 성장 말인가? 빈곤의 성장, 불안정성의 성장?

정치언론에 대해서 말하자면, 우파쪽 사람들은 위협을 증가시키고 있네. '튀니지 시민들이여 조심하시오, 당신들이 행동을 확대한다면, 군대가 진압할 준비가 이미 되어 있기 때문이오. 이 군대는 당신들이 벤 알리로부터 해방되도록 도운 바로 그 군대이오.' 우파의 논평가들은 이런 식으로 계속 떠드는데, 이런 식으로 괜한 공포를 조장하지 말아야 할 것이네. 그리고 좌파 쪽에서는, 잠깐 동안의 기쁨이 지난 후 지금은 무엇을 요구하고 있는가? '이제 벤 알리가 떠났으니, 나라가 국가장치를 재건하고 민주주의를 향한 평화로운 이행을 수행할 줄 알아야 하지 않겠는가?' 좌파가 요구하는 것은 겨우 이것뿐이지 않은가?

실제로 우파쪽이나 좌파쪽이나, 놀라움이 컸던 만큼이나 우려도 크다네. 튀니지의 민주주의로의 이행이 이슬람 세계 전체에 하나의 본보기, 하나의 실험실이 될 것인가? 그러나 이것이 사람들이 원하는 것의 전부라면, 이는 별로 새로운 것이 아닐 것일세. 심지어 낡은 것이라고까지 할 수 있을 것이네. 이는 그저 새로운 식민주의일 뿐이네.

사랑하는 A 군, 새로운 헌법을, 새로운 제헌[구성] 과정을, 시민들의 민주적 활력을 위한 새로운 도구들을 사유하기를 두려워하지 말게. 마그레브에서, 알제리에서, 튀니지에서 그리고 또 이집트에서 "아래로부터" 구축되는 민주주의의 심오하고 중대한 발전의 순간들이 있어 왔네. 미국 및 유럽 논평자들의 억압적이고 편협한 관점을 논박해 버리세.

* 또 덧붙여
자네에게 이 편지를 보내기 전에 그것을 다시 읽어보네. 지금이 1월 28일인데 이집트가 불타고 있네.

2011년 1월 24일

아랍인들은 민주주의의 새로운 개척자들이다[1]

안또니오 네그리·마이클 하트

북아프리카와 중동을 가로지르면서 확산되고 있는 봉기들을 관찰하는 사람들이 직면하는 하나의 문제가 있다. 그것은, 그 봉기들을 과거의 봉기들의 반복으로서 읽어내기보다, 그 지역의 문제를 훨씬 넘어서는 상관성을 갖는, 자유와 민주주의의 새로운 정치적 가능성을 열어내는 독창적 실험으로서 읽어내는 것이다. 실제로 우리가 바라는 것은, 이 투쟁순환을 통해서 아랍 세계가, (아르헨티나에서 베네수엘라까지, 그리고 브라질에서 볼리비아까지의) 라틴 아메리카가 지난 십 년 간에 강력한 사회운동들과 진보적 정부들 사이의 정치적 실험실로 기능했던 것처럼, 다음 십 년 동안에 그러한 역할을 다하는 것이다.

이 반란들은 아랍의 정치를 과거에 묶어 두었던, 문명충돌이라는 인종주의적 관념을 쓸어버리면서, 일종의 이데올로기적 집안청소를 직접 수행했다. 튀니스, 카이로, 그리고 벵가지[2]의 다중들은, 아랍이 세속독재와 광적인 신정정치 사이의 선택에 묶여 있다는, 혹은 무슬림들은 어떤 방법으로도 자유와 민주주의를 실행할 수 없다는 식의 정치적인 고정관념을 깨뜨린다. 이 투쟁들을 "혁명들"이라고 부르는 것조차, 사건들의 진전이 1789년[프랑스 혁명]이나 1917년[러시아 혁명]의 논리, 혹은 왕들과 짜르들에 대항하는 과거의 몇몇 유럽반란들의 논리에 따라야만 한다고 생각하는 논평자들로 하여금 길을 잘못 들게 만드는 것처럼 보인다.

이 아랍 반란들은 실업이라고 하는 이슈를 중심으로 타올랐다. 그리고 그 반란들의 핵심에는 고등교육을 받았으나 그 야망이 좌절된 청년들이 있었다. 이 사람들은 런던과 로마에서 시위를 하는 학생들과 많은 공통점을 갖고 있다. 아랍세계 전역에 걸쳐 일차적 요구는 비록 압제와 권위주의 정부를 끝장내자는 것에 모아졌지만, 이 단일한 절규의 뒤에는, 종속과 빈곤을 끝내라는, 그뿐만 아니라, 지성적이고 매우 유능한 사람들에게 권력과 자율성을 부여하라는, 노동과 삶에 관한 일련의 사회적 요구들이 놓여 있다. 벤 알리와 호스니 무바라크 혹은 무암마르 가다피가 권력을 떠나는 것은 단지 첫걸음일 뿐이다.

반란들의 조직화 방식은, 시애틀에서 부에노스아이레스, 제노바, 코차밤바, 볼리비아에 이르기까지 우리가 세계의 다른 부분들에서 십 년 이상 동안 보아왔던 것과 유사하다. 단일한 중심적 지도자를 갖지 않는 수평적 네트워크 말이다. 전통적 저항단체들이 이 네트워크에 참여할 수는 있지만 그것을 지도할 수는 없다. 외부의 관찰자들은 처음부터 이집트반란의 지도자들을 지목하려고 애써왔다. 어쩌면 모하메드 엘바라데이가 지도자일 것이다, 어쩌면 구글의 마케팅 책임자 와일 그호님이 지도자일 것이다라는 식으로 말이다. 그들은, 〈무슬림형제단〉이나 몇몇 다른 단체들이 사건들을 통제할까봐 두려워한다. 그들이 이해하지 못하는 것은, 다중이 어떠한 중심도 없이 그 자신을 조직할 수 있다는 사실이다. 즉 지도자를 도입하거나 혹은 전통적 조직에 의해 흡수되는 것이 그것의 권력을 침식하곤 한다는 것을, 그들은 이해하지 못한다. 그 봉기들에서 페이스북이나 유튜브나 트위터 같은 사회적 네트워크 도구들의 우세는 이러한 조직구조의 징후이지 원인이 아니다. 이것들은, 스스로를 자율적으로 조직하기 위해 가까이 있는 도구들을 사용할 수 있는 지성적인 사람들의 표현양식들이다.

이 조직화된 네트워크 운동들은 중앙집중적 지도를 거부한다. 그럼에도 불구하고 이 운동들은 자신의 요구들을, 반란의 가장 적극적인 부분들을 대다수 사람들의 필요에 연결시키는, 새로운 제헌[구성] 과정으로 모아내야 한다. 아랍청년들의 봉기는, 분명히 권력분립과 주기적인 선거체계만을 보장할 뿐인, 전통적 자유주의 헌법을 목표로 삼고 있지 않다. 오히려 그것은 다중의 새로운 필요들과 새로운 표현형식들에 적합한 민주주의의 형식을 목표로 삼는다. 이것은 우선, 표현의 자유에 대한 헌법적인 승인을 포함해야만 한다.

정부와 경제 엘리트들의 부패에 끊임없이 복종하는 (지배적 미디어에 전형적인) 형태 속에서가 아니라, 네트워크 관계의 공통경험에 의해 대표되는 형식 속에서 말이다.

그리고 이 봉기들이, 특히 청년들 사이에서, 광범위하게 퍼진 실업과 빈곤에 의해서 점화되었을 뿐만 아니라 생산능력과 표현능력의 일반화된 좌절감에 의해 점화되었다는 점을 고려해 보면, 이에 대한 근본적인 헌법적 대응은 천연자원과 사회적 생산을 관리할 공통도면common plan을 발명하는 것이어야 할 것이다. 이것은, 신자유주의가 통과할 수 없는 문지방이며 자본주의가 의문에 붙여지는 문지방이다. 그리고 이슬람 율법은 이러한 필요들을 충족시키기에는 완전히 부적합하다. 여기에서 봉기는 북아프리카와 중동의 균형을 건드릴 뿐만 아니라 경제적 거버넌스의 전 지구적 체제를 건드린다.

아랍세계에서 확산되고 있는 이 투쟁의 순환이, 라틴 아메리카처럼 되리라는, 정치운동을 고무하리라는 그리고 그 지역차원을 넘어서 자유와 민주주의에 대한 열망을 고조시키리라는 우리의 희망은 이로부터 나온다. 물론 각각의 항쟁revolt이 실패할 수도 있다. 압제자들이 유혈적인 억압을 자행할지 모른다. 군사정권이 권좌에 계속 남아 있으려고 발버둥칠지 모른다. 전통적 반대 그룹들이 운동을 공중납치하려고 시도할지도 모른다. 그리고 종교적 위계제도들이 통제권을 놓지 않으려고 애쓸지 모른다. 그러나 결코 죽지 않을 것은, 이미 속박에서 풀려난, 정치적 요구들과 욕망들이며, 다른 삶을 향한 지성적 청년세대들의 표현들이다. 그 속에서만 그 세대들은 자신들의 능력이 사용될 수 있도록 할 수 있다.

그 요구들과 욕망들이 살아 있는 한 투쟁들의 순환은 계속될 것이다. 문제는, 자유와 민주주의의 이 새로운 실험이 다음 십 년 간에 걸쳐서 이 세계에 무엇을 가르칠 것인가 하는 것이다.

2011년 2월 24일

튀니지 친구에게 보내는
두 번째 편지[1]

안또니오 네그리

사랑하는 A 군에게

'의지의 동맹'이 '인권'의 이름으로[2] 리비아를 폭격하기 시작한 후에 우리는 느꼈네. 그것이 수치스러운, 은폐된 살육이라는 것을. 자네가 정확하게 지적하였네. **반혁명이 시작된 것이네.** 리비아는 아랍 혁명의 모호하고도 약한 지점일세. 가다피의 터무니없는 행동에 책임을 물어, 일반적 복구를 이유로, 가장 먼저 공격할 수 있는 곳이 리비아였네. 독재자를 무너뜨리기 위해서라면 어떤 수단이든 좋다는 데에 모든 사람이 동의하고 있었지 …… . 자네도 동의하다시피, 가다피는 확실히 독재자네. 그러나, 다른 사람들, 즉 사르코지, 카메론, 베를루스코니3, 그리고 (끝으로 최상의 예로) 오바마 등은 독재자는 아니지만, 단 하나의 의지가 그들을 움직인다네. 그것은 아랍 혁명을 통제하는 것, 즉 그 혁명을 훈육하고/거나 중립화하는 것이지. 리비아에 대한 군사개입에는 법적인 전례가 있네. 그것은 키레나이카4 반란의 지원과 '인도적 개입'으로, 즉 제국주의적·신식민지주의적 행동이 아니라 인권을 존중한 우호적·민주주의적 행동으로 보이는 장치의 선봉이었다네. 때때로 우리는 이러한 장치를 제국적 imperiale이라고 불렀네. 괴물을 공격하는 것으로, 모두에게 통제의 새로운 규칙을 구축하려는 것이지. 그러한 규칙, 즉 혁명을 통제하고/거나 억압하는 거버넌스는 각 나라마다 다르네. 그리고 자네가 주장하듯이, 이 혁명은 통제할 수 없네. 다중이 봉기할 때, 자신들이 미래에 무엇을 할 것인가를 결정하는 것은 다중 자신일세. 그리고 자신 속에 독재자의 씨나 잔재가 있다면, 그것을 제거하는 것도 다중 자신이네. 민주주의라고 불리는 것은 바로 이것에 다름 아니라고 우리는 믿네.

자네의 생각에 전적으로 동의하네. 사랑하는 내 친구, 자네가 알다시피, 리비아에서 이 사건이 일어났던 것과 같은 날에, 이탈리아에서는 리소르지멘토5 150주년 기념식이 거행되고 있었네. 자네가 있던 곳의 사건과 리소르지멘토 사이에는 많은 유사성이 있네. 모호한 동일성이 아주 많이 있다네. 중심 권력들이 그대들에게 리소르지멘토와 유사한 어떤 것을 주려고 한다는 사실은 실제로 전혀 이상하지 않네. 19세기 유럽의 혁명들처럼 잘 훈련된 '살쾡이' 혁명 말이네. 그 때에 자본주의적 발전과 축적을 관리하기 위해, 당시에 '사회주의 공화국'이라고 불리던 것을 패퇴시키기 위해, 귀족계급과 산업 마피아가 움직였었네. 그와 동일한 모델을 오바마가 조금 흉측하게 반복했네. 그러니까 그[리소르지멘토] 당시에 이탈리아에서 교황 피우스 9세Pius IX 6가 행했던 것과 유사하게, 오바마는 (일 년 전에) 아랍 봉기의 돌을 던졌네. 그것은 새로운 지구정치(학)에 적합한 것으로, "우리 모두는 베를린 시민이다."라는 돌이었네. 그런데 이후 갑자기 그는, 봉기의 돌을 던졌던 그 손을 곧바로 감춰버렸다네. 그리고 이제는 이전의 식민권력들과 함께 통제의 거버넌스를 다듬어 나가고 있지.

하지만 우리들은 더 이상 19세기에 사는 것이 아니라 21세기에 살고 있네. 명령을 내리는 것은 이제, 귀족계급과 현지 기업가들이 아니네. 이미 자네 나라의 독재자와 단단하게 결부되어 있는 금융가들과 전 지구적 자본이 명령을 내리네. 발전은 이제, 비참한 가운데에서 분리되어 있고 매우 우스꽝스럽게 종속되어 있는 민중과 민족의 고통스런 노동을 기반으로 한 야만적 축적일 뿐만 아니라, 다중을 사회적 협력 속에서 노동하게끔 하는 것의 산물이기도 하네. 해방되어야 하는 것은 이 사회적 협력과 이 공통적인 것이네. 우리의 이 아랍 혁명은 ― 자네가 말했듯이 ― 정치적 혁명일 뿐만 아니라, 무엇보다도 사회적 혁명이네. 우리들은 독재자를 더 이상 원하지 않을 뿐만 아니라 주인들도 원하지 않는다네. 아랍의 젊은이들인 이 다중의 큰 희망은, 주인을 바꾸는 것이 아니라 부패로부터 벗어나는 것이네.

그러므로 서방 권력들의 군사개입은 이 희망을 저지하고, 모든 사람들에게 불안을 조성하고, 새로운 주인들과 그 공모자들을 선택하고, 우리 운동의 민주적이고 공통적인 힘을 유린하는 것이네. 그리고 지금 잘못된 길을 가게 되면, 그것들은 근대적이고 세족적인 '제국들'이 되어 낡은 식민주의적 주인을 다시 불러들일 것이며, 그와 더불어 극단주의자들, 종교적 광신자들, 그리고 독재자들을 다시 불러들일 것이네. 리비아에 대한 개입과 더불어 거대한 작전이 시작되었네.

하지만 A 군! 내가 보기에는, 이 방해의 시도와 제국적 반작용은 이미 흔들리고 있는 것 같네. 왜냐하면 이 해결불가능한 위기의 시대에, 즉 대서양판만이 아니라 전 지구적 권력이 뒤흔들리는 지진의 시대에, 다국적기업의 주인들과 지배권력은 더 이상 기획을 가지고 있지 않으며, 확실한 방향을 갖고 있지도 않기 때문이네. 그들의 아랍 전투는 아랍 혁명에 대한 통제를 조직할 통일적 전망을 내놓지 못하고 있네. 터키와 독일은 나토NATO를 길 잃게 만들었고, 이스라엘은 오바마의 결정적 노선 변경을 강제했고, (대서양에서 페르시아만까지의) 군주국가는 군주국가로서 행동함으로써 프랑스 공화국에게 즉각적인 억압조치를 취하게 했고, 알제리군은 스탈린도 부러워할 방식으로 폭력을 계속해서 휘두르고 있네. 그럼에도 불구하고 아랍 혁명은 계속되고 있네. 그 혁명은, 모로코와 알제리에서는 재를 불어 날리고, 튀니지에서는 가쁜 숨을 쉬고, (운동을 분쇄하기 위해 군대와 〈무슬림형제단〉7이 손을 잡은) 이집트에서는 이미 번민하며, 요르단과 시리아에서는 투쟁하고, 바레인과 예멘에서는 학살당하고, 페르시아만의 나라들 사이에서는 웹을 돌아다니고 있네. …… 한편 전 지구적 다자주의의 새로운 전망 속에는, 아직 아랍 혁명의 자리가 주어져 있지 않네. "미국의 쇠락"에 의해 결정된 전지구의 지정학적 재편 속에서, 최근에 나타난 것이 라틴아메리카네.8 그런데 군주의 고정수입을 프롤레타리아의 투쟁과 임금요구가 대체할 때에, 즉 다중의 자유로운 재생산이라는 '독립변수'가 [작용하고] 있을 때에, 아랍의 석유공급자들이 거기에 어떻게 서 있을까나?

　자네는 내게, 이 혁명이 유럽을 다시 일깨워야 한다고 말했네. 나는 그렇게 하는 것이 가능하지 않다고 생각하네.9 자네는, 물질적인 것이든 비물질적인 것이든 새로운 노동력이 남지중해와 북지중해의 대지에서 증식하고 운동하므로, 그 공간[남지중해와 북지중해의 대지]은 아랍의 젊은이들에게도 유럽의 젊은이들에게도 공통된다고 덧붙였네. 그리고 자네는, 이 운동이 아랍 혁명의 일부이기 때문에, 독재자에 대한, 그리고 그들의 '제국'에 대한 투쟁의 일부인 한에서는 그것이 계속될 것이라고 덧붙였네. 자네가 튀니지와 시칠리아 사이에 건설된 메시나 해협대교10에 대한 이야기를 매우 높이 평가할 때, 그리고 자네가 쌍방향으로의 왕래가 가능하게 되고, 남에서 북으로, 북에서 남으로 모든 내셔널리즘과 모든 주인들에 대한 건강한 증오를 서로 전달할 수 있기를 바랄 때, 나도 자네의 바람과 동감이네. 내가, 우리들이 있는 곳에서 평화주의자들이 (코소보와 이라크 전쟁에 반대하는 투쟁에 비교하면 아주 작은 소수의 운동이었네만) 움직이기 시작했다고 자네에게 말했을 때, 내 사랑하는 친구, 자네는 미소로 — 내가 자네 앞에서 웃었다고는 말하지 말게 — 답했었지. 도덕적 증언으로는 사태를 바꾸는 것이 불가능하기 때문에, 이번에는 평화주의자들이 실제로 아무런 도움도 되지 않을 것이라고 말하면서 말이네. 그 대신에 필요한 것은 노동시장을 확대하고 노동력 재생산의 새롭고 공평한 규칙을 고안하는 것이며, 이제 석유 대신에 일자리를 지불해야 한다고도 자네는 말했지. 따라서 평화주의가 있을 수 있다면, 그것은 아랍 혁명의 정치적 지원자로서, 아랍사회 혁명에 물질적으로 기여하는 것을 통해서 등장할 수밖에 없다고 말이네. 이 게임에서 내기에 걸려 있는 것은, 지중해를 횡단하는 노동 조직화와 분업, 에너지, 막대한 자금, 그리고 아마도 세계 권력의 큰 부분일 것이네. 그렇지 않고 — 만약 그대들이 그런 문제들을 회피한다면 — 리비아 전쟁은 장기화되어 광적으로 될 것이며, 아랍의 다른 국민들을 끌어들여, 최종적으로는 오직 폐허만이 남게 될 것이네. 리비아와 "의지의 동맹" 사이에, 확실히 어떤 "제국적" 승자도 없게 될 것이란 말이네.

이 후기일방주의적 경련 속에서, 미국과 유럽의 제국적 정책들이 쇠퇴하는 가운데에서, 그리고 NATO가 약화하는 가운데에서, 유일한 탈출로는 **계급투쟁**을 새롭게 활성화하는 것뿐이네. 아랍 노동자와 유럽 노동자를 서로 결합시켜서 말이네. 경계를 돌파하는 것이 필요하네. 그렇게 하기 위해서는 자네도 말했듯이, 자신들의 책임감과 배신의 수치심에 짓눌려 있는 개혁주의적 좌파를 (국내적 수준에서만이 아니라 국제적 수준에서도) 압박할 뿐만 아니라 경계를 횡단하면서, 또 **공통적인 것**을 부의 **토대**로 인식하면서, 생산양식의 형태와 척도를 혁명하는 정치적 프로그램을 중심으로 긴급히 움직이는 것이 필요하네.

2011년 3월 23일

월스트리트 점거의 핵심에 놓여 있는 '실질[진짜] 민주주의'를 위한 싸움[1]

안또니오 네그리·마이클 하트

'월스트리트를 점거하라'는 기치를 내건 시위들이 많은 사람들과 공명하고 있는 것은, 그것들이 널리 확산된 경제적 부정의에 대한 감각에 목소리를 주기 때문만이 아니라, 아마도 더욱 중요하게는, 그것들이 정치적 불만들과 열망들을 표현하기 때문일 것이다. 항의시위들이 남부 맨해튼에서 나라 전역의 도시들과 마을들로 퍼져나가면서, 그것들은 기업의 탐욕과 경제적 부정의에 대한 분노가 실재적이고 또 깊다는 것을 명확하게 보여주었다. 그러나 정치적 대의의 부족 ─ 혹은 실패 ─ 에 대한 항의 또한 그에 못지않게 중요하다. 그것은, 이 정치가나 저 정치가 중에서, 혹은 이 정당과 저 정당 중에서 어느 쪽이 무능하고 부패했는가의 문제라기보다는 (물론 이것 역시 문제이긴 하다.) 더 일반적으로 대의적 정치체제 자체가 부적합한가 아닌가의 문제이다. 이 항의 운동은 진정한 민주적 제헌[구성] 과정으로 변형될 수 있을 것이며 또 아마도 그렇게 되어야 할 것이다.

‘월스트리트를 점거하라’ 항의시위들의 정치적 얼굴은, 우리가 그것들을 지난 한 해 동안의 다른 "야영시위들" 옆에 나란히 놓을 때 시야에 들어온다. 이 시위들은 출현 중인 투쟁순환을 형성한다. 많은 경우에 그것들이 받은 영향의 선들은 분명하다. ‘월스트리트를 점거하라’는 스페인의 중앙 광장들에서 열린 야영시위에서 영감을 얻었다. 그리고 스페인의 야영시위는 지난 이른 봄 카이로의 타흐리르 광장 점거를 따라 5월 15일에 시작되었다. 이 일련의 시위들에 우리는, 위스콘신 주의회 의사당에서의 광범위한 항의시위들, 아테네 신타그마 광장에 대한 점거, 경제적 정의를 요구한 이스라엘의 텐트 야영시위 등과 같은, 일련의 유사한 사건들을 덧붙여야 할 것이다. 물론 이 다양한 항의시위들의 맥락은 매우 다르다. 그리고 그것들은 다른 곳에서 일어났던 시위들의 단순한 반복만은 아니다. 오히려 이 각각의 운동들은 몇 가지의 공통적인 요소들을 그들 각자의 상황 속으로 번역해냈다 ⋯⋯ .

타흐리르 광장에서는 야영시위의 정치적 성격이 명백했고, 그리고 항의시위자들이 당시의 정권[2011년 2월에 붕괴된 무바라크 정권]에 의해 어떤 의미에서도 대의될 수 없다는 사실도 분명했다. "무바라크는 물러나야 한다."는 요구는 다른 모든 이슈들을 아우르기에 충분히 강력한 것으로 드러났다. 그에 뒤이은 마드리드의 푸에르타 델 솔 광장, 바르셀로나의 까딸루냐 광장의 야영시위들에서는, 정치적 대의에 대한 비판이 좀더 복합적이었다. 스페인의 항의시위들은 무엇보다도 채무, 주택, 교육 등과 관련된, 광범위한 사회경제적 불만들을 결합했다. 그러나 스페인 언론이 일찍부터 항의시위들의 특징적 정동으로 규정한 그들의 "분노"는, 이러한 쟁점들을 다룰 능력이 없는 정치 체계를 분명하게 겨냥하고 있었다. 당시의 대의체제가 민주주의를 가장하는 것에 맞서 시위대들은 "Democracia real ya!"(지금 당장 실질[진짜] 민주주의를!)를 자신들의 중심적 구호들 중 하나로 제기했다.

그러므로 '월스트리트를 점거하라'는 이러한 정치적 요구들의 한 걸음 더 나아간 발전 혹은 환골탈태로 이해되어야 할 것이다. 물론 월스트리트 시위가 내놓은 하나의 분명하고 명확한 메시지는, 은행가들과 금융산업들이 결코 우리를 대의하지 못한다는 것이다. 즉 월스트리트에 이익이 되는 것이 나라(혹은 세계) 전체에 이익이 되는 것은 분명 아니라는 것이다. 하지만 대의의 더 심각한 실패는, 인민의 이해관계를 대의할 책임을 지고 있으면서, 실제로는 은행들과 채권자들을 아주 분명하게 대의하는 정치인들과 정당들에게 돌려져야 한다. 이러한 인식은 외관상 소박하고 기초적인 것으로 보이는 다음과 같은 질문을 던지도록 이끈다 : 민주주의는 폴리스, 즉 사회·경제적 삶 전체에 대한 인민의 지배여야 하지 않는가? 그런데 오히려 정치가 경제적 금융적 이해관계에 굴종하게 된 것으로 보인다.

월가 점령 시위의 정치적 성격을 주장함으로써 우리가 이 시위를 단지, 공화당과 민주당 사이의 정쟁이나, 오바마 정부의 운명이라는 맥락 속에 던져 넣으려고 하는 것이 아니다. 물론, 이 운동이 계속되고 성장한다면, 그것이 백악관이나 의회로 하여금 새로운 조치를 취하도록 압박할 수도 있을 것이다. 또 심지어 이것이 다음 번 대통령 선거 주기의 중요한 논쟁점이 될 수도 있을 것이다. 그러나 조지 W. 부시 정부만이 아니라 오바마 정부도 은행 구제조치의 장본인들이다. 항의시위들이 강조한 대의의 부재는 양당 모두에 해당된다. 이런 맥락에서 볼 때, "지금 당장의 실질[진째] 민주주의"에 대한 스페인 사람들의 요구는 긴급하고도 도전적인 것으로 들린다.

카이로와 텔 아비브에서 아테네, 매디슨, 마드리드에, 그리고 이제 뉴욕에 이르는 이 다양한 야영시위들 모두가 기존의 정치적 대의 구조에 대한 불만족을 표출한다면, 이들이 대안으로 내놓고 있는 것은 무엇인가? 이들이 제안하는 "실질[진째] 민주주의"는 무엇인가?

이 물음에 대한 가장 명백한 단서들은 운동들 자체의 내적 조직화 속에, 특히 야영시위들이 새로운 민주주의적 실천들을 실험하는 방식 속에 있다. 이 운동들은 모두, 우리가 "다중 형식"이라고 부르는 것을 따라 전개되어 왔으며 빈번한 총회와 참여적인 의사결정 구조에 의해 특징지어진다. (그리고 이러한 점에서 '월스트리트를 점거하라'와 여타의 다른 많은 시위들 또한, 적어도 1999년의 시애틀 투쟁에서 2001년의 제노바 투쟁에까지 이어진, 지구화에 대한 항의 운동들2에도 깊이 뿌리를 박고 있다는 것을 인식할 필요가 있다.)

페이스북이나 트위터 같은 소셜 미디어가 이 야영시위에 채용되어 온 방식에 대해 많은 이야기들이 있어 왔다. 물론 이러한 네트워크 도구들이 운동을 만들어낸 것은 아니다. 하지만 그것들은 편리한 도구들이다. 왜냐하면 그것들은, 어떤 의미에서, 그 운동 자체의 수평적 네트워크 구조와 민주적 실험들에 상응하기 때문이다. 달리 말해 트위터는, 사건을 알리는 데뿐만 아니라 특수한 결정사안에 대한 대규모 총회의 견해들을 실시간으로 투표하는 데에도 유용하기 때문이다.

그러므로 야영시위에서 지도자들이나 정치적 대표자들이 생겨나기를 기다리지 말라. 월스트리트 점거나 다른 시위들에서 마틴 루터 킹 주니어[3] 같은 어떠한 지도자도 출현하지 않을 것이다. 좋건 나쁘건 간에(우리는 분명 여기에서 희망적인 발전을 발견하는 사람들에 속한다.), 운동들의 이 출현중인 순환은 대표자 없이 수평적인 참여적 구조들을 통해 자신을 표현할 것이다. 물론, 민주적 조직화에서의 이러한 소규모 실험들이 실질적인 사회적 대안 모델들을 빚어낼 수 있기까지는, 지금보다 한층 더 발전되어야만 할 것이다. 그러나 이러한 실험들은 "실질[진째 민주주의"에 대한 열망을 이미 강력하게 표현하고 있다.

위기에 정면으로 맞서고 그 위기가 현재의 정치 체제에 의해 관리되고 있는 방식을 분명히 이해하면서, 다양한 야영시위장에서 거주하는 청년들이 유례없는 성숙함으로 다음과 같은 도전적인 물음을 제기하고 있다. '민주주의가, 즉 지금까지 우리에게 주어져 온 민주주의가 경제 위기의 타격 앞에서 비틀거리고 있고, 다중의 의지와 이해를 주장하기에 무력하다면, 지금이야말로 그러한 형태의 민

주주의를 쓸모없는 것으로 간주해야 할 때가 아닐까?'

부와 금융의 힘이 미국 헌법을 비롯하여 민주적이라고 추정되는 헌법들을 지배하기에 이르렀다면, 오늘날 집단적 행복추구의 기획을 다시 시작할 길을 열어줄 수 있는 새로운 헌법의 형상들을 제안하고 구축하는 것이 가능하고 또 필요하지 않은가? 지중해와 유럽의 야영시위들에서 이미 매우 생동적이었던 이러한 추론과 요구들을 갖고서, 월스트리트에서 시작해 미국 전역으로 퍼져나간 항의시위들은 새로운 민주적 제헌[구성] 과정의 필요를 제기한다.

2011년 10월 11일

실질[진짜] 민주주의 :
마이클 하트와의 인터뷰[1]

Q. 『쉬프트 매거진』의 최신호(13호)에서 존 홀러웨이는, "실질[진짜] 민주주의는 화폐권력에 대한 정면공격이고 또 그래야만 한다."고 주장합니다. 그는, '지금 당장 실질[진짜] 민주주의를!'이라는 요구가 그 자체로 충분치 않으며, 화폐-자본-국가-추상노동의 지배에 대항하는 운동과 연결되어야 함을 암시합니다. 그는, 여기에서 "민주주의에 대해서만 말하기를 좋아하는 사람들(예컨대 하트와 네그리)은 …… 운동 자신이, 화폐가 실질[진짜] 민주주의를 방해하고 있다는 사실을 발견하도록 만들고 싶어 한다."고 쓰면서, 당신의 관점과의 차이를 넌지시 말합니다. 당신은 최근의 전 지구적 민주주의를 어떻게 경험했습니까? 당신은 솔 광장, 신타그마 광장, 혹은 월스트리트 등에서 총회들이 자본에 대한 정면대결을 구성할 내적 잠재력을 이미 갖고 있다고 생각하는지요?

나는, 존의 관점과 나의 관점이, 저 인용문에 의해 암시되는 것보다 훨씬 더 많이 겹친다고 생각합니다. 맑스주의적 사유와 공산주의적 사유에는, 경제투쟁과 정치투쟁 사이의 분리를 제시하는, 오랜 전통이 있습니다. 실제로 많은 경우에 그러한 구분은, "단순히" 경제적인 투쟁으로, 그리고 "고유하게" 정치적인 투쟁으로 제시되곤 합니다. 예컨대 제3인터내셔널의 맥락 속에서 이 구분은, 한편의 것은 노동조합의 작업에, 다른 한편의 것은 당의 작업에 상응합니다. 그런데, 나는, 오늘날 경제투쟁과 정치투쟁 사이의 이 구분이 더 이상 타당하지 않다는 것이, 그리고 운동의 경제적이고 정치적인 항의들과 요구들이 서로 풀 수 없게끔 뒤섞인다는 것이 분명하다고 생각합니다. 존과 나는 그 점에 분명히 동의합니다. 실제로, 또니 네그리와 나만이 아니라 다른 많은 사람들이 사용하는, "삶정치적 투쟁들" 같은 개념에 의해 수행된 작업의 일부는 삶, 경제, 정치의 문제에 동시에 초점을 맞추는 것입니다.

하여튼 나는, 당신이 인용한 바의 것, 즉 실질[진짜] 민주주의 기획은 우리 시대에 무엇보다도 화폐와 금융의 권력에 의존하는 자본주의 지배에도 도전해야만 한다는 존의 논점에 분명히 동의합니다.

이러한 고려 속에서 나는, 우리들의 가장 최근의 책들(존 홀러웨이의 『크랙 캐피털리즘』과 우리의 『공통체』)에 접근법에서 하나의 실질적 차이가 있음을 이해했습니다. 또니와 함께 쓴 나의 책은, 자본에 대한 비판과 민주주의에 대한 제안을 소유[재산]의 지배에 대한 (가장 긴급하게는 사적 소유의 지배에 대한, 그리고 또한 국가의 지배를 의미하는 공적 소유의 지배에 대한) 도전 위에 정초하려 애씁니다. 이와 달리 존은 자본에 대한 그의 비판을 화폐와 추상노동에 대한 그의 분석 위에 정착시킵니다. 그런 후에 물론 우리 모두는, 현 시기의 노동의 변형이라는 맥락 속에서 이 노선을 추구하며, 우리 모두는, 이 점에서, 간단히, 노동거부 관점이라고 불릴 수 있는 것을 공유합니다. 이 서로 다른 접근법들은 물론 많은 점에서 호환가능 하며 우리는 심지어 그것들이 상호보완적이라고 볼 수도 있을 것입 니다. 그러나 내가 차이를 찾아내고 싶은 곳은 (그렇게 하는 것이 필 요하다면) 바로 여기입니다.

말하자면 나는 현재의 투쟁순환이, 이전의 투쟁순환과 비교하 여, 새롭고 더 직접적으로 정치적인 성격을 드러낸다고 믿습니다. 1999년의 씨애틀 투쟁에서 2001년의 제노바 투쟁에 이르는 투쟁들 의 순환은 신자유주의 비판에 분명한 강조점을 두며, 출현하고 있 는 전 지구적 지배체제의 비민주적 구조를 폭로하려고 애썼습니다. 항의시위들은 이동적이고 유목적이었습니다. 하나의 정상회담에서 다음 정상회담으로 이동하면서, 또 이동을 멈출 때는 매번 전 지구 적인 신자유주의 지배기관들(IMF, 세계은행, G8, WTO 등등)의 다 른 측면들을 비추면서 말입니다. 이와 달리, 타흐리르, 신타그마, 솔, 매디슨 위스콘신, 월스트리트 등에서의 야영시위를 포함하여, 올해를 형성하는 투쟁들의 순환은 덜 이동적이고 더 착근된 영토적 구조를 갖고 있습니다. 야영의 실천은, 다양한 경제적·사회적 쟁점 들을 결합해낸 그들의 총회 구조와 더불어, 하나의 중요한 새로움 을 보여줍니다. 민주주의는 소규모로 실천되고 실험됩니다. 가끔은 하나의 광장의 조직화에서 실천되고 실험되지요.

물론 이 투쟁순환도 신자유주의와 그 위기를 겨냥하고 있습니다. 하지만 나는, 민주주의를 향한 열망이 더욱 두드러지게 된 방식에 몹시 매료되었습니다. 스페인 15M[1]의 야영시위에서 나온 두 가지 핵심 구호를 생각해 보세요. "당신은 우리를 대의하지 않는다."와 "지금 당장 실질[진짜] 민주주의를!"이 그것이었지요. 앞의 슬로건은 분명히 10년 전 아르헨티나에서 나온 요구를 반향합니다. 부패한 정당이나 정치가뿐만 아니라 정치적 계급 전체에 대항하는 "모두 다 꺼져버려!"¡que se vayan todos! 말입니다. 그러나 그것은, 공화제 헌법의 핵심을 건드리는, 대의에 대한 비판을 덧붙입니다. "당신은 우리를 대의하지 않는다."는, 내가 새로운 지도자들에 의해 대의될 수 있도록, 이 지도자를 쫓아내고 싶다는 것을 의미하지 않습니다. 그것은, 나는 대의되기를 거부한다는 것을 의미합니다. 게다가 뒤의 슬로건과 결합되면 그것은, '당신이 내게 준 이 소위 민주주의가 하나의 수치이다, 그 수치스런 민주주의 대신에 우리는 실질[진짜] 민주주의를 구축하고 싶다'는 것을 의미합니다. 이런 식으로 민주주의를 토론의 중심으로 되가져오자는, 외관상 소박해 보이는 이 생각은, 아마도 북아프리카에서의 열망들에서부터 이 투쟁의 순환 속으로 들어왔겠지만, 내게는 매우 강력한 것으로 보입니다.

Q. '월스트리트를 점거하라'는 원래 반소비주의 잡지인 『애드버스터스』에 의해 제안되었습니다. 이 잡지는, 99%를 대의하면서, "2만 명이 남부 맨해튼으로 몰려 들어가 침대를 놓고, 부엌을 만들고, 평화로운 바리케이드를 설치하자"고 요구했습니다. 그러나 그러한 항의시위

에는 그 나름의 문제가 딸려 있었습니다. 아마도 '기업의 탐욕'과 '정치적 부패'에 대한 반대는 1%의 은행가들, CEO들, 그리고 정치가들에 대항하여 그들의 정치적 차이와 사회적 차이를 넘어 모든 미국인들을 단결시킬 수 있을 것입니다. 그런데 그러한 인민주의는 믿기 어려울 만치 단순하지 않은가요? (직접) 민주주의라는 용어는 때때로 너무 광범위해서, 우파 음모이론가들로부터 라 루쉬앙들2에 이르기까지, 누구든지 끌어들일 수 있습니다. 거기에는 정치적 내용의 결여가 있는 것으로 보입니다.

내게는, 월스트리트 점거시위와 미국 전역에 퍼진 다른 시위들을 이런 식으로 평가하는 것이 너무 성급한 것으로 보입니다. 그것은 강령을 갖고서 완전히 형성되어 나타나는 그런 종류의 운동이 아닙니다. 그와 달리 그것들은 발전해 감에 따라 형태를 갖추어 갈 것이고, 몇 주 혹은 몇 달 동안 지속될 것으로 기대할 수 있습니다.

내가 생각하기에, 당신의 질문의 정조情調와 보조를 맞추는 나의 견해는, 이 미국의 운동이 제헌[구성] 과정으로 발전해야 한다는 것입니다. 사실, 이것은, 그것들이, 내가 앞서 언급한, 15M이 제기한 도전들 중의 일부를 어떻게 가장 분명하게 취할 것인가 하는 것입니다. 대의에 대한 비판과 새로운 민주주의를 구성하고자 하는 열망이 그것이지요. 이런 식으로, 미국의 운동은 분명히 올해 전반에 걸쳐 발전되어온 투쟁의 순환을 한 걸음 더 진전시킬 것입니다.

Q. 우리가, 민주주의의 더욱 제헌[구성]적인 형태로의 그러한 발전을

어떻게 상상할 수 있을까요? 우리가, 지금 시위의 중심에 놓여 있는 총회를 넘어서 나아갈 필요가 있습니까?

그렇습니다. 궁극적으로 우리가, 점거된 광장들에서 실행되고 있는 대로의 총회를 넘어가야 할 것입니다. 비록, 내가 이미 말했듯이, 조직화 과정에 있는 이 모든 민주적 실험들이 그 자체로 매우 중요하지만 말입니다.

이러한 맥락에서 제헌[구성] 과정을 개시하는 것은 적어도 두 가지 측면을 갖습니다. 우선, 미국 헌법(그리고 실제로 민주적이라고 추정되는 모든 헌법들)이 실질적으로 민주적인 사회를 위한 충분한 기초가 되지 못한다는 것을 인식하는 것입니다. 내가 앞에서 말했듯이, 대의구조에 대한 비판과 거부는 심오한 효과를 가져올 수 있는 강력한 지렛대입니다. 이 첫 번째 계기를 "탈제헌적"deconstituent인, 아니 오히려 "헌법폐기적"destituent인 과정이라고 부릅시다. 둘째로, 그리고 아마도 더 중요하게도, 제헌[구성] 과정은 새로운 집합의 사회적 관계를, 그리고 이런 의미에서 민주주의의 새로운 기반을 창출해야 합니다. 이것은 새로운 구조와 새로운 제도들뿐만 아니라 새로운 정치적 습관들과 정동들을 창출하는 혁명적 과정입니다. 우리는 지금, 그러한 과정이 무엇처럼 보일지를 정확히 예견할 수 없습니다. 그렇지만, 오늘날 일반화되고 있는 종류의 질문들과 열망들은, 그러한 과정이 우리의 수평면 위 어딘가에서 나타나고 있음을 가리키고 있음에 틀림없습니다.

Q. 끝으로, 당신은 이 운동에 진정으로 보편적인[전 지구적인] 성격
이 있다고 생각합니까? 아테네, 텔 아비브, 뉴욕 등지에서의 광장 점
거는, 말하자면, 반드시 그들 자신을 서로 정치적 동맹자들로 간주
하지는 않는 참여자들과 더불어, 매우 다른 정치적 환경에서 발생했
습니다.

이 순환 속에서 출현한 다양한 운동들은, 당신이 말하는 것처럼,
분명히 매우 다양한 사회적·정치적 조건들에서 발생했습니다. 그
러나 그것들은 또 분명히 약간의 흥미로운 측면들을 공유하기도 합
니다. 나는 민주주의를 향한 공유된 열망을 강조해 왔습니다. 비록
실질[진째] 민주주의가 무엇일 것인가가 아직 완전히 분명하지는 않
다 하더라도 말입니다. 그것들은 또, 지도자들에 대한 거부, 네트워
크 조직구조, 의사결정의 수평적 실천들 등등에 의해 특징지어지는
조직화의 다중형식을 공유합니다.

그러나 이 공유된 열망들과 실천들조차도, 당신이 말하듯이, 동
의나 일치를 보장하지는 않습니다. 그런데 어떻게 이 같은 형태의
투쟁순환이 가능한지, 흥미롭지 않나요? 사람들이, 다른 곳에서 행
해진 항쟁들에 고무되어, 그들 자신의 반란을 구축하기 위해, 그것
들을 그들 자신의 지역적 조건 속으로 번역하는데, 어떻게 그것이
가능한 것일까요? 그토록 다른 상황에서 그들은 어떻게 이런 식으
로 하나의 연쇄[사슬] 속에 결합하는 것일까요?

나는, 그 투쟁들 자체가, 바로 이러한 서로 연결하기의 행동에
의해, 보편적[전 지구적] 수준이 어떻게 구축될 수 있는지를 우리에게

가르치고 있다고 말하고 싶습니다. 동질성을 통해서가 아니라 오히려 차이들 사이의 관계를 제시함으로써 말입니다. 내가 보기에 이것이, 우리가 이 운동들로부터 배워야 하는 많은 것들 중의 하나인 것 같습니다.

2011년 10월 20일

2012년에 기대하는 것[1]

안또니오 네그리·마이클 하트

2011년의 가장 고무적인 투쟁들 중의 일부는 민주주의를 가장 중요한 실천의제로 올려놓았다.

아랍의 봄의 봉기들에서부터 위스콘신의 노조 투쟁들에, 칠레의 학생 시위에서부터 미국과 유럽의 학생시위에, 영국의 폭동에서부터 스페인 인디그나도스의 점거와 그리스 신타그마 광장에서의 점거에, 월스트리트 점거에서부터 전 세계의 수많은 지역적 거부형태들에 이르는 이 운동들은, 비록 그것들이 매우 다른 조건들에서 생겨나긴 했지만, 무엇보다도 하나의 부정적 요구를 공유한다. '신자유주의 체제는 이제 그만!'이 그것이다. 이 공통의 외침은 경제적 항의일 뿐만 아니라, 대의라는 거짓된 주장에 대항하는, 직접적으로 정치적인 항의이다. 무바라크도, 벤 알리도, 월스트리트 은행가들도, 미디어 엘리트들도, 심지어 대통령들, 지배자들, 국회의원들, 그리고 다른 선출 관료들도, 이들 중 어느 누구도 우리를 대의하지 않는다. 거부의 비상한 힘은 물론 매우 중요하다. 하지만 우리는, 시위와 갈등의 저 소음 속에서, 항의와 저항을 넘어서는 하나의 핵심적 요소를 놓치지 않도록 유의해야 한다. 이 운동들이 새로운 종류의 민주주의에 대한 열망을 공유하기도 한다는 것이 그것이다. 그 열망은 어떤 경우에는 일시적이고 불확실한 목소리로 표현되었고 또 다른 경우에는 명시적으로 또 강력하게 표현되었다. 이 열망의 발전이야말로, 2012년에 가장 크게 주목하고자 하는 특징들 중의 하나이다.

이 운동들 모두가, 심지어 단지 독재자를 쫓아냈을 뿐인 운동들조차, 직면해야 할 적대의 한 원천은, 근대 민주헌법들의 불충분성(특히 노동, 소유, 대의의 체제)이다. 무엇보다 이 헌법들 속에서, 임금노동은 소득과 시민의 기본권에 접근하는 열쇠이고 빈민들, 실업자들, 비임금 여성노동자들, 이주민들 등을 포함하여 정규 노동시장 밖에 있는 사람들에게는 오랫동안 부실하게 작동해 온 관계이다. 그러나 오늘날 노동의 모든 형태들은 그 어느 때보다도 위태롭고 불안정하다. 노동은 물론 자본주의 사회에서 여전히 부의 원천이지만 점점 자본과의 관계 외부에서, 그리고 안정된 임금 관계 외부에서 그러하다. 그 결과 우리의 사회적 헌법[구성]은, 임금노동이 점점 덜 이용가능한 사회에서, 충분한 권리와 접근권을 얻기 위해서는 임금노동을 할 것을 계속해서 요구한다.

사적 소유는 민주적 헌법[구성/정체]의 두 번째의 근본적 기둥이다. 오늘날의 사회운동은 신자유주의적 거버넌스의 일국적 체제와 지구적 체제에 항의할 뿐만 아니라 더 일반적으로는 소유의 지배에 항의하고 있다. 소유는 사회적 분할과 위계를 유지할 뿐만 아니라, 우리가 서로 간에, 그리고 우리 사회와 맺는, 가장 강력한 유대들(종종은 그릇된 연결들) 중의 일부를 발생시킨다. 그러나 현대의 사회경제적 생산은 점점 공통의 성격을 가지며 그것은 소유의 경계를 부정하며 또 그것을 초과한다. 이윤을 발생시키는 자본의 능력은 쇠퇴하고 있다. 왜냐하면 자본이 기업가적 역량을, 사회적 훈육과 협동을 관리할 능력을 상실하고 있기 때문이다. 그 대신에 자본은 부를 일차적으로, 점점 지대의 형태에 의해 축적하는 경향이 있다. 그것은, 자본이 사회적으로 그리고 자신의 권력에서 상대적으로 독립적으로 생산되는 가치를 포획하는, 금융적 수단을 통해 매우 자주 조직된다. 그러나 모든 경우의 사적 축적은 공통적인 것의 능력과 생산성을 축소시킨다. 그리하여 사적 소유는 점점 더, 사회적 생산과 사회적 복지의 기생물일 뿐만 아니라 장애물로 되고 있다.

끝으로, 민주적 헌법[정체]의 세 번째 기둥이자 점증하는 적대의 대상은, 우리가 앞서 말한 바처럼, 대의체제에, 그리고 민주적 거버넌스를 확립하겠다는 그들의 거짓 주장들에 의거한다. 전문적 정치 대표들의 권력을 끝장내는 것은, 우리가 우리 시대의 조건 속에서 전적으로 추인할 수 있는, 사회주의 전통의 몇몇 슬로건들 중의 하나이다. 전문 정치가들은, 기업 지도자들이나 미디어 엘리트들과 더불어, 단지 가장 취약한 종류의 대표기능을 수행할 뿐이다. 문제는, 정치가들이 부패했다(비록 많은 경우에 이것이 참이기도 하지만)는 사실보다는 오히려, 입헌구조가 정치적 의사결정을 다중의 역량들과 욕망들에서 분리시킨다는 사실이다. 우리 사회에서 어떤 실질적인 민주화의 과정도 헌법의 핵심에 놓여 있는 대의의 결여를, 그리고 대의의 거짓 참칭을 공격하지 않으면 안 된다.

그렇지만, 오늘날 많은 투쟁들을 활성화하고 있는, 이 세 축들과 다른 수많은 축들을 따라서 봉기의 합리성과 필연성을 인식하는 것은, 실제로는 다만 첫걸음, 즉 출발점일 뿐이다. 분노의 열기와 봉기의 자발성은, 시간이 흘러도 지속될 수 있도록, 그리고 새로운 삶의 형식들과 대안적인 사회구성체를 구축할 수 있도록 조직되어야 한다.

이 다음 발걸음을 향한 비밀들은 그것이 고귀한 만큼이나 드물다.

경제적 영역에서 우리는, 자유롭게 공통적으로 생산하기 위한, 그리고 공유된 부를 평등하게 분배하기 위한 새로운 사회적 테크놀로지를 발견할 필요가 있다. 우리의 생산적 에너지와 욕망들이 사적 소유에 기반을 두지 않은 경제에 어떻게 종사할 수 있고 또 그 속에서 어떻게 증가될 수 있을까? 복지와 기본적 사회자원들이 국가 소유에 의해 규제되거나 지배되지 않는 사회구조 속에서 모두에게 어떻게 제공될 수 있을까? 우리는 공통적인 것으로 구성되고 공통적인 것에 적합한, 생산 및 교환의 관계와 사회복지의 구조를 구축해야 한다.

정치적 지형에 대한 도전에는 가시가 있다. 지난 10년 동안 가장 고무적이고 혁신적인 사건들과 봉기들 중의 일부는 공적인 광장과 같은 공간을 개방적이고 참여적인 구조들 혹은 총회들로 점거하고 조직함으로써, 그리고 이 새로운 민주적 형식을 수 주 혹은 수개 월 지탱함으로써 민주적 사유와 실천을 급진화시켰다. 실제로 그 운동 자체의 내적 조직화는, 수평적인 참여적 네트워크 구조를 창출하려고 애쓰면서, 민주화의 과정에 부단히 종속되었다. 그래서, 지배적인 정치체제, 전문 정치가들, 불법적 대의 구조들에 대한 봉기들은 과거의 어떤 상상된 합법적 대의체제를 복원하는 것을 목표로 삼지 않았고 오히려 새로운 민주적 표현형식을 실험하는 것(즉 당장 실질[진짜] 민주주의를!)을 목표로 삼았다. 우리가 분노와 반란을 어떻게 지속적인 제헌[구성] 과정으로 변형시킬 수 있을까? 민주주의의 실험이, 공적인 광장이나 이웃을 민주화할 뿐만 아니라 실질적으로 민주적인 대안사회를 발명하면서, 어떻게 제헌[구성] 권력으로 될 수 있을까?

이 문제들과 대면하기 위해, 우리는, 다른 많은 사람들과 더불어, 보장소득, 보편적 시민권, 공통적인 것의 민주적 전유과정 등을 구축하는 것과 같은, 가능한 최초의 발걸음들을 제안해 왔다. 그러나 우리는 우리가 해답을 갖고 있다는 환상 같은 것은 갖고 있지 않다. 오히려 우리는, 우리만이 그 질문들을 제기하고 있는 것이 아니라는 사실에서 용기를 얻고 있다. 사실상 우리는, 우리 시대의 신자유주의 사회에 의해 주어지는 삶에 만족하지 못하는 사람들, 그것의 부정의함에 분노하고 있는 사람들, 그 사회의 명령권력과 착취권력에 대항해 반란을 일으키고 있는 사람들, 우리가 공유하는 공통적 부에 기반을 둔 대안적인 민주적 삶의 형태를 갈망하고 있는 사람들 등이 이러한 질문들을 제기하고 또 자신들의 욕망을 추구함으로써,

우리가 아직 상상조차 할 수 없는 새로운 해결책을 발명할 것이라고 확신한다. 그것들이야말로, 2012년을 맞는 우리의 최상의 바람들 중의 일부이다.

2011년 12월 8일

전 지구적 점거운동일지

2011~2012

전 지구적 점거운동일지

(2011~2012)

2010년 12월

17일 : [튀니지] 26세의 대졸 노점상 모하메드 부아지지, 부패한 경찰의 노점 단속에 항의하며 지방도시 시디부지드의 지방청사 앞에서 분신. 시디부지드에서 대규모 반정부 시위가 시작되다.

22일 : [튀니지] 22세의 후씬 팔히(Houcine Falhi), 시디부지드에서 반정부 시위 도중 "가난과 실업을 거부한다!"고 외치며 자살.

24일 : [튀니지] 경찰, 시위대에 발포 시작. 멘젤 부자야네에서 경찰 총격으로 시위자 두 명 사망. 수백 명의 시민들이 튀니지 노동총동맹 본부 앞에서 고실업률에 항의하는 시위함.

27일 : [튀니지] 시위가 수도 튀니스로 확산.

28일 : [튀니지] 벤 알리 대통령은 "시위는 용납할 수 없으며 …… 경제에 악영향을 끼칠 것. 강경하게 단속할 것"이라고 공영방송 텔레비전에서 시민들을 향해 경고. 변호사들의 반정부 시위가 전국 각지에서 시작됨.

29일 : [튀니지] 네스마 텔레비전 방송국, 시위 시작 12일 만에 튀니지 대중매체로서는 처음으로 시위 소식을 보도.

[알제리] 식료품값 폭등, 주택 부족, 높은 실업률로 시위 발생.

2011년 1월

2일 : [튀니지] 사이버운동 단체 〈어노니머스〉(Anonymous), 튀니지 정부 웹
사이트 여러 곳을 일시적으로 다운시키며 튀니지 시위와 연대하는 "튀
니지 작전"을 개시.

5일 : [튀니지] 모하메드 부아지지 사망.

6일 : [튀니지] 튀니지 변호사 전체 8천 명 중 95%, 시위대에 대한 경찰폭력
중단을 요구하며 파업에 돌입.

8일~12일 : [튀니지] 최소 아홉 명의 시위자, 경찰총격에 의해 사망. 반정부
시위, 전국적으로 번지기 시작.

12일 : [알제리] 튀니지 혁명의 영향으로 전국에서 분신 사건이 발생하
기 시작. 26세의 모하메드 아우이치아(Mohamed Aouichia), 지방 관청
건물 안에서 분신. 그는 2003년부터 30평방미터의 공간에서 일곱 명의
사람들과 함께 생활하고 있었고, 공무원들에게 수차례 주거지원을 요
청했지만 저지당했다.

13일 : [튀니지] 벤 알리 대통령 2014년 대선 불출마 선언.

[알제리] 37세의 모센 부텔피프(Mohsen Bouterfif), 북부 알제리의 부카
드라(Boukhadra)에서 분신. 그는 직장과 주택을 요구하며 관청 앞에서
20명의 사람들과 시위 중이었는데, 지방관료는 시위대의 면담요청을 거
절하며 "용기가 있으면, 부아지지처럼 분신이나 해보시오!"라고 말했다
고. 이후에도 십여 차례의 분신자살 시도가 전국에서 이어짐.

14일 : [튀니지] 벤 알리 대통령 국가비상사태 선포 후 내각해산. 6개월 뒤 새
로운 총선 실시계획 발표. 경찰과 시위대 간 무력 충돌 계속. 벤 알리
대통령 출국, 몰타, 파리를 거쳐 사우디아라비아에 도착. 프랑스의 사
르코지 대통령이 벤 알리의 입국을 거부했다는 프랑스 언론의 보도.
모하메드 간누치 총리가 대통령 직무 대행 시작.

17일 : [튀니지] 정부는 언론자유, 인권운동 단체들에 대한 금지 해제, 정치범
석방 등 유화책 발표. 벤 알리의 최측근들, 새로운 내각의 국방장관,

내무장관, 외교장관 등을 맡음.

18일 : [튀니지] 내각 구성에 반발하는 시위.

[이집트] 튀니지 혁명의 영향으로 이틀 새 3명 분신.

20일 : [예멘] 1월 중순부터 수천 명의 시민들이 수도 사나에서 살레 정권의 퇴진을 요구하며 반정부 시위 시작. 시위대는 1978년부터 장기집권하고 있는 독재자 살레 대통령을 튀니지의 벤 알리와 비교하며 비난.

21일 : [튀니지] 튀니지 혁명의 사망자들을 기리는 3일 간의 추모기간 시작. 참가자들은 새 정부의 해산을 요구.

[사우디아라비아] 65세의 남성, 삼타 마을에서 분신. 사우디 아라비아 반정부 시위 시작됨.

22일 : [튀니지] 수천 명의 시위대, 과도정부에서 벤 알리 세력이 축출될 것을 요구하며 다시 집결. 약 2천 명의 경찰관들이 시위대 편에 합류하여 노동조건 개선과 새로운 노조를 요구.

23일 : [튀니지] 수백 명의 사람들이 야간통금 시간을 어기고 야간에 지방에서 수도 튀니스로 이동하는 "해방 카라반"을 감행. 과도정부에 대한 분노는 계속됨.

25일 : [이집트] 이집트 혁명의 첫 분노의 날. 카이로(1만 5천 명), 알렉산드리아(2만 명), 수에즈, 이스마일파(2천 명) 등 주요 도시에서 대규모 반정부 시위 시작. 1만 5천 명이 타흐리르 광장 점거. 경찰 기동대 배치. 시위대를 향해 최루탄, 물대포 사용. 시위대는 "무바라크 퇴진" 요구. 그날 저녁 내무부는 시위에 대한 책임을 〈무슬림형제단〉에게 돌리는 성명 발표. 5백 명 이상 연행. 시위대 세 명, 경찰 한 명 사망.

26일 : [튀니지] 튀니지 총노동연맹, 튀니지 제 2의 도시이자 경제중심지인 스팍스에서 정권퇴진을 요구하며 총파업. 튀니지 정부, 벤 알리와 그의 가족의 연행을 인터폴에 요청.

[이집트] 이동통신 서비스가 차단되고 있다는 호소가 SNS를 통해 퍼짐. 시위대, 대체수단을 사용해 계속 상황을 전 세계에 알림.

[시리아] 하사카(Al-Hasakah)에서 하산 알리 아클레(Hasan Ali Akleh) 분신. 시리아 반정부 시위 시작됨.

27일 : [이집트] 모하마드 엘바라데이, 시위에 합류하기 위해 귀국. 카이로, 수에즈, 알렉산드리아, 이스말리아 등 여러 도시에서 경찰과 시위대의 격렬한 충돌 지속.

[예멘] 최소 1만 6천 명 규모의 시위대가 수도 사나에서 집회 시작. 시위대는 살레와 그의 아들들이 영원히 물러날 것을 요구.

28일 : [이집트] 분노의 금요일. 새벽 1시경 정부가 인터넷 서비스를 중단시킴. 금요일 기도가 끝나고 수만 명이 시위를 시작하여 한 시간 만에 수백만 명으로 인원 증가. 수에즈에서는 수천 명의 시위대가 경찰서를 점거하여 연행된 시위자들을 석방. 수에즈에서 경찰 발포로 한 명 사망. 포트 사이드에서는 수만 명이 정부 건물을 점거. 시위대 진압을 위한 군대가 배치됨. 와일 그호님 실종됨(나중에 연행되었던 것으로 확인).

[시리아] 라카(Ar-Raqqah)에서 쿠르드 혈통 군인 두 명이 살해당한 것에 항의하는 시위 발발.

29일 : [이집트] 무바라크, 내각 해산, 대통령직 사임은 거부. "무바라크는 물러나라", "군대도 똑같다."며 시위 계속됨. 타흐리르 광장에 약 5만 명, 카프르 엘 셰이크(Kafr-al-Sheikh)에 1만 명 집결. 정부의 통행금지령에도 불구하고 시위 계속됨. 이집트 시위 시작 후 60명 이상이 사망했다는 보도. 독일, 프랑스, 영국, '무바라크가 개혁과 자유선거를 실시하기를 촉구한다'는 공동성명 발표.

31일 : [이집트] 군대는 시위대를 향해 무력을 사용하지 않겠다고 약속함. 타흐리르 광장 상주 인원 25만 명에 육박.

[스페인] 2011년 1월, 스페인의 트위터, 페이스북 등 소셜미디어 사이트에 〈지금 당장 실질[진짜] 민주주의를〉이라는 디지털 플랫폼이 만들어짐. 이들은 "실업자들, 임금이 낮은 자들, 하청업자들, 불안정노동자들, 청년들"에게 5월 15일 거리로 나서자고 제안.

2011년 2월

1일 : [이집트] 타흐리르 광장에 모인 인원이 1백만 명에 육박. 광장은 텐트, 카페 등이 있는 일종의 마을로 됨. 타흐리르 광장에서 대통령궁까지 2

백만 명이 넘는 시위자들이 '백만의 행진' 개최. 알렉산드리아(수천 명), 시나이(25만 명)에서도 대규모 시위. 무바라크 대통령 차기 대선 불출마 선언. 시위자들은 대통령 즉각 퇴진 요구.

2일 : [이집트] 인터넷 접속 부분적으로 회복, 통행 금지령 완화. 시위대는 계속 대통령 하야 요구. 무바라크 옹호세력이 광장에 등장하여 시위대 공격 시작, 부상자 속출. 군대가 이들의 진입을 의도적으로 허용했다는 여론 비등. 잦은 소규모 총격전이 벌어지고, 지역 젊은이들을 중심으로 지역자치방범대들이 철야 시작. 낙타, 당나귀, 말 등을 타고 시위에 합류하는 사람들의 모습 목격됨.

[예멘] 살레 대통령, '2013년까지인 현 임기 연장 안 하겠다'고 공언.

3일 : [예멘] 대통령 즉각 퇴진 요구 '분노의 날' 대규모 시위. 2만 명 이상 참가. 경찰, 최루가스와 실탄을 쏘아 아덴(Aden) 지역 시위대 강제 해산.

4일 : [이집트] 대규모 시위 11일째. '작별의 금요일.' 카이로에 탱크가 배치됨. 시위대를 향한 총격으로 최소 5명 사망.

[바레인] 마나마에 위치한 이집트 대사관 앞에 수백 명의 바레인 시민이 모여 이집트 반정부 시위에 대한 연대집회 개최.

[시리아] 페이스북, 트위터에서 반정부 시위를 조직하자는 움직임 확산됨.

5일 : [시리아] 하사카에서, 2000년부터 집권한 독재자 바샤르 알아사드 대통령의 퇴진을 요구하는 수백 명 규모의 반정부 운동 시작.

7일 : [이집트] 와일 그호님 석방. 수천 명의 사람들 타흐리르 광장에서 점거 시위 지속.

8일 : [이집트] 해외에서 귀국한 이집트인들과, 와일 그호님의 석방으로 합류하게 된 사람들로 사상 최대 규모의 시위대가 카이로에 집결.

9일 : [이집트] 노동조합들이 시위대에 합류. 이집트 전역에서 파업의 물결. 인권단체 〈휴먼라이츠워치〉에 의하면 이집트 혁명 이래 사망자수는 총 302명으로 집계.

10일 : [이집트] 무바라크, 텔레비전 연설에서 2011년 9월까지 대통령직을 유지하겠다고 발표. 분노한 시위대는 신발을 공중으로 던지며 군대에게 시위를 함께하자고 소리침.

11일 : [이집트] 현지시각 오후 4시, 무바라크 하야 발표. 광장에 모인 시민들 환호. 군 최고위원회가 국가운영을 맡게 됨.

12일 : [이집트] 이른 아침까지 승리를 자축하던 시위대, 광장을 청소하기 시작. [예멘] 4천 명 시위대 사나에 집결. 5천 명 가량의 정부 지지자들과 곤봉을 든 경찰이 이집트 무바라크 대통령 퇴진을 축하하며 살레 퇴진을 요구하는 시위대를 향해 무차별 폭력 행사. 시위대는 "무바라크 다음은, 알리 차례," "이집트 혁명 다음에는 예멘 혁명" 등의 구호를 외침.

13일 : [이집트] 이집트군, 의회 해산. 2천여 명의 경찰관들이 내무부 앞에서 임금상승을 요구하며 시위. 알렉산드리아를 비롯한 여러 도시들에서 공공 부문 노동자들과 은행직원들이 시위 지속. [예멘] 3일째 계속된 시위에 2천여 명 참가. 구호를 외치던 1천여 명의 시위대는 대통령궁으로 행진하기 시작, 경찰과 무력 충돌.

14일 : [이집트] 오전에 잠시 광장을 떠났던 타흐리르 광장의 시위대 수천 명은 오후에 광장으로 복귀하여 다시 시위 시작. 군 최고위원회, 파업을 비판하면서 노동자들이 경제재건을 위해 힘써줄 것을 요청. [바레인] '분노의 날.' 바레인 전역에서 6천여 명이 집회에 참여. 헌법개정, 정치개혁, 사회경제 정의 등을 요구. 경찰은 최루가스, 고무총을 사용해 시위대 강경 진압. 부상자 속출. 그날 저녁 시위자 알라 무샤이마(Ali Mushaima)가 경찰의 산탄총에 맞아 숨짐. 수백 명의 시위대가 거리에 나와 분노를 표현. [예멘] 대부분 대학생으로 구성된 수천 명 규모의 시위대는 살레 퇴진과 정치개혁을 요구하며 사나 대학에서 시위. 친정부 세력의 공격으로 친정부 세력과 반정부 시위대 간 폭력 사태 발생.

15일 : [바레인] 수천만 명이 참여한 알라 무샤이마의 장례식 도중 또 다른 시위자가 경찰의 산탄총에 맞아 숨짐. 분노한 시위대는 오후 3시경 진주광장으로 행진해 텐트를 치기 시작. 시위대의 숫자는 그날 밤 1만 명에 달함. 바레인 시아파계 최대 야당 알 위파크가 공식적으로 반정부 시위 참여를 표명. 하마드 국왕은 국영 TV 연설에서 사회 개혁과 사망자에 대한 조사 개시 발표. 바레인 최대 노조인 〈바레인 노동조합 총연맹〉은 2월

17일 파업을 시작하겠다고 선언. 이날 하루 동안 25명 부상.

[예멘] 사나에서 3천 명이 시위 중 2천여 명의 정부지지자들과 사복경찰의 공격을 받다. 판사들, 사법부의 독립성 보장과 최고사법위원회(Supreme Judicial Council)의 해체, 임금상승을 요구하며 연좌농성 시작.

[미국] 위스콘신 공무원 노동자들, 공화당 주지사 스콧 워터에게 노동자들의 단체교섭권을 박탈하려는 계획을 철회하라고 요구하며 의사당을 점거. 3주간 점거 지속. 이 투쟁은 곧 위스콘신 지역 전반의 노동자 투쟁으로 번졌고, 소방관, 경찰, 교사, 간호사, 철강 노동자, 연금생활자, 학생들 등 3만 명이 참석하는 집회가 열리기도 했다. 이후 인접 주인 오하이오와 인디아나로도 의사당 봉쇄와 농성 투쟁이 확산.

[리비아] 리비아 시위 시작. 인권운동가 파티 테르빌(Fathi Terbil)의 연행에 항의하는 2백 명 규모 시위대, 리비아 제2도시 벵가지 경찰본부 앞에서 반정부 시위. 인원은 그날 저녁 5~6백 명으로 증가. 경찰 강경 진압으로 시위대 최소 40명 부상. 바이다와 진탄(Zintan)에서도 "정권 퇴진"을 요구하며 경찰서와 보안국 건물들에 불을 지르고, 시내에 텐트를 치기 시작하는 시위대 등장.

16일 : [바레인] 진주 광장 시위자 7천 명으로 증가, 하마드 국왕의 삼촌인 총리 퇴진 요구. 왕정 타도 요구도 나타남. 시위대는 차, 커피, 음식을 나눠먹으며 바레인 정치상황에 대해 토의.

[예멘] 아덴에서 5백여 명이 정권퇴진을 외치며 시위하던 중 두 명이 경찰 총격으로 사망. 대통령 지지자들의 시위대에 대한 공격 계속됨.

[리비아] 벵가지에서 시위 지속. 시위대, 두 개의 차량에 불을 지르고 교통경찰 건물을 불태움. 경찰과 충돌과정에서 6명 사망, 3명 부상. 알쿠바(Al-Quba)에서도 다양한 연령대의 시위대 4백 명, 경찰서 방화. 데르나와 진탄 등에서도 시위. 가다피 지지자들의 친정부 시위도 열림.

17일 : [바레인] 바레인 보안군 1천 병력, 진주 광장에서 야영 중인 1천 5백 명을 곤봉, 방패, 최루가스, 산탄총으로 강경 진압. 광장에 있던 시위 참가자 중, 3명 사망, 50명 이상 부상, 실종자 70명 이상. 진압 이후 보안군은 광장에서의 야영을 불법으로 규정하고 광장 주변에 철조망을 두름. 1시간 후 시위대 한 무리가 다시 광장으로 행진하기 시작했고, 경찰이 쏜 총을 머리에 맞은 한 시위자 사망. 정부와 경찰 측은 시위대가 무장해 있었고 경찰을 향해 폭력을 행사했다고 반복적으로 주장. 이에 대한 반발로 바레인 유일의 야당 의원들 18명, 모두 의원직 사임. 그날 오후 보안군 탱크와 기관총이 수도 마나마 시내에 배치됨.

[예멘] 약 2천여 명의 시위대(반정부와 친정부)가 사나 시내에서 돌과 콘크리트 조각들을 서로를 향해 던지며 충돌.

[리비아] '봉기의 날.' 야권, 가다피에 반대하는 모든 세력들의 궐기 요청. 정부는 30명의 교도소 재소자에게 무기를 주어 석방시키면서, 시위대를 공격하는 대가로 돈을 지급함. 경찰 총격으로 시위대 최소 14명 사망. 바이다에서도 13명이 경찰 총격으로 숨짐. 아지드비야, 데르나에서도 10명 사망. 트리폴리와 진탄에서도 시위. 정부 건물과 경찰서가 불에 탐.

18일 : [바레인] 보안군, 반정부 시위대에 발포 시작. 응급차에 환자를 싣는 의료진에게도 발포. 반정부 시위가 왕실 타도 시위로 발전. 황태자, 할리파 총리 사임 요구. 1명 사망, 최소 66명 부상.

[예멘] '분노의 금요일.' 사상 최대의 시위가 개최됨. 사나의 시위대는 대통령궁을 향해 행진. 3명이 경찰 진압과정에서 사망. 시위는 밤새 격렬하게 계속됨.

[리비아] 일부 군인들 시위대에 합류, 지역 라디오 방송국 장악. 바이다에서도 지역 경찰관들과 폭동진압 부대원들이 시위대에 합류했다고. 시위대를 총으로 쏘았다는 혐의를 받은 경찰관 두 명, 시위대에 의해 교수형을 당함. 바이다의 시위대, 근방 공군기지 장악 후 50명의 아프리카 용병 총살. 벵가지 교도소에서 1천 명의 재소자가 탈출. 리비아 정부, 인터넷 통제.

19일 : [바레인] 군경은 정부의 지시로 수도 마나마에서 철수. 수천 명의 시위자들이 진주광장으로 복귀.

[예멘] 시위대에 의한 최초의 총기사용 보도됨. 친정부 시위대와 반정

부 시위대간 격렬한 무력충돌 지속.

[리비아] 벵가지의 시위대, 베니나 국제공항 장악. 군대, 바이다시에서 철수. 정부, 시위대를 대상으로 중무장 헬리콥터, 대공미사일 사용. 수십 명 정부 총격으로 사망. 〈휴먼라이츠워치〉에 의하면 시위 시작 후 사망자 수는 2백 명이 넘는 것으로 추산.

20일 : [바레인] 마나마의 교사들, 변호사들, 엔지니어들이 시위에 합류.

[리비아] 벵가지 시위대 숫자 수십만 명 규모로 성장. 가다피의 둘째 아들, 텔레비전에 출연해 '내전으로 이어질 수도 있다'며 시위대를 향해 경고. 사망자 숫자 6~7백 명으로 증가.

[모로코] 수도 라바트에 모인 수천 명의 시민 반정부 시위 시작. "독재 타도", "우리는 헌법개정을 원한다.", "부패 척결" 등 구호 외침. 탕헤르, 마라케시, 알호세이마 등 전국 각지에서 총 3만 7천여 명이 거리로 나온 것으로 추산. 시위대는 경제상황 향상, 교육 개혁, 의료제도 개혁 등을 요구.

21일 : [리비아] 벵가지의 시위대는 거리 통제권을 획득, 보안본부들을 습격하여 무기 확보. 지역 라디오 방송국을 장악하고 "자유 리비아의 목소리"라는 자체 방송 시작. 시위대는 법원 건물 앞에 게양된 리비아 국기를 내리고 과거 리비아 왕정의 깃발을 올림. 리비아 공군, 시위대에 미사일 공격. 트리폴리에서도 방송국이 불에 타는 등 격렬한 시위 이어짐, 61명 사망. 리비아 해군, 해상에서 시위대 포격. 가다피가 시위대 폭격을 거부하는 해군을 총살시켰다는 보도. 〈어노니머스〉, 나토에게 리비아에 관여하지 않을 것을 충고하는 성명서 발표.

22일 : [바레인] 10만 명 이상의 반정부 시위대가 거리로 쏟아져 나옴. 바레인 인구의 17%가 시위에 참여했고, 그 행렬의 길이는 3킬로미터에 달함.

[리비아] 가다피, 국영TV에 나와 "하야하지 않을 것 …… 순교자가 될 것"이라며 정부군에 시위대 진압 지시. 수천 명의 아프리카 출신 용병들이 시위대 진압을 위해 트리폴리로 입국하고 있다는 목격자들의 증언.

23일 : [그리스] 독일 총리 메르켈이 각종 긴축조치를 수반하는 그리스 구제 금융 연장을 검토 중이라는 보도에 10만 명 이상이 격렬한 시위와 파업에 돌입.

[리비아] 시위 시작 후 사망자가 1천 명 이상 발생했다는 보도. 리비아
상황은 이후 여러 국제 세력들이 개입하는 전국적 내전으로 번짐.

25일 : [이집트] 시위대, 과도정부에 대한 압력을 지속시키기 위해 타흐리르
광장으로 복귀.

[예멘] 또 한 번의 '분노의 날.' 전국에서 18만 명의 사람들이 가두행진.
경찰, 시위대를 향해 발포, 4~11명 사망, 43명 부상.

26일 : [바레인] 국왕, 내각 몇 명을 교체하고 주택융자금을 25% 감면한다는
회유책 발표.

[모로코] 카사블랑카에서 1천 명 규모 시위, 정치개혁 요구.

28일 : [바레인] 시위대가 국회 건물을 둘러싸 2시간 반 동안 접근이 불가능하
게 만듦.

2011년 3월

1일 : [리비아] 반정부 세력, 리비아 동부와 서부 도시들 장악.

2일 : [사우디아라비아] 회원수가 2만 6천 명이 넘는 '페이스북' 페이지에서 3
월 11일의 분노의 날 시위를 조직하던 활동가 압둘-아하드, 사우디 보
안대에 의해 연행.

3일 : [이집트] 샤피크 수상 사임.

[바레인] 하마드에서 수니파와 시아파 사이의 폭력충돌이 일어남. 반정
부 시위가 시작된 이래 첫 종파간 갈등.

[예멘] 야권, 살레 대통령에 2011년 말 '명예 퇴진' 전제한 권력 이양 계
획 제안.

4일 : [바레인] 수천 명의 반정부 시위대가 바레인 국영 방송국 앞에서 왕가의
퇴진을 요구.

5일 : [이집트] 시위대, 알렉산드리아에 있는 국가보안조사부(SSI) 본부 등 전
국 각지의 SSI 건물을 습격. 무바라크 집권기간 동안 SSI가 이집트인들
에게 저지른 범죄기록을 확보하기 위해서라고 함.

[예멘] 사나, 아덴, 타이즈 등 여러 도시에서 수십, 수천 명이 시위 계속.

사나와 아덴의 모든 대학 휴교령. 일부 집권당 의원, 내각 각료들, 시위대에 대한 폭력 행사에 항의하며 사퇴.

[리비아] 벵가지에서 대표기구 과도국가위원회(TNC) 설립됨.

8일 : [바레인] 세 개의 시아파 집단이 〈바레인 공화국을 위한 연대〉를 결성하고 군주제 폐지와 내각의 선출직 전환을 요구.

[예멘] 일부 군인들도 시위대에 가담. 몇몇 교도소에서도 반정부 시위가 벌어짐. 군대, 사나 대학 캠퍼스 급습, 98명 부상.

14일 : [바레인] 바레인 정부의 요청으로 〈걸프 협력 회의〉(GCC)는 사우디아라비아군을 주력으로 하는 연합방위군인 〈반도방위군〉(Peninsula Shield Force)을 파견, 병력 1천 5백여 명이 반정부 시위 강경 진압을 시작.

15일 : [바레인] 하마드 국왕, 3개월 간 비상사태 선언하고 군에게 사회안정화를 위한 모든 필요한 조치를 취하라고 지시. 시아파 시위자 4명에게 사형 선고. 사망자 30명을 넘어섬. 경찰이 응급차를 사용해 사람들을 공격하고 있다는 증언.

[시리아] 시리아 각지의 주요 도시에서 일제히 대규모 반정부 시위 확대. 하사카, 다라, 데이르에즈조르, 하마에서 수천 명 반정부 시위.

16일 : [바레인] 보안군, 무장차량과 헬리콥터를 사용해 진주광장의 시위대를 강제해산, 사망자 5명, 수십 명의 부상자 발생. 보안군은 또 의료시설에 대한 접근을 차단하고 병원을 수색하여 시위자를 발견할 경우 병원 복도에서 사살. 수많은 활동가들이 연행됨.

17일 : [바레인] 정부군, 최소 100명의 의사를 감금하고 반정부활동에 대한 자백을 받아내기 위해 부상자들을 고문함. 최소 6명 사망. 반정부 인사들 대거 연행.

18일 : [예멘] 사나에서 신원미상의 총잡이들이 반정부 시위대를 향해 발포, 45명 사망, 200명 이상 부상. 보안국이 부상자들을 병원이 아니라 교도소로 이송했다는 보도. 여러 도시에서 수천 명 시위 계속. 살레 대통령, 국가비상사태 선포. 국영방송국은 지금까지의 상황을 "시민들 간의 갈등"으로 치부하는 보도. 오바마와 힐러리 클린턴, 사르코지가 예멘 정부의 공격을 강력하게 비난했다는 『워싱턴포스트』지의 보도.

[시리아] '존엄의 금요일.' 정부 부패 해결 촉구 수천 명 반정부 시위. 지역 치안 부대, 시위대 폭력 진압.

18일 : [바레인] 정부, 바레인 혁명의 상징이었던 진주광장의 진주기념탑 철거. 이후 수천 명의 시위대가 거리로 쏟아져 나옴. 군대가 바레인의 병원을 포위하고, 국영방송국 카메라가 꺼지면 직원들을 폭행하고 여성들의 옷을 벗기고 위협했다는 의사들의 진술. 해외 언론과 접촉하는 의사들은 연행되었다고 함.

20일 : [예멘] 살레, 내각 해산.

[모로코] 전국 60개 지역에서 3만 5천 명의 시민들이, 9일 국왕이 발표한 조치들로는 부족하다며 좀 더 나아간 정치개혁을 요구하는 시위.

[시리아] 1963년에 선포되어 지금까지도 해제되지 않고 있는 시리아 비상사태법에 반대하는 수천 명의 시위. 치안 부대 발포로 1명 사망.

22일 : [예멘] 살레, 시위대를 "쿠데타"로 규정하며 멈추지 않으면 내전이 일어날 것이라 경고.

[시리아] 시위대, 모든 정치범 석방, 반정부 시위자를 살해한 자에 대한 재판 실시, 48년 동안 지속된 시리아 비상사태법 철폐, 자유 확대, 부패 종식 등을 요구하며 시위. 시내 곳곳 검문소 설치, 병력 배치.

[사우디아라비아] 2011년 9월 지방선거에서 남성만 투표권을 갖는다는 공식 발표 이후, 여성들은 "발라디"(Baladi)라고 하는 페이스북 페이지를 개설하고 여성 참정권 운동을 시작.

24일 : [예멘] 반정부 시위대 편에 선 군대와, 정부 공화국 수비대 간 무력 충돌. 시위대는 "물러가라, 물러가라, 비겁자! 너는 미국의 하수인이다!"라고 외침. 그날 오후 살레, 야권의 권력이양 계획 수락.

25일 : [시리아] "영광의 금요일." 시리아 각지의 거리에서 수만 명 반정부 시위. 시위대에 대한 폭력 진압 격화. 다라에서 10만 명 이상 시위 참가, 최소 20명 사망.

26일 : [시리아] 알아사드 대통령, 2백 명 이내 정치범 석방 발표.

28일 : [예멘] 남서부 칸파르(Khanfar)에서 탄약제조 공장 폭발 직후, 관료들은 정부가 18개 주(州) 중에서 6개 지역에 대한 통제권을 상실했다고 발표.

29일 : [시리아] 주요 각료 교체. 다마스쿠스, 알레포, 하사카, 홈스, 타르투스, 하마에서 바샤르 알아사드 대통령을 지지하는 수십만 명 규모의 시위.

2011년 4월

1일 : [시리아] "순교의 금요일." 치안부내, 다마스쿠스 근교 두마에 모인 1천 명 반정부 시위대에 발포, 여덟 명 살해. 시리아 당국, 시리아와 터키 사이 국경 폐쇄.

8일 : [시리아] '저항의 금요일.' 현재까지 최대 규모의 반정부 시위. 다라에서 치안부대, 투석하는 반정부 시위대에 고무탄과 실탄 발포, 27명 사망, 다수의 부상자 발생. 이 날만 전국에서 37명의 사망자 발생.

15일 : [시리아] 수만 명이 바니야스, 라타키아, 알바이다, 홈스, 데이르에즈조르 등에서 반정부 시위. 새로운 내각 출범.

19일 : [시리아] 국가비상사태 선포 43년 만에 해제.

22일 : [시리아] 수만 명 가두시위. 치안 부대의 반정부 시위대에 대한 발포로 전국에서 최소 70~100명 사망.

23일 : [예멘] 살레, GCC '30일 내 퇴진' 중재안 수용,
　　　 [시리아] 사망한 시위대를 위한 장례식이 열림. 경찰 진압으로 주말에 걸쳐 217명의 실종자 발생.

2011년 5월

15일 : [스페인] "우리는 정치인들과 은행가들의 수중에 있는 상품이 아니다."는 구호를 외치며 첫 번째 집회 시작. 시위대는 더 많은 민주주의, 새로운 선거법, 정치권 부패 척결, 은행 국유화 등을 주장. 마드리드(5만 명) 씨벨레스 광장에서 시작된 집회는 푸에르타 델 솔 광장에서 여러 개의 선언문을 낭독하며 끝이 남. 바르셀로나(1만 5천 명), 그라나다(5천 명) 등 스페인 전역에서 13만 명의 사람들이 시위에 나선 것으로 집계됨. 마드리드에서 시위대가 그란비아 거리를 점거하고 깔라오 거리에서 연좌시위를 시작하여 경찰과 무력 충돌. 24명 연행, 경찰관 5명

부상. 이후 1백 명이 푸에르타 델 솔 광장에 캠프 설치.

16일 : [스페인] 2백 명이 바르셀로나 까딸루냐 광장에 캠프 설치.

17일 : [스페인] 경찰, 이른 아침에 푸에르타 델 솔 광장에서 야영 중인 150명 강제 진압. 2명 연행, 1명 부상. SNS를 통해 소식이 알려지며 여러 도시들에서 연대 집회 개최. 마드리드에서 1만 2천 명 시위, 2백 명이 총회에 참여하여 푸에르타 델 솔 광장에서 야영 결정. 30개 도시에 캠프가 설치됨. 마드리드에서만 4천 명 야영.

[영국] 영국 점거하라 운동 참가자들은 런던 주재 스페인 대사관 앞에서 22일까지 연좌하겠다며 스페인 점거하라 운동지지.

18일 : [스페인] 점거하라 시위, 레온, 세비야 등 다른 지방 도시들로 확산. SNS에 시위 지원 그룹들이 조직됨. "스페인 혁명"을 이라크, 튀니지에 비견하는 전 사회적 혁명으로 칭하는 해외 언론 보도.

19~20일 : [스페인] 수만 명의 사람들이 전국에서 야영 시위 중. 20일 밤, 푸에르타 델 솔 광장에만 1만 6천~2만 명의 시민들 집결.

21일 : [스페인] 마드리드(2만 8천 명), 말라가(1만 5천 명), 발렌시아(1만 명), 사라고사(6천 명), 세비야(4천 명), 그라나다(1천 5백 명) 등 스페인 전역에서 대규모 시위.

이날은 영국(3백 명), 암스테르담(5백 명), 브뤼셀(6백 명), 리스본(2백 명)을 비롯하여 아테네, 밀린, 부다페스트, 파리, 탕헤르, 비엔나, 로마 등 유럽 곳곳에서 시위 개최됨.

22일 : [예멘] 살레, GCC 중재안 서명 거부. 이후 예멘 혁명은 반정부 부족들과 친정부 세력 간의 내전으로 격화됨.

[사우디아라비아] 여성들, 운전 금지에 반대하는 운동을 시작. 알-샤리프 등 여러 여성들은 직접 차를 운전하다가 연행되기도.

24일 : [스페인] 무르시아에서 80명의 시위대가 지역 방송국에 잠입, 대중매체 조작을 비난하는 선언문 낭독. 바르셀로나 근처 타라고나에서도 30여 명이 재경부 건물에 잠입, 현 정치체제, 경제체제를 비판하는 슬로건들을 외침.

25일 : [그리스] 새로 도입된 긴축정책들을 규탄하는 집회들이 아테네, 테살

로니키, 트리폴리 등 주요 도시들에서 수만 명 규모로 열림. 아테네 시
위는 9만여 명이 회원으로 등록된 "신타그마의 분노한 사람들"이라는
페이스북 페이지를 중심으로 조직되는 등 페이스북이 시위조직 수단
으로 사용됨.

26일 : [그리스] 주요 도시들에서 시위 지속. 아테네 신타그마 광장에 모인 1
만 4천 명 중 절반이 청년층이라고. 스페인 시위의 구호 "조용히 하라,
그리스인들이 잠자고 있다."는 구호가 그리스 시위를 촉발한 것처럼
그리스 시위에서는 "조용! 프랑스인들이 잠자고 있다! 그들은 68년 5월
의 꿈을 꾸고 있다!"와 "조용히 하라, 이탈리아인들을 깨울지 모른다."
라는 구호가 등장함.

27일 : [그리스] 대규모 시위 3일째. 평화로운 분위기. 신타그마 광장에서 열
린 첫 번째 총회의 결과물이 출간됨.
[스페인] 바르셀로나 경찰, 다음 날 있을 프로축구 경기를 이유로 오전
7시에 까딸루냐 광장의 시위대 강제진압. 121명 부상, SNS를 통해 소
식이 번지며 시위가 더욱 확산되는 계기가 됨. 정오 무렵, 광장을 떠났
던 시위대 대부분 복귀. 바르셀로나에서 1만 2천 명이 경찰의 폭력적
진압에 항의하며 손을 하얗게 칠하고, 꽃을 들고 시위.

28일 : [그리스] 국회의사당 앞에서 7천 명 시위 계속. 튀니지, 아르헨티나, 아
르메니아, 헝가리 등의 국기가 등장. 20명 정도 텐트 치기 시작. 의료
진, 번역팀, 식량제공팀 등이 갖춰지며 시위는 점점 더 체계적으로 조
직화되는 외양.

29일 : [그리스] 범유럽 평화시위의 날. 아테네에만 10만 명이 집결. 제2도시
테살로니키에는 1만 명. "폭력의 가장 나쁜 형태는 가난이다." 등의 구
호 등장. 부통령 테오도로스 팡갈로스, "정치적 운동이라는 것은 ……
페이스북의 '좋아요', '싫어요' 몇 개로 되는 것이 아니다. 이데올로기와
조직이 없는 운동"이라며 시위 폄하. 시위대, "이 나라가 가라앉고 있
다, 테오도로스, 살 좀 빼!"라고 반박하는 구호 외침.

30일 : [그리스] 테살로니키 화이트 타워 앞에 30개의 텐트 등장. 매일 밤 총
회가 개최됨.

31일 : [그리스] 대규모 시위 7일째. 2만 5천~5만 명 규모의 시위대가 아테네 대학에서 집회를 마치고 국회를 포위.

2011년 6월

1일 : [바레인] 비상사태 해제.

[그리스] 코르푸에서 시위대는 국회의원들이 식사 중이던 식당을 포위하고 구호를 외치며 돌을 던짐. 아테네에서도 1만 5천 명이 모여 8일째 시위를 계속.

3일 : [예멘] 반정부 부족의 대통령궁 포격으로 살레 대통령 부상.

4일 : [예멘] 살레, 치료를 위해 사우디아라비아로 출국.

[스페인] 스페인 전역의 점거하라 시위대가 보낸 53명의 파견자들이 마드리드 푸에르타 델 솔 광장에서 열린 대규모 총회에 참석.

5일 : [그리스] 두 번째 범유럽 시위의 날. 아테네 신타그마 광장에 2~30만 명 집결, 1980년대 이후 최대 규모. 총회에서는 스카이페를 사용하여 스페인 마드리드의 푸에르타 델 솔 광장과 실시간 연결을 함. 경찰이 신타그마 광장으로의 접근을 막아, 충돌이 있었음. 테살로니키, 파트라스, 헤라클리온 등 다른 여러 도시들에서도 시위 지속.

[모로코] 라바트와 카사블랑카에 6만 명 집결. 경찰 진압으로 사망한 카말 아마리의 사진을 들고 최근의 경찰 폭력진압에 대해 항의시위.

11일 : [스페인] 지난 5월 22일 지방선거에서 선출된 시장들의 취임선서가 있는 날. 전국 수천 명의 분노한 사람들이 시청 앞에 집결. 부르고스에서 두 명 연행, 팔마에서 세 명 연행.

17일 : [사우디아라비아] 여성들의 운전할 권리를 주장하는 대규모 시위.

19일 : [스페인] 80개 도시와 마을에서 대규모 집회. 하루 동안 3백만 명의 사람들이 시위에 참여.

20일 : [스페인] '분노한 사람들의 행진'이 전국 16개 도시에서 여덟 개의 경로로 마드리드를 향해 출발함. 7월 23일 마드리드에 도착할 예정. 행진의 목적은, 운동의 목표를 널리 알리고, 각 지역의 요구들을 취합하고 지역 총회를 조직하는 것.

28일 : [그리스] 6월 내내 시위 지속. 의료, 교통, 교육, 공공 부문 노조가 48시간 파업 돌입. 기자들과 일부 예술가들도 파업 동참. 신타그마 광장에서 경찰과 시위대 간의 폭력 충돌 있었음. 최소 270명 부상.

29일 : [그리스] 정부, 새로운 긴축정책들을 통과시킴. 경찰, 오토바이와 최루가스, 각종 화학약품, 섬광 수류탄, 돌덩이, 대리석 조각 등으로 거리의 사람들을 닥치는 대로 공격하면서 신타그마 광장과 시내 곳곳에서 시위대를 몰아내려 시도. 경찰은 또 부상자를 호송하기 위해 광장에 접근하려는 응급차를 막아섬.

30일 : [그리스] 아테네와 테살로니키 등에서 수천 명 평화시위 지속.

2011년 7월

13일 : [미국] 『에드버스터스』, 월스트리트를 점거하는 평화시위를 처음 제안.

14일 : [이스라엘] 25세의 다프니 리프(Daphne Leef), 텔 아비브의 하비마 광장에 텐트를 치고 야영을 시작, 페이스북 페이지를 개설해 시위 제안.

15일 : [이스라엘] 리프의 제안을 보고 온 사람들, 로스차일드 대로에 50개의 텐트 설치.

16일 : [이스라엘] 〈전국 이스라엘 학생 연합〉, 반정부 시위 동참.

23일 : [스페인] 한 달 동안의 행진을 마친 '분노한 사람들의 행진'이 오후 9시 마드리드 푸에르타 델 솔 광장에 도착. 푸에르타 델 솔 광장에는 '존엄이여 환영합니다'(WELCOME DIGNITY)라는 배너가 걸렸고, 모두 환호성과 박수로 맞이함. 총회가 열려 행진 중에 취합된 각 지역의 사회적·정치적·경제적 문제들과 요구들이 공유됨. 이 경험들이 모여 "민중의 책"(The Book of the People)이 만들어짐.
[이스라엘] 텔아비브 시내에서 열린 첫 번째 대규모 집회 및 가두행진에 수천 명의 사람들 참여.

24일 : [스페인] "문제는 위기가 아니라, 이 체제다."라는 슬로건 아래 전국에서 모인 수백, 수천 명의 사람들, 마드리드에서 가두행진. 시위자들은 은행과 정부 부처 건물에 "유죄"라고 써 붙임.
[이스라엘] 예루살렘에서, 1천여 명 시위대 거리행진.

25일 : [스페인] 올해 겨울의 운동방향을 논의하기 위한 15M 사회포럼이 열림. 경제학자 스티글리츠가 방문하여 지지 연설.

26일 : [스페인] 50명의 분노한 사람들, 10월 8일에 벨기에 브뤼셀에 도착하는 일정으로 푸에르타 델 솔 광장을 떠나 도보행진 시작. 이들은 유럽의회에 시위대의 요구를 전달할 예정이었다.
[이스라엘] 네탄야후 수상, 시위를 잠재우기 위한 유화책으로 새로운 주거정책 발표.

27일 : [스페인] 전국에서 모인 분노하라 시위대가 야영 중이던 파세오 델 프라도 광장을 경찰이 폭력 진압. 국회의사당 앞까지 5백여 명 항의 시위.

28일 : [이스라엘] 첫 '유모차 시위.' 수천 명의 이스라엘 부모들이 거리로 나와 높은 양육비 부담에 항의.

30일 : [말레이시아] 메그데카 광장에서 '다타란을 점거하라' 총회가 열림.
[이스라엘] 예루살렘, 텔아비브, 하이파, 베에르셰바 등 이스라엘 전역에서 8만 5천~15만 명의 사람들 시위에 나섬.

2011년 8월

2일 : [미국] "예산 감축에 반대하는 뉴욕 시민들"이 월스트리트를 점거하라 (이하 OWS) 추진을 위한 총회를 다른 그룹들과 함께 남부 맨해튼의 황소상 앞에서 개최.
[스페인] 경찰, 푸에르타 델 솔 광장과 파세오 델 프라도 진입로를 모두 통제. 남아 있던 시위대 모두 강제퇴거. 이후 5천 명 시위대 집결하여 항의 행진하고 마요르 광장을 점거하여 임시총회를 개최. 그곳에 안내소를 설치하고 일부는 야영하기로 결정.

3일 : [스페인] 시위대가 푸에르타 델 솔 광장으로 재진입을 시도하였으나 경찰은 주변의 모든 지하철역을 통제하며 진입이 불가능하게 만듦. 4천 명 시위대, 시내 가두 행진 시작. 푸에르타 델 솔 광장을 여러 경로를 통해 진입 시도하며 경찰과 쫓고 쫓기는 추격전.

4일 : [영국] 런던 북부의 빈민가 토트넘에서 흑인 청년 마크 더건이 경찰의 총격으로 사망.

6일 : [이스라엘] 텔아비브(15만~30만 명), 예루살렘(3만 명) 등 전국에서 20
만~35만 명에 달하는 사람들이 거리로 나섬.

7일 : [그리스] 경찰, 화이트 타워 광장에서 야영하던 시위대 강제진압. 7명 연행.
[영국] 토트넘 주민들, 마크 더건의 죽음에 항의하는 시위. 경찰, 대규모
인원을 파견하여 시위 폭력 진압. 8~10일 사이 런던, 버밍엄, 리버풀, 브
리스틀, 맨체스터 등으로 시위 확산, 차량, 쇼윈도 등이 불에 타거나 파
손되며 경찰과 격렬한 충돌 지속.

13일 : [이스라엘] 전국에서 7만 5천 명 시위.

15일 : [영국] 마크 더건의 사망 이후 각지에서 일어난 폭동으로, 총 3,100명
연행, 그 중 1천여 명 기소. 5명 사망, 16명 부상.

22일 : [이스라엘] 시위를 처음 제안했던 리프를 비롯한 활동가들, 텔아비브
시내의 비어 있는 건물을 점거하고 현실적인 주거정책을 요구하는 플
랫카드를 건물에 내걸다.

23일 : [그리스] 관광업 분야 노동자들, 24시간 파업. 아테네 시내에서 시위.
〈범노동자전선〉(Pan-Worker's Front), 신타그마 광장의 가장 유명한
호텔들 내부에서 연좌시위.

26일 : [이스라엘] 텔아비브에서 두 번째 건물 점거.

28일 : [리비아] 8월 20일에 시작된 트리폴리 전투에서 반군이 승리하며 트리
폴리 장악.

2011년 9월

3일 : [이스라엘] "1백만의 행진" 개최. 전국에서 46만 명 시위. 텔아비브에서
만 30만 명.

6일 : [그리스] 정부, 새로운 긴축조치들 발표. 교사, 의사, 택시운전사, 세관원,
세무서 직원, 환경미화원, 시공무원 등 공공 부문 노동자들, 파업 선언.
[이스라엘] 6~7일 텔아비브 시 당국, 시위대 텐트 철수 요구. 시위 텐트
철거에 대항하는 격렬한 항의시위에서 최소 30명 연행.

17일 : [미국] 뉴욕 주코티 공원 점거 시위 첫 날. 1천여 명 집결. 뉴욕시 경찰,
시위자들의 텐트설치 저지.

20일 : [미국] 경찰, 마스크 착용 시위자들을 위법이라며 연행.

24일 : [미국] 시위대, 뉴욕 업타운으로 가두 행진. 최소 80명 연행.

25일 : [미국] 사이버 운동 집단 〈어노니머스〉, 오후 4시 30분 경 유투브에 비디오를 올려 뉴욕시 경찰이 "향후 36시간 동안 잔인한 진압을 할 경우 인터넷에서 당신들을 처치할 것"이라고 경고.

26일 : [미국] 시위 10일째. 〈어노니머스〉, 시위대를 잔인하게 진압한 경찰과 그들의 가족들의 신상을 인터넷에 공개함. 촘스키, 월가 시위대를 지지하는 메시지 발표. 영화감독 마이클 무어, 주코티 공원 방문.

28일 : [미국] 〈미국교통노동자조합〉, 월가 시위 지지 투표. 뉴욕시 경찰국장 켈리, 주코티 공원은 사적으로 소유된 공공 공원이고, 의무적으로 24시간 개방이기 때문에 뉴욕시 경찰이 그곳에서 집회를 금지할 수 없다고 진술.

29일 : [미국] 샌프란시스코 시위대, 시티뱅크, 체이스은행 등 주요 은행 점거 시도.

30일 : [미국] 여러 노동조합 대표들이 포함된 1천여 명의 시위대, 뉴욕시 경찰본부로 행진.

2011년 10월

1일 : [미국] 뉴욕 시위대, 브룩클린 다리 위 가두 행진 시도. 7백 명 이상 연행. 뉴욕시 경찰이 시위대 연행을 위해 시위대를 다리 위로 유도했다는 의혹 제기됨.

3일 : [미국] 뉴욕에서 수백 명의 시위대가 "기업가 좀비" 차림을 하고 월가 가두시위.

[이스라엘] 로스차일드 대로의 시위 텐트들 경찰에 의해 강제 철거됨.

4일 : [미국] 브룩클린 다리 위에서 연행된 시위자 일부, 뉴욕시가 자신들을 브룩클린 다리 위로 유인하여 연행함으로써 헌법상 보장된 권리를 침해했다며 소송 제기.

[프랑스] 3백여 명의 시위대, 파리의 금융지구 라데팡스 점거 시작. 이후 리용, 마르세이유, 낭뜨 등 50개가 넘는 도시에서 점거하라 운동이

시작됨.

5일 : [그리스] 총파업. 시위 도중 청년층과 경찰 충돌. 10명 연행됨.

[미국] 남부 맨해튼 폴리 스퀘어에서 주코티 공원까지 사상 최대 규모의 시위대(5천~1만 5천 명)가 가두 행진. 그날 밤 경찰 바리케이드 급습을 시도한 2백여 명의 청년들과 경찰 간 무력충돌. 전국 각지에서 소규모 시위들 개최.

8일 : [아일랜드] 60명 정도가 다임가 중앙은행 본부 앞에 텐트 설치. 페이스북과 트위터를 통해 조직됨. 이후 시위는 코크, 골웨이, 워터포드, 레터케니, 아스론 등 여섯 개 도시로 확산.

9일 : [미국] 전국 70개 주요 도시, 6백 개 지역이 점거하라 시위 중.

10일 : [미국] 블룸버그 뉴욕 시장, 시위대가 법을 준수하는 한 그들을 진압하지 않겠다고 발표.

11일 : [멕시코] 56세의 노동경제학자 에두르 벨라스꼬가 멕시코 증권거래소 앞에서 시작한 단식투쟁으로 점거하라 운동이 시작됨. 벨라스꼬는 청년층 고등 교육기회의 확산을 요구하며 42일째 단식투쟁 중이었음. 그가 단식투쟁을 시작한 지 며칠이 지나지 않아 증권거래소 앞에 텐트들이 증가하기 시작.

13일 : [미국] 블룸버그 뉴욕 시장, 시위대에게 주코티 공원을 청소해야 하니 공원을 비워달라고 요청. 시위대는 자신들이 치우겠다고 응답. 뉴욕시 경찰, 시위대가 공원에서 야영할 수 없다고 발표.

15일 : 세계 총 행동의 날. 전 세계 82개국 1천5백 개가 넘는 도시들에서 점거하라 시위 동시 개최.

[그리스] 월스트리트 점거 운동 연대 집회.(7천 명 규모)

[미국] 뉴욕 타임즈 광장에서 10만 명 시위. 100여개 도시에서 시위.

[호주] 수도 시드니의 마틴 플레이스와 멜버른시 시티 스퀘어에서 점거하라 시위 시작됨.

[캐나다] 20여개 도시에서 점거하라 시위 시작됨.

[덴마크] 2천여 명이 참석한 뉴욕 점거하라 시위 지지집회 직후 '코펜하겐을 점거하라' 캠프가 설치됨.

[독일] 50여 개 도시에서 시위. 베를린, 연방의회 의사당 앞에서 점거하라 시위 시작. 프랑크푸르트에서는 유럽중앙은행 앞에서 점거하라 시위 시작됨.

[홍콩] 영국의 거대 은행그룹 HSBC홀딩스사 앞에 점거하라 캠프 설치됨.

[이탈리아] 수도 로마에서 20만 명이 집결한 대규모 집회. 여러 지방 도시들에서도 집회 열림. 시위대 일부는 수류탄 등 직접 제조한 폭발물을 던져 차량, 건물을 불태우고 현금지급기, 점포 쇼윈도 등을 파손. 105명의 경찰관, 2명의 방송스태프 등 총 135명 부상. 20명 연행. 시위 직후 예루살렘 광장의 산타 크로체 성당에 점거하라 캠프 설치됨.

[말레이시아] 사상 최대인 2백 명이 넘는 사람들이 '다타란을 점검하라' 운동에 참여. 10월말, 운동은 페낭의 '페낭을 점거하라', 켈란탄 지역의 '코타 바루를 점거하라' 등으로 확산.

[뉴질랜드] 오클랜드(Auckland)에서 점거하라 운동이 시작됨. 이후 뉴플리머스, 웰링톤, 크라이스트처치, 더니든, 인버카길 등 6개 도시로 확산됨.

[노르웨이] 오슬로와 베르겐에서 시위 시작. 매주 토요일 시내 중심부에서 시위 개최.

[남아프리카공화국] 요하네스버그, 케이프타운, 더반, 그레이엄스타운, 이스트런던 등 다섯 개 도시에서 점거하라 운동이 시작됨. 이 운동은 '남아프리카공화국을 되찾자!'(Taking Back South Africa!) 운동으로 불림.

[한국] 서울 대한문 앞에서 열린 'Occupy 서울 국제 행동의 날' 시위에 1천 명 집결. "자본주의는 고장 났다," "1퍼센트에게 세금을, 99퍼센트에게 복지를" 등의 구호 등장. 오스트레일리아와 스페인에서 온 청년들도 "그리스 노동자 투쟁을 지지한다.", "혁명이 유일한 해법이다."는 푯말을 들고 집회 참석.

[일본] 도쿄에서 500여 명 규모 시위. "원전 반대" 주장도.

[스위스] 5백~1천 명 규모 시위대, 수도 취리히 파라데플라츠에서 시위. 이후 린덴호프에 1백 명이 점거하라 캠프 설치.

[스코틀랜드] 에딘버러의 금융지구 세인트 앤드류 스퀘어에 점거하라 캠프가 설치됨.

[스페인] 60개 도시에서 시위가 열림. 마드리드에서 50만 명 행진, 5만 명이 행진 후 총회 참석. 바르셀로나 시위대 규모, 25만 명.

16일 : [미국] 시위 30일째. 오바마 대통령, 점거하라 시위 지지의사 표명. 백악관, 오바마 대통령이 99%를 위해 일하고 있다고 발표.

17일 : [그리스] 해상노동조합이 48시간 파업에 돌입하고, 정규 관련 세관원들이 24시간 파업을 시작하면서 총파업이 실질적으로 시작됨.

20일 : [몽골] 〈노동조합연맹〉(CTU) 위원장, 월스트리트를 비롯하여 전 세계에서 열리고 있는 점거하라 운동과 함께한다고 선언.

21일 : [북아일랜드] '벨파스트를 점거하라' 시위가 인베스트NI 건물 앞에서 시작됨.

22일 : [한국] 'Occupy 서울' 2차 대회. 다양한 사회단체, 진보 정당, 노동조합, 학생단체 등이 참석.

25일 : [미국] 경찰, 오클랜드 점거하라 시위 캠프 두 곳을 폭력적으로 강제 진압. 이라크 전쟁 참전 군인인 퇴역 해군 스콧 월슨, 경찰이 발사한 무기에 부상을 당해 두개골절 중상을 입음.

26일 : [미국] 스콧 올슨을 지지하는 시위가 미국 전역에서 열림.

28일 : [그리스] 국경일. 전국에서 집회 열림. 테살로니키 시위대는 매년 정기적으로 실시되는 군대 퍼레이드를 1941년 시작된 이래 처음으로 저지하는 데 성공. 참관 중이던 파풀리아스 대통령은 쫓겨나기도. 여러 도시들에서 열린 기념행사들에 참석한 시위대는 행사 참관 중이던 정치인들과 정부 각료들을 향해 계란을 던지고, 야유를 보내고, 반정부 구호를 외침.

2011년 11월

2일 : [미국] 오클랜드의 시위대 3천~4천 5백 명, 미국에서 다섯 번째로 규모가 큰 항구인 오클랜드 항을 점거하고 항구의 모든 활동을 정지시킴. 오크랜드 도시 전체 총파업 돌입.

12일 : [콜롬비아] 약 8백여 명의 시위대가 전국 대학들을 점거하기 시작.

15일 : [미국] 뉴욕 점거하라 시위 60일째. 뉴욕시 경찰, 새벽 1시경 주코티 공원 강제 진압. 공원 소유주측이 점거하라 운동이 시위대와 공원 주변 시민들에게 의료재해, 화재의 위험을 초래하고 있다고 주장했다고.

17일 : [그리스] 아테네에서 5만 명 규모 시위.

　　　[미국] 월스트리트 점거하라 운동 2개월 기념 총 행동의 날. 뉴욕시 주코티 공원, 유니온 스퀘어, 폴리 스퀘어, 브룩클린 다리 등 도심 여러 곳에서 2만 명의 시위대 가두 행진. 그밖에 포틀랜드, 로스앤젤레스, 보스턴, 시애틀 등에서 대규모 시위와 연행.

19일 : [키프로스] 수도 니코시아 중심부에 설치된 유엔 관할 완충지대에서 ‘완충지대를 점거하라’(Occupy Buffer Zone) 운동이 시작됨.

　　　[리비아] 나이지리아에서 가다피의 아들 사이프 알 이슬람 가다피 체포됨.

　　　[이집트] 19~21일, 타흐리르 광장에 수천 명 재집결. 시위대와 군대 간 무력 충돌, 많은 부상자와 사상자 발생.

30일 : [미국] 로스앤젤레스 점거하라 캠프, 1천 4백 명의 경찰에 의해 강제해산. 2백 명 연행.

2011년 12월

5일 : [미국] 워싱턴 D.C. 국회의사당 근처 공원에 점거하라 캠프가 설치됨. “의회를 되찾자”는 구호 외침.

6일 : [그리스] 2008년 시위의 도화선이 된 알렉산드로스 그리고로풀로스 사망 3주기 집회가 열림. 수천 명의 사람들이 의회 건물 앞으로 행진, 화염병을 던지며 경찰 최루탄에 맞섬.

8일 : [미국] 워싱턴 D.C. 국회의사당 앞에서 1천여 명 시위.

10일 : 2차 세계 총 행동의 날. 전 세계 24개국 102개 도시에서 집회 개최.

　　　[한국] ‘Occupy 서울’ 2차 국제 행동의 날. 대한문 앞에 6백여 명 집결. 오후 4시 40분 〈대학생사람연대〉 소속 대학생 6명이 텐트를 들고 여의도 한국거래소 정문 옆 캠프 설치. ‘여의도를 점거하라’ 시작.

17일 : [미국] 월스트리트를 점거하라 3개월 기념 집회에서 50명 연행.

18일 : [미국] 월스트리트를 점거하라 시위대, 듀어티 스퀘어 점거 시도, 50여
　　　 명 연행. 노스캐롤라이나, 롤리에서도 점거하라 시위.

31일 : [미국] 월스트리트를 점거하라 시위대 5백 명, 주코티 공원 진입 시도.
　　　 68명 연행.

2012년 1월

2일 : [나이지리아] 1월 1일 굿럭 조나단 대통령이 연료 보조금을 폐지하겠다
　　　 고 발표한 것에 항의하는 나이지리아를 점거하라 시위가 시작. 카노,
　　　 오조타, 아부자 등 나이지리아 주요 도시와 런던 주재 나이지리아 대사
　　　 관 앞에서 시위가 열렸다. 최소 16명이 경찰 총격으로 사망. 트위터, 페
　　　 이스북 등이 광범위하게 사용되었다.

10일 : [미국] 주코티 공원을 둘러싸고 있던 바리케이드가 철거되자 수백 명
　　　 의 시위대가 공원 재점거 시도.

17일 : [미국] 워싱턴 D.C.의 의회를 점거하라 시위대, 백악관 앞에서 국회의
　　　 사당까지 행진.

19일 : [미국] 주택을 점거하라 시위대, 법원의 압류주택 경매 방해 시위. 미국
　　　 전역에서 활발히 활동.

20일 : [시리아] 알아사드 대통령, 그간의 반정부 시위를 외국인들의 탓으로
　　　 돌리며, 반란자들을 잠재우기 위해서는 모든 시리아인들이 힘을 모아
　　　 야 한다고 발표.
　　　 [미국] 샌프란시스코 시위대, 웰스파고 은행 건물 봉쇄 시도, 10명 연
　　　 행. 미국 전역의 150개 법원 앞에서 법원을 점거하라 시위.

25일 : [이집트] 31년 만에 국가 비상사태법 폐지.

28일 : [미국] 오클랜드에서 2천 명 집결, 시청을 향해 행진. 경찰, 최루액을
　　　 사용하여 강제해산, 4백여 명 연행.

29일 : [미국] 미국 전역에서 오클랜드 시위를 지지하는 거리행진 개최.

2012년 2월

3일 : [시리아] 정부, 반군이 장악한 지역 홈스에 대한 공격 시작.

4일 : [미국] 경찰, 워싱턴 D.C. 맥퍼슨 광장 점령캠프 강제 퇴거.

7일 : [그리스] 그리스 최대의 노조 두 곳, 24시간 전국적 총파업 돌입.

11일 : [아르메니아] 수도 예레반의 마쇼토 공원 연좌농성을 시작으로 아르메
니아를 점거하라 운동이 개시됨.

12일 : [그리스] 아테네 국회의사당 앞 50만 명 집결. 파파데모스의 잠정내각
이 추진하는 긴축정책에 반대함. 경찰, 최루가스, 수류탄을 대거 사용.
시위대, 돌과 화염병으로 맞섬. 45개의 건물이 불에 탔고, 시위대 25
명, 경찰관 40명 부상.

22일 : [스페인] 발렌시아에서 각종 대학 관련 긴축조치에 항의하며 수천 명
의 대학생 시위. 수백 명 연행.

27일 : [예멘] 살레 대통령 공식적으로 사임.

29일 : [스페인] 그리스 시위에 연대하는 대규모 시위 개최. 일부 경찰은 시위
대를 지지하는 모습을 보이기도.

2012년 3월

17일 : [미국] 뉴욕 시위대, 주코티 공원을 재점거하여 6개월 기념 집회를 개
최하려 시도하였으나, 70명 이상이 연행되며 경찰에 의해 저지됨.

20일 : [미국] 뉴욕 시위대, 뉴욕시 경찰국장 사임을 요구하며 경찰본부 앞으
로 행진.

2012년 4월

5일 : [그리스] 디미트리스 크리스툴라스(Dimitris Christoulas)라는 77세의
연금생활자 남성, 더 이상 쓰레기통에서 음식물을 주워 먹으며 살아가
고 싶지 않다는 유서를 남기고 권총 자살. 대규모 반정부 시위 재개.

20일 : [이집트] 카이로의 타흐리르 광장에 수천 명 재집결.

28일 : [체코] 지난 한 주간 지속된 노동조합들과 시민단체들의 수만 명 규모
시위 이후 수도 프라하에서 ‘클라로브를 점거하라’(Occupy Klárov)
시위가 시작됨.

2012년 5월

1일 : [미국] 미국 점거하라 운동이 조직한 총파업의 날. 미국 전역에서 점거
하라 운동이 주도한 다양한 문화행사들과 대규모 시위가 벌어짐.

11일 : [멕시코] 'Yo Soy 132' 운동이 시작됨. 〈제도혁명당〉 대선후보 페냐 니
에토는 7월 1일 대선을 앞두고 수도 멕시코 시티에 위치한 이베로-아
메리칸 대학에서 유세를 펼쳤고, 관중은 2006년 그가 멕시코주 지사
로 재직할 당시 지역 주민들의 시위를 강경 진압하여 두 명이 사망했
던 사건에 대해 그에게 항의를 하기 시작. 페냐 니에토가 당시의 결정
을 정당화하는 발언을 하자 학생들과 관중이 '우리는 아뗀꼬를 잊지
않았다'고 외치며 그를 쫓아냄. 이후 멕시코 주요 대중매체는 관중들
을 비난하며, 그들이 다른 정당의 사주를 받은 진짜 학생들이 아니었
다고 매도. 관중석에 있었던 131명의 학생들은 유투브에 비디오를 올
려 매체들의 보도행태 비판. 사람들은 "내가 132번째 학생이다."며
SNS를 통해 연대와 지지의사를 표명하기 시작하면서 "Yo soy 132"(나
는 132다.) 운동이 시작됨. 지역 대중매체들은 이 운동을 "멕시코의
봄", 해외 언론은 "멕시코의 점거하라 운동"이라고 지칭. 이후 과달라
하라, 푸에블라, 산크리토발 등 멕시코 전역에서 대규모 학생 시위가
벌어졌다.

15일 : [스페인] "분노한 사람들" 시위 1주년을 기념하는 대규모 시위가 스페
인의 여러 도시들에서 개최. 전국에서 최소 10만 명이 긴축조치에 항
의하며 거리로 나섰다고. 런던, 리스본, 프랑크푸르트, 텔아비브 등에
서도 지지 시위.

25일 : [시리아] 정부, 훌라 지역 공습, 민간인 108명(여성 34명, 아동 49명 포
함) 학살.

2012년 6월

2일 : [이집트] 무바라크 전 대통령, 이집트 법원에서 종신형 선고.

13일 : [튀니지] 벤 알리 전 대통령, 튀니지 법원에서 징역 20년형 선고.

16일 : [이집트] 16~17일, 투표율 과반수를 넘지 못한 1, 2위 후보를 대상으로

2차 대통령 선거 실시. 〈무슬림형제단〉측 후보인 모하메드 무르시 최
종 당선.

22일 : [이스라엘] 시위를 최초로 제안했던 다프니 리프, 텔 아비브에서의 시
위 도중 연행.

23일 : [이스라엘] 리프 연행에 항의하는 대규모 시위. 85명 연행. 은행건물의
창문들 시위대에 의해 파손됨.

2012년 7월

11일 : [미국] 지난 5일 펜실베니아를 출발한 '99마일 행진'이 우디 거스리의
100번째 생일을 기념하며 목적지인 맨해튼에 도착. 그들을 맞이하러
나온 경찰에 의해 한 명 부상, 세 명 연행. 이 행진을 주도한 '기타미를
점거하라'는 기타리스트 톰 모렐로가 수십 명의 기타리스트를 모아 결
성한 기타밴드.

12일 : [시리아] 정부군, 트렘세 공격, 225명 학살.

15일 : [스페인] 검은 옷을 입은 수천 명의 스페인 공무원들, 정부의 긴축조치
에 항의하며 의사당 앞으로 시위.
[멕시코] 7월 1일 대통령 선거에서 승리한 대통령 후보 페냐 니에토의
선출에 항의하는 5천 명의 사람들, 수도 멕시코 시티에서 가두시위.

22일 : [미국] 캘리포니아주 애너하임 경찰, 두 명의 비무장 라티노 남성을 총
으로 쏴 죽임. 분노한 수백 명의 애너하임 주민들, 이어지는 한 주 동
안 거리로 나와 경찰과 격렬하게 충돌.

27일 : [시리아] 최대 도시 알레포에서 반군과 정부군의 전투 시작됨. 20만 명
의 시리아 난민 발생.

28일 : [영국] 경찰, 런던 올림픽 개막식 당일 올림픽 공원으로 진입하는 자전
거 시위대 5백여 명 진압, 130명 연행.

29일 : [일본] 도쿄 국회 앞에서 2만 명 규모의 반핵 시위.

2012년 8월

6일 : [독일] 경찰, 유럽중앙은행 앞에서 야영 시위 중이던 4~60명의 프랑크

푸르트를 점거하라 시위대 강제 퇴거.

28일 : [미국] 9월 17일 월스트리트를 점거하라 1주년을 앞두고 각종 행사 계획
들이 보도됨. 시위대는 수갑으로 은행가들의 체포를 시도할 것이며, 거
리를 점거하여 음식을 나눠먹고, 무료 의료서비스를 제공할 것이라고.

2012년 9월

2일 : [미국] 민주당 전당대회를 앞두고 노스캐롤라이나 주 샬롯에서 수백 명
의 점거하라 시위대, "우리는 오바마의 약속에 속지 않는다."고 외치며
행진. 샬롯의 시위대는 1년 째 시내에서 야영시위 중.
[홍콩] HSBC 홀딩스 아시아 본부 앞에서 야영 시위 중인 '센트럴을 점
거하라' 시위대, 퇴거하라는 법원 명령이 떨어진 지 1주일이 지났는데
도 불구하고 수십 명이 남아 점거를 계속함.

이 책에서 사용되는 개념어들 중에서 반드시 설명될 필요가 있는 몇 개의 용어가 있다.

첫째는 네 개의 주체적 형상에 관한 것으로 the indebted, the mediatized, the securitized, the represented 등이 있다. 이 네 개의 용어는 위기의 주체적 형상들을 제시하기 위해 저자들이 만들어낸 말들이다. 저자들은 이전의 책들에서 다중을 'the poor', 즉 '가난한 사람들'로 묘사하기를 좋아했다. 이것은 다중이 프롤레타리아의 현대적 형상임을 드러낸다. 이 책에서 프롤레타리아는 이제, 가난한 사람들이기를 넘어 'the indebted'(빚진 사람들)로 등장한다. 하지만 빚진 사람들은 어원상에서 가난한 사람들을 포함한다. 어원적으로 'debt'는 'de'(away)+'habere'(have), 가진 것이 없음을 의미하기 때문이다. 그러한 상태에 빠진('in') 사람들, 그래서 살아남기 위해서 채권자로부터 돈을 꾸어올 수밖에 없는(없었던) 사람들인 'the indebted'는 '빚쟁이들', '채무자들' 등으로도 번역될 수 있겠지만 다른 세 개의 주체 형상들과 어감과 리듬을 맞추기 위해 '빚진 사람들'로 번역한다.

'빚진 사람들'이 화폐관계 속에서 불안정한 상태에 놓인 다중들을 지칭한다면, 'the mediatized', 즉 '미디어된 사람들'은 자신의 신체로부터 유리된 지성, 정보, 매체에 의존하는, 즉 그것에 예속될 뿐만 아니라 그것을 수단으로 삶을 영위하는 주체적 형상을 지칭한다.

현대 영어에서 'mediatize'는 두 가지 의미로 사용된다. 하나는 '속국으로 만들다', 즉 한 나라의 지배자가 일정한 권리를 보유토록 하면서 그 나라를 합병하는 것을 뜻한다. 또 하나는 mediate, 즉 매개하다와 같은 뜻으로 사용된다. 두 가지 의미가 모두 중매를 의미하는 라틴어 'medium'에서 기원하는 'media'에 뿌리를 두고 파생된다. 저자들이 사용하는 'the mediatized'는 TV, 라디오, 신문, 핸드폰, 인터넷, SNS 등 인지화된 노동의 주요한 수단으로 사용되는 정보적 미디어를 중심에 놓고 위의 두 가지 의미를 결합시키는 조어造語이다. 인지자본주의 하에서 살아가면서 사람들은 점점 더 강하게 미디어되기를 수행하는데, 미디어되면 될수록, 삶은 신체로부터 더 멀어지고 직접적 어울림을 기피하게 된다. 중간 매개자인 미디어의 유통과 흐름이 진짜 삶을 대체할 수 있다는 가상을 만들어내기 때문이다. 이 과정에서 사람들은 미디어에 예속되어 있으면서도 자신이 주체인 듯한 가상을 유지하는데, 이것이 예속자들에게 미디어 체제가 부여하는 일정한 권리이다. 이를 통해 저자들은 '미디어된 사람들'의 사회가 자본의 속국으로 되어 있는 현실을 고발하고 물리적 신체적 인접성에 입각한 정치적 정동의 구성을 대안으로 제시한다. 2011년의 반란이 1999년의 대항지구화 시위에서처럼 인터넷을, 그리고 SNS와 같은 소셜 네트워킹을 광범위하게 이용하면서도 그때와는 달리 공장, 광장, 공원, 거리와 같은 물리적 공간을 물리적으로 점거하는 방법을 선택한 것은 바로 이러한 신체적인 정치적 정동의 구성이 필요하다는 진실을 자각한 것의 결과라고 저자들은 파악한다.

단어의 가장 특이한 전용轉用은 'the securitized'에서 발견된다.

securitize나 securitization은 오늘날 금융용어로만 사용되고 있는데 이 책에서는 군사적, 행정적, 사법적, 정치적 용어로 사용되고 있기 때문이다. 금융용어로서의 securitize는 '증권화하다'를 의미한다. 증권화^{securitization}란 비유동성 금융자산을 수익성 있는 자본시장 증권으로 전환시켜 자산에 유동성을 부여하는 금융혁신의 한 방법이다. 이를 위해 기존의 대출채권이나 미래에 현금흐름을 발생시킬 수 있는 특정한 자산들은 은행, 특수목적회사^{SPC} 등과 같은 도관체^{conduit}인 금융기관에 양도되고 SPC는 이것을 담보로 투자자에게 유가증권을 발행해 준다. 증권화의 대상이 되는 자산에는 미래에 현금흐름이 발생될 수 있는 어떠한 형태나 자산도 포함될 수 있다. 주택저당대출, 자동차할부채권, 리스료, 선박대출, 항공리스료, 학생대출, 정크본드, 상가임대료 등과 같은 다양한 자산들이 증권화 될 수 있다. 2008년 미국에서 발발한 금융위기는 바로 자산의 이러한 증권화를 기초로 하여 발생했다. 저자들이 이런 맥락을 갖는 'securitize'를 위기의 주체형상을 특징짓는 용어로 가져올 때, 이러한 언어적 배후 맥락을 고려하지 않았을 리가 없다. 증권화를 금융기관에 자신의 자산을 맡겨 유동화함으로써 자산의 안전과 증식을 도모하는 과정으로 이해하면 securitize의 금융적 용법과 저자들의 용법 사이의 연결고리를 발견할 수 있다. 저자들에게서 '자산'은 물질적 비물질적 재화를 의미하는 것이 아니라 다중의 삶을 의미한다. 제국적 일국적 권력들과 미디어들이 불안과 공포를 일상적으로 생산하는 상황에서 사람들은 (자산을 금융기관에 맡겨 그것의 안전과 증식을 도모하는 것과 유사하게) 자신의 삶을 군사적, 사법적, 행정적 보안기관들(군대, 감옥, 여러 형태의 감시기구, 카메라 등)에 맡김으로써 안전을 도모한다. 이것이 안전security을 도모하는 위기적 양식이다. 이런 점에서 보안화는 증권화와 본질에서 전혀 구분되지 않는다. 이런 의미에서 'the securitized'는 '보안된 사람들'로 번역한다. (저당된 사람들, 증권된 사람들 등의 번역이 가능하겠지만 이 용어가 경제적 수준보다 사법적, 군사적, 행정적 맥락에서 사용되고 있는 점을 고려하여 피한다.) 증권화 과정에서 자산이 담보물로 되듯이, 보안화 과정에서 보안된 사람들의 삶도 담보물로 된다. 담보로 잡힌 저당체는 mort-gage, 즉 죽은mort 것이다. 저자들은 2011년의 반란들이, 죽은 것과 다를 바 없는 보안된 삶에서의 탈주(2장 3절의 제목이 'Break Free!'이다.)를 표현한다고 말한다.

이 세 가지 번역방식에 비추어 'the represented'를 '대의된 사람들'로 번역하는 것은 자연스럽다. 다만 번역들 용어 속의 '~된'은, 위네 가지 단어 전체에서, 단지 과거나 완료된 것만을 의미하지 않고 '~되는'이라는 현재형을 포함함을 잊지 않아야 할 것이다.

둘째로 'constituent(제헌[구성]적)'와 'constitution(헌법[구성])'. 네그리와 하트의 정치사상을 표현하는 핵심용어들 중의 하나인 이 용어들은 번역하는 우리를, '제헌(적)'과 '구성(적)' 사이에서 혹은 '헌법'과 '구성' 사이에서 늘 갈등하게 만든다. '구성'이라는 용어를 사용하면 헌법이라는 첨예하고 구체적인 문제가 약화되며 그래서 '헌법'이라는 용어를 사용하면 헌법과 연관된 사회적 과정들을 드러낼 수 없는 사법적 용어로 지나치게 협소해져 버리기 때문이다. 이것은 경제투쟁과 정치투쟁, 물질적 헌법과 형식적 헌법, 일상적 혁명과 정치적 혁명, 미시적 변화와 거시적 변화, 삶정치와 권력정치 사이의 오랜, 그리고 인위적인 역사적 단절로 인해 우리가 구성과 헌법 사이의 연속성을, 그 둘의 과정적 동질성을 파악할 능력을 상실한 것과 무관하지 않다. 그래서 이 책에서는 구성과 헌법 사이의 실제적 연속성을 강조하기 위해, [ ] 속의 병기가 방해를 하는 경우가 아니라면, 'constituent'를 '제헌[구성](적)'이라고 'constitution'을 헌법[구성]이라고 옮겼다. 'constitutional'의 경우는 일관되게 '입헌적'으로 옮기면서 예외적으로만 '헌법적'이라는 표현을 사용했다.

끝으로 common을 어간으로 둔 용어들의 번역에 대해 간단히 언급해 둔다. 피터 라인보우의 『마그나카르타 선언』(정남영 옮김, 갈무리, 2012)에는 'common'을 어간으로 하는 용어들의 번역에 관한 역자의 상세한 설명과 도표가 제시되어 있으므로 꼭 참고할 필요가 있다. 역자가 말하듯, 우리와는 다른 역사적 문화적 환경 속에서 탄생하고 사용되고 진화되어온 이 용어를 현재의 우리말로, 그것도 통일적으로 옮기는 것의 어려움은 너무나 크다. 『선언』의 마지막 장이 common과 관련하여 피터 라인보우의 『마그나카르타 선언』을 크게 참조하고 있기 때문에 그 어려움은 이 책에서도 다시 나타난다. 우리는 『마그나카르타 선언』에서 사용되는 역어와 대체로 같은 역어를 사용하면서, 『선언』이 『마그나카르타 선언』에 비해 현실의 실천에 더욱 직접적으로 관여하고 있다는 점을 고려하여 음역을 가급적 피하고, 이미 사용되고 있는 우리말에 적절한 번역어가 없다고 생각될 때에도, 원어의 함축을 최대한 살릴 수 있는 우리말을 만들어내는 방법을 택했다. 그래서 동사로 사용되는 'common'은 '공통한다/공통하다'로 옮겼고, 동명사인 'commoning'은 '공통하기'로, 'commoner'는 '공통인'으로 옮겼다. 저자들이 역점을 두는 공통인은 '보통사람들', '평민'을 함축하지만 사회적 위계 속의 특정한 실체적 집단을 지칭하기보다, 빚을 상호의존과 연대로, 미디어를 특이성의 목소리로, 안전을 보안기계에서 탈주하면서 두려움 없이 사는 공통의 삶으로, 대의를 자율적인 정치적 행동과 참여의 능력으로 역전시키면서, 공통적인 것을 구성해 가는 주체성의 새로운 질을 지칭한다. 그럼에도 불구하고 이러한 것을 실행할 수 있는 잠재력이 영웅들, 엘리뜨들, 귀족들, 혹은 '1%인 그들'보다는 보통普通 사람들에게 더 크게 축적되어/고 있다는 의미에서, '공통인'은 보통인, 평민, 서민庶民2, 그리고 '99%인 우리' 등이 인지적 기술적 정치적 사회적 수준에서 재구성된/되는 새로운 주체성이라고 할 수 있을 것이다.

＊　＊　＊

이 책의 모태가 된 영어본 『선언』은 불과 4개월여 전에 소책자 형태의 아마존 킨들북으로 출판되었다. 하지만 우리는 여기에 『선언』이 형성되기까지의 사상적 배경과 그 정치적 맥락을 분석한 해제를 보태고, 저자들이 2011년에 쓴 여섯 편의 기고문들을 덧붙였다. 그리고 우리는 2011~12년의 정치과정을 상세히 살펴볼 수 있는 「전 지구적 점거운동일지(2011~2012)」를 책 뒤에 배치하여, 그 자체로 혁명적 세계사에 대한 편년編年적 기록이면서 동시에 이 책에 등장하는 무수한 사건들을 장기적 흐름 속에서 읽어나가는 데 도움을 주는 도우미로 삼고자 했다. 저자들은 어떠한 주도 달지 않았고 꼭 필요한 주석은 참고문헌에 포함시켜 두었지만, 우리는 전혀 다른 환경에 속해 있는 한국의 독자들이 쉽게 이 책을 읽을 수 있도록 가급적 풍부한 주석을 미주로 달아 두었다.

이 책은 짧은 시간에 걸쳐 여러 사람들이 행한 강렬한 협력의 산물이다. 우리는 정확히 1년이 지난 월스트리트 점거시위와 4년여가 지난 촛불집회를 회고하면서, 여전히 현재 진행형인 강정투쟁을 의식하면서, 이 책의 번역과 출판 작업을, 우리 시대의 새로운 투쟁순환의 성격, 특징, 경향을 파악하는 진단의 시간으로 만들고 싶었다. 또 우리는 이 기회를, 오늘날 '선거정국'이라는 형태로 위로부터 조직되고 있는 국가정치적 시간에서 독립적인 다른 시간의 실재성을 자각하고, 이 시간 속에서 국가정치적 유사^{類似} 이벤트들을 변형시키고 해체시킬 삶정치적 사건과 공통의제를 함께 준비하는 지적 실천의 시간으로 만들고 싶었다. 돌아보니 2012년의 유난히 더웠던 여름이 이 책을 낳는 산고의 계절로 어느새 지나갔다. 이 자리를 빌려, 권범철, 김영철, 김정연, 박대길, 신은주, 오정민, 유충현, 이성혁, 이영란, 이인, 정남영, 한태준, 프랭크 블라이드_{Frank Blythe} 등을 포함하여 바쁜 일정에도 불구하고 이 책을 준비하고 출판하는 데 여러 가지 방식으로 힘을 보탠 여러 분들께 깊은 감사의 뜻을 전한다.

2012년 9월

조정환

:: 후주

해제 : 공통적인 것의 헌법과 공통인의 사건
1. 슬라보이 지젝, 「지금, 여기, 무엇을 할 것인가?」, 경희대학교 평화의 전당, 2012년 6월
   27일 강연자료집, 3~4쪽.
2. 지젝의 한국방문을 주도한 것이 2009년에 냉소주의적 촛불평가를 주도했던 이택광 교
   수였다는 점은 결코 우연이 아닐 것이다.
3. 슬라보이 지젝, 같은 글, 2쪽.
4. 이에 대한 좀 더 자세한 논리 전개는 조정환, 『인지자본주의』, 갈무리, 2011, 121~142
   쪽 참조.
5. Michel Hardt presents Thomas Jefferson, *The Declaration of Indepen dence*,
   Verso, 2007, p. 3~22[한국어판 : 토머스 제퍼슨 지음, 마이클 하트 서문, 『토머스 제퍼
   슨, 독립선언문』, 차태서 옮김, 프레시안북, 2009, 13~40쪽].
6. 위 책의 한글판, 19쪽.
7. 같은 책, 38쪽.
8. 같은 책, 38쪽.
9. '공통권'에 대해서는 피터 라인보우, 『마그나카르타 선언』, 정남영 옮김, 갈무리, 2012,
   36~76쪽 참조.
10. 안토니오 네그리·마이클 하트, 『다중』, 조정환·정남영·서창현 옮김, 세종서적,
   2008, 3부 281~424쪽 참조.
11. 완성교육에 대한 개념정의들은 다양하지만 그것들은 대체로 학생들의 기질, 관심, 잠
   재력 등을 고려하여 그 자질과 숙련의 실현을 창출하며, 창조적이고 비판적인 사유기
   술만이 아니라 성취의 성격을 평가할 수 있는 능력을 함양하고, 기술적 도구들, 경제지
   식들, 소통기술들을 학습한다는 내용을 공유한다.
12. 알렉스 캘리니코스(Alex Callinicos)는 「돌아온 아랍 혁명」('The return of the Arab
   revolution', http://www.isj.org.uk/index.php4?id=717&issue=130)이라는 제목
   의 글에서, 아랍의 사건들을 혁명으로 규정하면서, 하트와 네그리의 지도자 없는 다중
   의 자기조직화라는 생각은 혁명의 초기과정을 이상화하는 것으로 보면서, 자생성과
   지도력의 결합이 필요하다는 레닌이나 그람시의 고전적 생각을 아랍 혁명에 적용한
   다. 네그리와 캘리니코스의 이 견해 차이 속에서 우리는, 봉기를 그 자체 새로운 욕망
   의 표현으로서 정치적이고 인류학적인 자기발명의 과정으로 볼 것인가, 목적의식적

지도에 의해 권력으로 이끌려야 할 권력장악의 수단으로 볼 것인가라는 봉기관의 차이를 분명히 확인할 수 있다.

13. 무아마르 무함마드 아부 미냐르 알 가다피(معمر القذافي, 1942~2011)는 군인 출신으로 1969년 쿠데타를 일으켜 왕정을 폐지하고 총리 겸 국방장관에 오른 이래로 2011년까지 리비아의 최고지도자였다. 2011년 10월 20일 리비아 시민군에 의해 사살되었다.

14. Judith Revel e Tony Negri, 'Il comune in rivolta'(http://uninomade.org/il-comune-in-rivolta/).

15. 자크리(jacquerie)는 당시 농민의 대표적인 이름이었던 자크를 집합명사화한 호칭이다. 이것은 당시 귀족들이 농부들을 업신여겨 자크, 또는 자크 보놈('촌뜨기')이라고 부른 데서 나온 이름이다.

16. Michael Hardt & Antonio Negri, *Commonwealth*, Harvard University Press, 2009, pp. 236~248 참조.

17. 고급주택가와 빈민가의 구별.

18. precariat는 precarious proletariat의 약어이다. 오늘날의 프롤레타리아가 점점 불안정해져 가는 경향을 지칭하기 위해 사용된다. 이 불안정성에는 임시적 고용, 부분적 고용, 특수고용 등의 형태로 나타나는 고용의 불안정성을 비롯하여, 직무안정성의 파괴와 끊임없는 재교육의 강제, 강도 높은 시공간적 이동성, 그리고 소득의 불안정성 등이 포함된다. 신자유주의에서는, 정규직 노동자조차도 고용이나 소득의 안정성이 점점 약화되면서 불안정 노동자로서의 성격을 더 많이 갖게 된다.

19. 9월 17일은 점거시위 제안자이자 『애드버스터』의 편집자인 캘리 라슨의 어머니의 생일이기도 했다.

20. 『애드버스터스』(Adbusters)는 월스트리트 시위를 제안한 단체다. 캐나다의 다큐멘터리 감독들인 캘리 라슨과 빌 슈말츠가 만든 단체로서, adbusters는 '광고를 때려 부순다'라는 의미다. 실제로 이들이 발행하는 잡지에는 광고가 게재되지 않는다. 대기업에 저항하는 소비자 운동을 전개해 왔고, 2011년 7월 SNS를 통해 월스트리트에서 시위를 전개하자는 제안을 함으로써 월스트리트 점거 운동의 도화선이 되었다 (http://www.adbusters.org/).

21. 투쟁순환은 맑스의 '자본 순환' 개념을 역전시켜 노동계급의 투쟁의 흐름을 분석하고자 한 개념으로 1960년대에 이탈리아 오뻬라이스모에 의해 발전된 개념이다. 안토니오 네그리·마이클 하트, 『다중』, 조정환·정남영·서창현 옮김, 세종서적, 2008, 263~269쪽을 참조하라.

22. John Holloway, 'An interview with John Holloway'(http://shiftmag.co.uk/?p=505).

23. 이 책에서 mediatize는 '미디어되다'로, mediatized는 '미디어된'으로 옮겼는데 이에 대해서는 책 뒤의 「옮긴이 후기」를 참조하라.

24. 'the securitized'를 '보안된 사람들'로 옮긴 이유에 대해서도 책 뒤의 「옮긴이 후기」를 참조하라.

25. 칼 슈미트의 주요 개념으로서, 일반적인 상태에서라면 행정부의 권력에 가해질 법적 제한으로부터 행정부를 자유롭게 해주는 상태를 말한다. 벤야민은 이것을 파시즘을 설명하는 용어로 사용했으며 아감벤은 이 개념을 서구 민주주의의 정치형태까지 포함하는 근대주권 일반을 정의하는 데 사용한다.

들어가며 : 바통을 이어받기

1. 저자들이 이 글을 쓰면서 분명히 의식하고 있는 『공산당 선언』(*Manifest der Kommunistischen Partei*)은 영어로 'The Communist Manifesto' 혹은 'Manifesto of the Communist Party' 등으로 옮겨졌다.

2. 다중(multitude)은 이질성을 갖는 다양한 사람들로서, 오늘날 생산을 하는 사람들의 복합체이면서 인지자본주의적 주권 속에서 그것에 대항하는 주체성이다. 더욱 자세한 설명은 조정환, 『인지자본주의』, 갈무리, 2011, 550쪽을 참조하라.

3. 이 책에서 'occupy'는 최근의 한국어 번역에서 널리 사용되는 '점령'이라는 말 대신 '점거'라는 용어를 사용한다. '점령'이라는 말에 들어 있는 군사적 함축이 occupy 운동과 어울리지 않을 뿐만 아니라 역사적으로 있어온 아래로부터의 점거운동들과의 연속성도 '점령'이라는 말에서는 삭제되기 때문이다.

4. 지네 엘-아비데네 벤 알리(زين العابدين بن علي, 1936~)는 군인 출신으로 1987년 쿠데타를 일으켜 튀니지 대통령이 되었다. 2011년 튀니지 혁명으로 대통령직에서 물러나 사우디아라비아로 망명했다.

5. 무하마드 호스니 엘 사이예드 무바라크 (محمد حسني السيد مبارك, 1928~) 역시 군인 출신으로 1981년 전임 사다트 대통령의 암살 이후 대통령으로 취임하여 2011년 이집트 혁명으로 퇴진하기 전까지 30년간 군부독재 정권을 유지하였다.

6. 아랍 혁명의 역사적 배경, 전개과정, 그리고 그것의 특성에 대해서는 조정환, 『인지자본주의』, 갈무리, 2011, 464~74쪽을 참조하라.

7. 위스콘신 노동자 투쟁은 2011년 2월초 위스콘신 공무원 노동자들이 공화당 주지사인 스콧 워터에게 노동자들의 단체교섭권을 박탈하려는 계획을 철회하라고 요구하며 의사당을 점거하면서 시작되었다. 이 투쟁은 위스콘신 지역 전반의 노동자 투쟁으로 번졌고, 소방관, 경찰, 교사, 간호사, 철강 노동자, 연금생활자, 학생 등 3만 명이 참석하는 집회가 열리기도 했다. 이후 인접 주인 오하이오와 인디아나로도 의사당 봉쇄와 농성 투쟁이 확산되었다.

8. 'uprising'이 단 두 번 예외적으로만 등장하며, 'insurrection'은 형용사로만 사용되는 『선언』의 본문에서 'revolt'는 의미상 'uprising'과 거의 구별되지 않고 사용되므로 '봉기'라

고 번역한다. 부록의 글들에서는 'revolt'를 '항쟁'으로 옮긴 경우도 있다.

9. 호세 루이스 로드리게스 사빠떼로(José Luis Rodríguez Zapatero, 1960~)는 2004년부터 2011년까지 스페인 총리를 지냈다. 소속 정당은 스페인 사회노동당(PSOE)이다.

10. 태양의 문이라는 뜻으로, 스페인 마드리드의 도심에 위치한 광장.

11. 죽은 청년은 29세의 마크 더건이다. 경찰은 그가 도주하면서 경찰에 총을 쏘았기 때문에 그에게 총을 쏘았다고 했지만, 거짓으로 밝혀졌다.

12. 『보이지 않는 사람』(*Invisible Man*)은 아프리카계 미국인 소설가·문학비평가인 랠프 엘리슨이 1952년에 발표한 소설이다. 스스로가 '보이지 않는' 존재라고 생각하는 익명의 아프리카계 미국인 남성이 자신의 삶을 회고하는 형태로 서술되어 있다. 흑인민족주의, 흑인 정체성과 맑스주의의 관계, 부커 T. 워싱턴의 개혁주의적 인종정책 등 20세기 초 아프리카계 미국인들이 직면해야 했던 여러 사회적 문제들을 다룬다. (한국어판 : 랠프 엘리슨, 『보이지 않는 인간』, 조영환 옮김, 민음사, 2008.)

13. '공통적인 것'(the common)은 공유지는 말할 것도 없고, 언어와 같은 공통의 자산을 포함한다. 나아가 사적 생산물이 아니며 사유화를 위해서는 인위적 강제력이 요구되는 인지노동의 성과물도 포함한다. 더 근원적인 차원에서는 인간의 사회적 삶을 포함하는 생명생태 자체가 공통적인 것이다. 이 광의의 공통적인 것은 생명생태적인 것, 사회경제적인 것, 정치적인 것, 언어정신적인 것 등으로 나눌 수 있다. 상품사회를 넘어설 수 있는 대안으로서의 '공통적인 것'의 개념에 관해서는 조정환, 『인지자본주의』, 갈무리, 2011, 12장을 참조하라. 코뮤니즘을 '공통적인 것의 생산'이라는 맥락에서 재정의하려는 네그리의 사유는 안또니오 네그리, 『혁명의 시간』, 정남영 옮김, 갈무리, 2004에 집중적으로 펼쳐져 있다.

14. 독재자를 몰아내자는 큰 목소리의 정치적 호소가 일종의 소음으로 작용하며 사회경제적 문제들에 귀 기울이지 못하도록 가로막았다는 뜻이다.

15. 2011년 8월 2일 영국 런던 북부의 빈민가 토트넘에서 흑인 청년 마크 더건이 경찰의 총격으로 사망했다. 4일 뒤인 8월 6일 토트넘에서 최초의 시위가 열렸고, 이후 런던, 버밍엄, 리버풀, 브리스틀, 맨체스터 등 영국 전역으로 시위가 확산되어, 인종주의, 실업, 긴축정책 등 광범위한 사회의제들에 대한 전 사회적 항의로 번졌다.

16. 2005년 10월 27일 프랑스 파리 외곽 방리외 지역에서 경찰의 불심검문을 피해 도망치던 아프리카계 프랑스인 청소년 두 명이 감전사했다. 방리외에서 그날 저녁 시작된 시위는 파리 교외 지역과 툴루즈, 릴르, 스트라스부르, 마르세이유, 리용 등의 도시들로 번졌고, 11월 8일 자크 시락 대통령은 국가비상사태를 선포하기도 했다.

17. 1992년 4월 29일 미국 로스앤젤레스에서, 과속을 했다는 이유로 아프리카계 미국인 로드니 킹(Rodney King)을 집단 구타한 백인 교통경찰관들에 대해 무죄가 선고되었다. 그날 저녁 로스앤젤레스의 유색인 빈민들이 주도한 시위는, 6일 동안 로스앤젤레

스 전역으로 확산되며 인종주의, 경제불평등에 항의했다.

18. 이 네 주체적 형상들의 번역어에 관해서는 이 책 뒤의 「옮긴이 후기」를 참조하라.

1장 위기의 주체적 형상들

1. debt+fare는 복지를 의미하는 'wel+fare'로부터의 금융적 변화를 지시하기 위해 만들어진 말이다.

2. 변증법은 예속이나 부정을 자유나 해방의 계기로 설정한다.

3. 제러미 벤담의 공리주의는 '이익'을 최고의 기준으로 사회 제도나 문화 등을 평가한다.

4. 채무자들이 일으킨 반란에 대해서는 안토니오 네그리·마이클 하트, 『다중』, 조정환·정남영·서창현 옮김, 세종서적, 2008, 317~318쪽 참조.

5. 에티엔 드 라 보에티(Étienne de La Boétie, 1530~1563)는 프랑스 남부, 살라에서 귀족 가문의 아들로 태어났다. 일찍이 부모를 여의고 삼촌의 손으로 양육되었으며 오를레앙 대학에 입학해서 법학을 전공했다. 불과 18세의 나이에 당시로서는 혁명적인 소논문 『자발적 복종』을 썼다. 그 저작에서 그는, 전제 군주들은, 사람들이 그에게 권력을 주었기 때문에 권력을 가지고 있다고 말하면서, 자유를 걷어 차 버리고 노예 상태를 선호하는 민중의 무기력함을 책망한다. 그는 전제 군주에 대한 복종 거부를 옹호함으로써, 훗날 시민 불복종과 비폭력적 저항의 시조가 되었다.

6. 삶정치, 삶정치적 생산, 삶정치적 노동에 관해서는 다음 책들을 참조하라. 안토니오 네그리·마이클 하트, 『다중』, 129~131, 144~145, 479쪽을 비롯하여 여러 곳. 조정환, 『인지자본주의』, 190~191, 204, 552쪽을 비롯하여 여러 곳.

7. 로마노 알꽈띠(Romano Alquati, 1935~2010)는 이탈리아 태생의 작가, 활동가이다. 잡지 『붉은 노트』의 편집진이었으며, 1960년대 마리오 뜨론띠, 안또니오 네그리 등과 오뻬라이스모(노동자주의) 운동을 주도했다.

8. 마테오 파스퀴넬리(Matteo Pasquinelli)는 작가이자 연구자이며 현대 미디어 담론과 자본주의를 다룬 책 *Animal Spirits : A Bestiary of the Commons*(2008)의 저자이다. 주요 연구 분야는 프랑스 철학, 미디어 이론, 이탈리아의 오뻬라이스모 운동이다.

9. 샤를 루이 나폴레옹 보나파르트(Charles Louis Napoléon Bonaparte, 1808~1873)는 최초의 프랑스 대통령이자 두 번째 프랑스 황제이다. 1848년 2월 혁명 이후 수립된 새로운 공화국에서 대통령으로 선출되었다. 이후 쿠데타를 일으켜 황제의 자리에 올랐다.

10. 'affect'는 '정동'으로 번역한다. ('affective'는 주로 '정서적'으로 옮겼다.) 정동은 스피노자에게서 온 개념이다. 이 개념은 외부 사물(외부의 몸)이 인간의 몸에 일으키는 변화로 인하여 몸의 능동적 행동능력이 증가·감소하거나, 촉진·저지될 때 그러한 몸의 변화를 몸의 변화에 대한 '생각'(idea)과 함께 지칭한다(스피노자, 『윤리학』 III부 징리 3). 따라서 정동은 신체의 일정한 상태를 사유의 일정한 양태와 함께 표현하며, 삶의

활력의 현재 상태를 보여준다.

11. 리우 데 자네이루는 브라질 남부의 도시이고, 류블랴나는 슬로베니아의 수도이며, 오 클랜드는 미국 캘리포니아주의 도시이고, 암스테르담은 네덜란드의 수도이다.

12. 미국에 거주하는 라틴아메리카 사람들.

13. 미셸 알렉산더(Michelle Alexander, 1968~)는 미국의 법학자이자 변호사, 시민권 옹호운동가, 작가이다. 『새로운 짐 크로우법』(*The New Jim Crow*, 2010)이라는 저 작에서 그녀는 시민권 운동 이후 미국 사회에서 체계적인 인종차별이 재개되고 있다 고 주장한다.

14. 짐 크로우 법안 : 간단히 말해서 미국에서의 흑백 차별 정책이다. 짐 크로우는 실존 인 물이 아니며, 우스꽝스럽게 희화화된 흑인 이미지를 상징하는 노래 속에 등장하는 인 물이다. 링컨에 의해 흑인 노예들은 해방되었지만 여전히 미국의 남부에서는 공적인 시설물과 장소에서 백인과 흑인은 출입구와 화장실, 좌석 등을 따로 사용해야 했다. 이 법의 명칭이 짐 크로우였다.

15. 아부 그라이브(Abu Ghraib)는 이라크 최대의 정치범 수용소이다. 후세인 치하 수천 명의 정치범들이 이곳에서 잔학하게 고문당하고 처형당했다. 2003년 이라크 침공 이 후에는 미군의 포로수용소로 사용되었고, 수용자들에 대한 미군의 잔인한 고문과 학 대로 그 악명을 이어가게 되었다.

16. 유혈 입법(bloody legislation) : 영국 튜더 왕조 시대에 일련의 걸식 금지령이 내려졌 다. 노동력이 있으면서도 노동하지 않고 떠돌아다니며 거지생활을 하던 자들을 가혹 하게 탄압함으로써 그들을 노동 현장으로 포섭하려는 것이 목적이었다. 노동력이 있 으면서도 노동을 하지 않고 유랑을 한 이유는 당시 일용직 노동자의 삶이 너무도 척박 했기 때문이었다. 당시의 법은 일정 시간 이상을 노동해야 할 것과 일정 임금 이하로 받아야 할 것을 규정하고 있었다. 당시의 위정자들은 이러한 법에 의한 구조적 빈곤을 도외시한 채 빈곤의 문제를 오직 개인의 게으름 탓으로 돌렸으며 근면과 성실 이데올 로기를 해결책으로 내세우며 걸식 금지령을 내린 것이었다. 훗날 맑스는 이것을 '유혈 입법'이라고 불렀는데, 유혈(bloody)이라는 말은 금지령을 어길 시에는 채찍질로 체 벌을 하고, 귀에 낙인을 찍으며, 재범일 경우에는 사형에 처했던 데에서 기인한다.

17. 토머스 제퍼슨(Thomas Jefferson, 1743~1826)은 3대 미국 대통령(1801~1809)이며 미국 독립 선언서를 기초한 사람들 중 하나이다. 제퍼슨의 사상에 대한 마이클 하트의 분석에 대해서는 이 책의 해제 중에서 11~14쪽을 참조하라.

18. '삶정치적 기업가'에 대해서는 안또니오 네그리 · 펠릭스 가따리, 『자유의 새로운 공간』, 조정환 편역, 갈무리, 2007, 172~4쪽을 참조하라.

19. 정부(government)의 수직적 통치와 구별되는 개념으로, 일반적으로는 정부 · 기업 · NGO · 대학 등 시민사회의 다양한 조직들이 자발적이고 수평적으로 상호 의존 · 협력

하는 통치 방식 혹은 네트워크 체계를 의미한다. 하지만 이 책에서 이 용어가 일관되게 이러한 의미로 사용되고 있는 것은 아니다.

2장 위기에 맞서는 반란

1. 그리스 신화에 나오는 카이로스는 '기회의 신'이다. 제우스의 아들 중 하나인 카이로스는 앞머리는 길고 뒷머리는 대머리인데다가 발에는 날개가 달린 형상이다. 이러한 형상인 이유가 토리노 박물관에 전시된 조상 아래에 적혀 있는데, 눈앞에 있을 때 잡을 것이며 이미 지나가 버린 뒤에는 잡을 수 없다는 것, 그리고 날개가 달려 있어 눈 깜짝할 새 사라지기 때문이라고 한다. 카이로스와 대비하여 크로노스가 있는데, 크로노스는 주지하다시피 시간의 신이다. 크로노스적 시간이 어찌할 도리 없이 흘러가는 운명적 시간인데 반해, 카이로스는 선택의 시간이며 따라서 능동적 참여가 가능한 주관적 시간이다. 결정적으로 중요한 선택을 해야 하는 시간이 카이로스라면, 그 시간은 의미 없이 흘려보내는 시간보다 훨씬 응축된, 충만한 그리고 결코 계량화할 수 없는 시간일 것이다. 예를 들어 죽음이 임박한 환자의 하루와 건강한 자의 하루는 객관적이고 물리적으로 동등한 시간이 아니다. 이러한 시간 구분은 발터 벤야민이 말하는 동질적이고 공허한 시간(크로노스)과 특이하고 충만한 '지금으로서의 시간'(카이로스)과도 연결된다.

2. 행위(action) : 한나 아렌트는 인간의 활동을, 노동(labor), 일(work), 행위(action)로 구분한다. 여기서 행위는 정치적 의미를 함축하는 것으로 아리스토텔레스의 실천(프락시스) 개념과도 관련이 있다. 그러나 아렌트는 그 개념에서 목적이나 도구로서의 의미를 제거한다. 노동이나 일이 인간의 생물학적 필요를 충족시키려는 목적을 갖는 데 비해, 행위는 행위 자체를 수행하는 것에 목적을 둔다. 예를 들어 맑스에게서 노동과 일은 확연하게 구분되지는 않는다. 아렌트는 행위가 갖는 고유성을 설명하기 위해 공적 영역을 강조하는데, 지배로부터의 자유는 공적 영역(public sphere)에서 정치 행위를 통해서 달성된다고 본다.

3. 한국어판 : 질 들뢰즈, 『니체와 철학』, 이경신 옮김, 민음사, 2001.

4. 여기에서 저자들은 새로운 상호의존 관계의 형태를 밝히기 위해 구속과 유대의 뜻을 동시에 갖는 bond, 채무와 은혜의 뜻을 동시에 갖는 debt에 대한 의미론적 놀이를 전개한다.

5. 2001년 12월 아르헨티나의 민중은 1990년대 내내 그들의 삶을 고통스럽게 한 신자유주의 정책에 저항하며 수도 부에노스아이레스, 로사리오를 비롯한 아르헨티나 전역의 도시들에서 12월 19~20일 이틀간 폭동을 일으켰다. 대통령 데 라 루아는 헬리콥터를 타고 도망쳐야 했고, 이어지는 4주 동안 대통령이 네 명이나 바뀌었다.

6. 위키리크스(WikiLeaks)는 익명의 정보 제공자가 제공하거나 자체적으로 수집한 사적 정보 또는 비밀, 미공개 정보를 공개하는 국제적인 비영리기관이다. 줄리언 어산지(Julian Assange)가 대표이다.

7. 사빠띠스따는 1994년 멕시코 남부 치아빠스 주에서 봉기한 농민 무장 단체이다. 멕시
코 정부와 기업인들이 멕시코 남부의 원유, 천연가스, 목재 등을 착취하며 전횡을 일삼
자 그곳의 마야계 원주민들이 토지분배와 처우개선을 요구하며 반정부 투쟁을 개시했
다. 그들의 리더이자 대변인은 멕시코의 체 게바라로 불리는 마르꼬스인데 그는 프랑스
에서 공부한 지식인이다. 그들은 정부에 대항하여 전쟁을 선포했지만 그 전쟁은 비폭력
적이고 방어적인 것이다. 단체의 명칭은 멕시코 혁명 기간 활약했던 농민 개혁가 에밀리
아노 사빠따의 이데올로기적 계승자를 자처하며 그의 이름을 따서 사빠띠스따라고 명
명했다. 그들은 현재 전지구화와 신자유주의에 대항하는 사회운동들과 연대하여 자신
들의 지역 자원들, 특히 토지에 대한 통제권을 요구하고 있다. 이들의 투쟁과 그 정치적
의미에 대해서는 미할리스 멘티니스, 『사빠띠스따의 진화』, 서창현 옮김, 갈무리, 2009
그리고 해리 클리버, 『사빠띠스따』, 이원영 옮김, 갈무리 1998을 참조하라.

8. 조지 잭슨(George Lester Jackson, 1941~1971)은 아프리카계 미국인 좌파 활동가이
자 작가로, 맑스주의자였고 흑인 급진좌파 단체인 〈블랙팬더〉당의 일원이었다. 살인
혐의로 수감 중이던 잭슨은 1971년 8월 21일 교도소에서 탈출을 시도하였다가 교도소
앞마당에서 사살되었다. 미셸 푸코, 장 주네를 비롯하여 당시 잭슨의 지지자들은 그의
죽음이 경찰에 의해 조장된 정치적 암살이라고 주장했다.

9. 스페인에서 박해를 피하기 위해 그리스도교로 개종했으나 몰래 유대교 의식을 지켜나
갔던 유대인들을 뜻한다.

10. 안젤라 데이비스(Angela Davis, 1944~)는 미국의 정치활동가, 학자, 저자이다. 1960
년대에 미국 공산당과 〈블랙팬더〉당을 이끌었으며 시민권운동에 깊이 관여했다. 감
옥을 비롯한 교정산업복합체 전체의 폐지를 위해 활동하는 단체인 〈결정적 저
항〉(Critical Resistance)의 설립자이다.

11. 1787년 6월 제임스 매디슨은 필라델피아에서 열린 헌법 제정회의에서 상비군의 위험
성에 대해 경고하면서 "해외로부터의 위협에 대한 방어책은 언제나 국내에서의 독재
를 위한 수단이 되어 왔다. …… 유럽 전역에서 방어를 명분으로 유지되었던 군대는 민
중을 노예로 만들어왔다."고 말했다. 반연방주의자였던 제퍼슨 또한 상비군에 대한 비
판을 여러 차례 피력했다. 1775년 노스 경의 제안에 대한 응답에서 그는 "상비군은 민
중의 자유와 모순된다."고 하였고, 1800년 사뮤엘 아담스에게 보낸 편지에서는 보나
파르트를 언급하면서 "보나파르트는 …… 공화국의 운명을 시민의 손에서 군사적 부
문으로 넘겼다. …… 나는 이것을 상비군의 위험성을 알려주는 사례로 이해한다."고
밝혔다.

12. 미국의 34대 대통령인 아이젠하워(1890~1969)는 1961년 1월 17일 퇴임사에서 미국
의 군수산업복합체에게 "잘못 주어진 권력이, 재앙처럼 발호할 가능성"에 대해 경고하
였다.

13. 한국사회의 군사주의 문화에 대한 페미니즘적 분석으로는 권인숙, 『대한민국은 군대
    다』, 청년사, 2005를 참조하라.

14. 카테천(katechon) : 그리스어로 '주지 않는 자(것)' 혹은 '거부하는 자(것)'라는 뜻이
    다. 원래는 성경에 나오는 용어로 이후에는 정치 철학 개념으로 발전했다. 종말론의
    맥락에서 신약성경에 그 용어가 나오는데, 바울은 "기독교인들이여, 마치 심판의 날
    이 내일 일어날 것처럼 행동하지 말라, 왜냐하면 적그리스도가 그 전에 모습을 드러
    내야 한다."고 말한다. 여기서 적그리스도가 모습을 드러내는 것은 그의 출현을 저지
    하고 막는 사람의 부재에 의존한다. 여기서 '저지하는 자'로서 카테천의 의미를 두고
    여러 해석들이 존재하는데, 기독교적 해석에 따르면, 로마의 황제, 신성 로마 제국이
    라는 해석이 지배적이었다. 빠올로 비르노(Paolo Virno)는 카테천을 '만인에 대한 만
    인의 투쟁'과 '전체주의' 모두를 저지하는 것을 지칭하기 위해 사용한다. 그는 카테천
    을 언어를 사용하는 인간의 능력 안에 위치시키면서, 그것이 무언가에 대한 부정을 생
    각하게 하고, 현재의 자신과는 다른 무엇이 될 수도 있는 것의 개념화를 가능하게 한다
    고 한다.

15. 장치(dispositif) : 미셸 푸코는 이 용어를 사회체 안에서 권력을 향상시키고 유지하는
    다양한 제도적, 물리적, 관리 메커니즘과 지식 구조들을 지칭하기 위해 사용한다.

16. 바스크(Basque)는 피레네 산맥 서부, 스페인 북부와 프랑스 남부에 걸쳐 있는 지역이
    다. 스페인인과 다른 인종적 · 문화적 · 언어적 특성을 지닌 바스크인들은 스페인 정부
    를 대상으로 분리 독립과 자치를 위한 투쟁을 계속해 왔다.

3장 공통적인 것을 구성하기

1. 안토니오 네그리 · 마이클 하트, 『다중』, 제2부 3장 '공통된 것의 생산', 243~9쪽 참조.
   그리고 안토니오 네그리 · 마이클 하트, 『제국』, 윤수종 옮김, 이학사, 2001, 제1부 2장
   '생체 정치적 생산' 51~77쪽 참조.

2. 니콜라 드 콩도르세(Nicolas de Condorcet, 1743~1794)는 프랑스의 수학자이자 정치
   가이다. 프랑스 혁명기에 입법의회, 국민공회 의원이었고, 1793년에 지롱드 헌법 초안
   작성에 관여했으나 초안이 의회에서 부결되면서 고발을 당해, 거리에서 체포되자 독약
   을 먹고 자살했다.

3. 아랍의 봉기가 유럽을 거쳐 미국으로, 그리고 전 세계로 확장되었던 연쇄적인 시간성을
   고려해 보라.

4. 알렉시스 드 토크빌(Alexis de Tocqueville, 1805~1859)은 프랑스의 정치철학자, 역사
   가이다. 전통적인 자유주의 전통을 대표하는 인물로 프랑스 정치에 적극적으로 참여했다.

5. 장기 지속(longue durée) : 프랑스 아날학파가 역사 연구에 접근하는 자신들의 방법을
   지칭하기 위해 사용하는 용어다. 아날학파를 역사 연구에서 지배적 위치로 고양시킨 사

람은 페르낭 브로델이다. 그는 문명의 성격을 규정하는 객관적 요인으로 지리에 대해 지
대한 관심을 가졌다. 그는 역사를 3분 도식하여 개별적 사건들의 단기적 표층사, 사건들
아래에 깔려있는 정치, 경제, 문명 등을 다루는 중기적 국면사, 그리고 국면사 아래에 깔
려있는, 거의 변하지 않는 것처럼 보이는 불변의 구조로서의 시간을 다루는 구조사가 있
다고 말한다. 구조사는 통념적 역사 외부의 시간을 다루며, 우리가 의식하고 감지할 수
없는 무의식 구조로서의 역사를 의미한다. 대표적으로 인간의 문명과 주변 환경으로서
의 지리와의 관계를 다루는 역사가 바로 장기 지속이 의미하는 역사다.

6. 월스트리트 점거시위 당시 총회가 사용했던 전문기술들에 대해서는 고병권, 『점거, 새
로운 거번먼트』, 그린비, 2012, 79쪽 참조.

7. 이에 관해서는 피터 라인보우, 『마그나카르타 선언』, 정남영 옮김, 갈무리, 2012, 34쪽
을 참조하라.

8. 〈싱데(Sinde) 법〉은 불법 콘텐츠 공유 사이트 규제법이다. 이 법에 따르면 저작권 보유
업체가 요청할 경우 10일 이내에 해당 웹사이트를 합법적으로 차단하거나 완전히 중단
시킬 수 있다. 문화부 장관이었던 싱데의 이름에서 따온 이 법안은 미국의 사주와 압력
에 의해 만들어진 것으로 파문이 일고 있다.

9. 「해제」의 후주 18 참조.

10. 인지자본주의 하에서의 노동이 갖는 수행적 성격에 대해서는 빠올로 비르노, 『다중』,
김상운 옮김, 갈무리, 2004, 102~114쪽 그리고 조정환, 『인지자본주의』, 191~192쪽
참조.

11. 국가이성(raison d'etat)은 국가의 존립을 절대화하고 정당화하는 모든 이론적·실천적
메커니즘을 말한다. 이것은, 시민사회를 위에서부터 장악하는 국가주의의 토대이다.

12. 글라스노스트(гласность)는 러시아로 본래 '열림', '개방'이라는 의미로, 소련의 지
도자 미하일 고르바초프가 1985년에 실시한 개방 정책을 말한다.

13. 「연방주의자 논문 제10호」(Federalist No. 10)는 제임스 매디슨의 논문으로, 미국 헌
법 비준에 관한 여러 주장을 담은 연방주의자 논집에 실려 있다.

14. 18세기 말 빚을 진 가난한 사람들은 자신들의 주 입법자들에게 지폐를 찍어내라고 압
박했다. 대개 농민이었던 이들은 또한 새로 찍은 지폐를 채권자들이 받도록 의무화하
는 법(tender law 또는 ex post facto law)과 채무를 취소하는 법(stay law)을 의회에
요구했다. 그 결과 가난한 농민이 다수를 차지하고 있던 주의 의회들은 새로운 지폐를
찍어 유통시켰고, 채권자의 "지폐 수락"을 의무화하는 법도 통과시켰다. 채권자들은
지폐 수락을 거부하며 지폐를 유통시키는 주에서 도망가기도 했다. 특히 로드아일랜
드 주에서는, 지폐가 헌법에 위배된다고 판결을 내린 대법원의 법관들을 주의회가 전
부 파면하고 교체하기도 하였다.

15. 이러한 관용 개념에 대한 비판으로는 웬디 브라운, 『관용 : 다문화제국의 새로운 통치

전략』, 이승철 옮김, 갈무리, 2010을 참조하라.

16. 맑스의 정의에 따르면 비물질적 생산은 연극배우의 연기와 같은 비물질적 상품을 생산하는 노동(서비스업) 혹은 직접적인 상품 생산 과정에서 생산되고 유통되고 소비되는 노동을 의미한다. 예컨대 연극배우의 연기는 공연 도중에 배우에 의해서 생산되고 동시에 관객에 의해 유통, 소비되며 연극이 끝나면 사라지는 일종의 사건과도 유사한 것이다. 비물질 노동의 주요 유형에는 네 가지가 있는데, 지식, 정보, 소통, 정동이 그것들이다. 오늘날 인지자본주의 시대에서는 산업자본주의 시대와는 달리 비물질적 생산과 노동이 물질적 생산에 비해 헤게모니를 갖고 있다.

17. 총회(general assembly)는 여러 집회들의 전체모임으로 점거와 시위에 관한 주요 의제 등을 토론하고 결정하는 일종의 코뮌으로 기능했다.

18. 1999년 12월~2000년 4월 사이에 볼리비아의 코차밤바에서 일어난 봉기. 세계은행은 1997년 볼리비아 정부에 금융지원을 하는 대신 물사유화를 요구했다. 코차밤바시의 물공급업체가 사유화되어 상수도 요금이 엄청나게 올랐고, 시민들은 종전에 무료로 사용하던 우물에서 물을 길어가는 데도 요금을 내야 했다. 수십, 수천만 명의 사람들이 시내로 뛰쳐나와 시위를 벌였고, 결국 2000년 4월 10일 정부는 사유화를 포기하게 되었다.

19. 2011년 6월 13일 이탈리아에서 원자력 발전 재개, 총리와 장관에 대한 형사재판 시 법정출두 면제, 수도 사업 민영화 등 세 가지 사안이 국민투표에 부쳐졌다. 투표자의 90% 이상이 세 가지 사안 모두에 대해 반대표를 던지며 베를루스코니 보수정권의 정책 추진에 제동이 걸렸다.

20. 1930년대 대공황 이후 경제회복을 꾀하기 위해 미국의 루즈벨트 대통령이 1933~1936년 사이에 추진한 경제 정책을 말한다. 경제에 대한 연방정부 개입의 증가, 노조 활동 지원과 체제 내로의 포섭, 광범한 사회보장정책 등을 골자로 한다.

21. 삶정치적 생산을 착취하는 새로운 3기 자본주의로서의 인지자본주의에 대한 자세한 논의는 조정환, 『인지자본주의』, 갈무리, 2011를 참조하라. 특히 인지자본주의 하에서 메트로폴리스 공간의 재구성에 대해서는 「7장 인지자본주의에서 공간의 재구성」을 참조하라.

22. 열린 접근(open access)의 한 예로 오픈 액세스 운동을 들 수 있다. 오픈 액세스는 학술 컨텐츠 유통이 상업화되는 문제의 대안으로 등장한 정보공유체제이다. 누구나 자유롭게 무료로 학술 정보에 접근할 수 있게 하는 것을 목적으로 하며 저자의 비용 부담, 이용자의 무료 접근, 시공간에 제한을 받지 않는 상시적 접근, 저자의 저작권 보유 등 네 개의 원칙을 강조한다. 현행 저작권 체제에 대한 여러 대안 중 하나로서, 이외에도 크리에이티브커먼즈(Creative Commons), 카피레프트(copyleft), 카피저스트라이트(copyjustright), 카피파레프트(copyfarleft) 등이 있다.

23. 『에밀』은 프랑스의 계몽주의 사상가 장-자크 루소의 대표작 중 하나로 주인공 에밀이 교육을 받으며 주체적인 인간으로 성장하는 과정을 그린 소설 형식의 교육이론서이다.

24. 루소의 『에밀』에 나오는 인물의 이름이다.

25. 학생의 발전정도에 맞춰 공부할 수 있도록 만들어진 자기주도 학습방법.

26. 프랑수아 미테랑(François Mitterrand, 1916~1996)은 1981년부터 1995년까지 프랑스의 대통령이었다. 프랑스 최초의 좌파 출신 대통령으로 역대 프랑스 대통령 중 가장 오래 집권한 인물이기도 하다. 사회당 당수였던 그는 초기 2년 동안 최저임금 10% 인상, 노동시간 축소, 부유세 증세, 사형제 폐지, 이주노동자 합법화 등 개혁정책들을 펼쳤다.

27. 미국의 정치사회학자 시모어 마틴 립셋(1922~2006)은 좌파와 우파뿐 아니라 중도파에도 극단주의가 있다고 보았고, 과거의 중산층(백인 남성 노동자)의 복권을 위해 활약하는 파시즘을 "중도파의 극단주의"(extremism of the center)로 파악했다.

28. 1918년, 독일 혁명 과정에서 생겨난 평의회.

그 다음 : 공통인의 사건

1. 시카고 대학교를 중심으로 생겨난 경제학파로 신자유주의학파로도 불린다. 제이콥 바이너, 헨리 사이몬스, F. A.하이에크, F. H.나이트, 밀턴 프리드먼, G. J. 스티글러 등이 대표적인 인물들이다.

2. 나오미 클라인(Naomi Klein, 1970~)은 캐나다 출신의 세계적인 저널리스트이자 반세계화 운동가이다. 국내에 소개된 저서로 『쇼크 독트린』(*The Shock Doctrine*, 김소희 옮김, 살림Biz, 2008), 『슈퍼 브랜드의 불편한 진실』(*No Logo*, 이은진 옮김, 살림Biz, 2010) 등이 있다.

3. 높은 곳에서 건축공사를 할 수 있도록 임시로 쌓은 가설물.

4. 중세 잉글랜드의 공통인에 대해서는 라인보우, 『마그나카르타 선언』, 정남영 옮김, 갈무리, 2012, 17, 63, 75, 81쪽 등을 참조하라.

5. alliance와 coalition을 이 책의 맥락에 맞추기 위해 사전의 뜻과는 약간 다르게 옮긴다.

6. 네그리와 하트가 염두에 두고 있는 지도자가 부재한 수평적 운동방식에 대한 각종 비판과 우려는 2008년 한국의 촛불봉기에 대해서도 유사한 방식으로 제기된 바 있다. 이에 대한 반론과 촛불봉기의 새로움에 대해서는 조정환, 『미네르바의 촛불』, 갈무리, 2009를 참조하라.

부록1

튀니지 친구에게 보내는 편지

1. 이 텍스트는 2011년 1월 24일에 씌어졌고 1월 28일에 『우니노마데 2.0』에 이탈리아어 (http://uninomade.org/lettera-ad-un-amico-tunisino/)로 처음 발표되었으며 2월

14일 온라인 『뮐띠뛰드』(*Multitudes*)에 불어로 번역되었고 2월 18일에 오큐파이 사이트에 영어로 번역되었다. 이 글에서 네그리는 불과 수개월 후에 도래할 유럽의 봉기에 대해서 예견하고 있다. 이하의 부록 글들에서는 원문 출처만을 밝힌다.

2. '비물질노동'에 대해서는 질 들뢰즈·안또니오 네그리 외, 『비물질노동과 다중』, 자율평론 기획, 갈무리, 2005에 수록된 논문들, 특히 마우리찌오 랏짜라또의 글 「비물질노동」(조정환 옮김, 181~206쪽) 참조. 산업자본주의에서 인지자본주의로의 이행과 노동의 인지화에 대해서는 조정환, 『인지자본주의』, 갈무리, 2011의 3장 「인지자본주의로의 이행」 참조.

3. 절대적 민주주의에 대해서는 안토니오 네그리·마이클 하트, 『다중』의 3부 「3장 다중의 민주주의」를 참조하라.

4. 마그레브(المغرب العربي)는 아랍어로 "해가 지는 지역" 또는 "서쪽"이라는 의미이다. 오늘날의 북아프리카, 즉 모로코, 알제리, 튀니지 등의 지역을 말한다.

5. 완성교육에 대해서는 「해제」의 후주 11 참조.

6. 알제리에서는 이로부터 약 보름 뒤인 2월 11일부터 정치개혁을 요구하는 시위가 본격화되기 시작했다.

7. '또니'는 '안또니오'의 애칭이다.

아랍인들은 민주주의의 새로운 개척자들이다

1. Michael Hardt and Antonio Negri, 'Arabs are democracy's new pioneers'(http://www.guardian.co.uk/commentisfree/2011/feb/24/arabs-democracy-latin-america).

2. 튀니스는 튀니지의 수도이고, 카이로는 이집트의 수도이며, 벵가지는 리비아 제2의 도시이다. 리비아 봉기는 벵가지에서 수도 트리폴리로 확산되는 양상으로 나타났다.

튀니지 친구에게 보내는 두 번째 편지

1. Toni Negri, 'Seconda lettera ad un amico tunisino', *UniNomade 2.0* (http://uninomade.org/s econda-lettera-ad-un-amico-tunisino/)

2. '의지의 동맹'은 유엔 안전보장이사회가 동의하지 않는 국제적 군사개입 작전들을 수사적으로 정당화하기 위해 1990년대 초에 등장한 개념이다. 특히 2003년 이라크 전쟁의 과정에서 미국의 부시 정권이 이라크 침공을 지지하는 국가들(영국, 호주, 폴란드 등)을 지칭하기 위해 이 표현을 사용하며 일반화되었다. 2011년 2월 미국은 '인도적' 명분으로 영국·프랑스 등과 '의지의 동맹'을 구축하여 리비아를 침공했다.

3. 니콜라 사르코지는 프랑스의 전 대통령(2007~2012)이고, 데이비드 카메론은 현 영국 총리이며, 실비아 베를루스코니는 이탈리아의 전 총리(1994~2011)이다.

4. 키레나이카는 리비아의 동부지역이다.

5. 리소르지멘토(il Risorgimento)는 이탈리아 반도의 여러 국가들을 하나의 국가로 통일하자는 19세기의 정치적·사회적 움직임을 말한다. 1815년경부터 1860~70년대까지 이탈리아 반도 전역에서 이러한 움직임이 있었으며, 이 글에서 언급된 기념식은 1861년 3월 17일 이탈리아 의회가 비토리오 에마누엘레 2세를 이탈리아의 왕으로 공표한 날을 기념한 것으로 보인다.

6. 1846~78년 재위. 재위기간 동안 1854년 무원죄잉태(無原罪孕胎) 교리를 공포했고, 제1차 바티칸 공의회(1869~70)를 소집했는데, 이 공의회 동안 교황 무류설(無謬說)이 권위 있게 정의되었다. 리소르지멘토 과정에서 자유주의에서 보수주의로 선회한 것으로 유명하다. 이 글에서 네그리는 피우스 9세의 변신을 오바마의 변신에 비교한다.

7. 종교와 세속의 결합을 주장하면서 1929년에 하산 알 바나가 구축한, 아랍 지역의 강력한 정치조직으로 고전적 계급관점을 갖는 사람들은 이 흐름이 쁘띠부르주아적인 것이라고 성격규정하곤 한다.

8. 2000년대 초부터 아르헨티나, 브라질, 베네수엘라, 볼리비아 등을 중심으로 나타난 탈식민주의적 좌선회를 지칭한다.

9. 네그리는, (이 글의 마지막 단락에서 서술하듯이) 유럽을 다시 일깨우는 것이 길이 아니고 유럽노동자와 아랍노동자를 결합시켜 계급투쟁을 활성화하는 것만이 유일한 길이라고 보고 있기 때문에, 아랍 혁명이 유럽을 일깨우는 것의 불가능성에 대해 언급하고 있는 것으로 보인다.

10. 메시나 해협대교는 이탈리아 남단의 시칠리아섬과 칼라브리아주 사이의 메시나 해협을 횡단하는 다리이다. 1960년대부터 이탈리아 정부에 의해 건설계획이 추진되고 파기되고를 반복했으며 베를루스코니 정부에 의해 계획이 확정되어 시공 중이다.

월스트리트 점거의 핵심에 놓여 있는 '실질[진짜] 민주주의'를 위한 싸움

1. Michael Hardt and Antonio Negri, 'The Fight for 'Real Democracy' at the Heart of Occupy Wall Street'(http://www.foreignaffairs.com/articles/136399/michael-hardt-and-antonio-negri/the-fight-for-real-democracy-at-the-heart-of-occupy-wall-street). 이 글 앞에 붙어 있는 "남부 맨해튼의 야영시위는 대의의 실패를 말한다"는 글귀는 『포린 어페어』 지의 편집자가 핵심요지를 설명하기 위해 붙인 것으로 보인다.

2. 이에 대해서는 안토니오 네그리·마이클 하트, 『다중』, 3부 「2장 민주주의에 대한 전 지구적 요구」를 참조하라.

3. 마틴 루터 킹 주니어(Martin Luther King, Jr., 1929~1968)는 미국의 목사이자 흑인 인권 운동가로, 1950~60년대 미국 흑인 인권 운동을 이끈 지도자였다. 1964년 노벨 평화상을 받았으며, 1968년에 암살되었다.

실질[진짜] 민주주의 : 마이클 하트와의 인터뷰

1. 2011년 10월 15일에 전 세계적으로 수많은 광장들이 '지금 당장 실질[진짜] 민주주의를!'이라는 슬로건으로 뭉친 활동가들에 의해 점거되었다. 이 글은 『쉬프트 매거진』의 편집자인 라파엘 쉬럼바흐가 『제국』, 『다중』, 『공통체』의 공저자인 마이클 하트와 가진 인터뷰이다. ' "Real Democracy": An interview with Michael Hardt(http://www.thenewsignificance.com/2011/10/20/"real-democracy"-an-interview-with-michael-hardt/)

1. 2011~2012 스페인 혁명을 말한다. 시위가 시작된 날짜가 5월 15일이기 때문에 숫자 15와 스페인어로 5월을 뜻하는 "Mayo"의 M을 결합해 15M이라고 부른다.

2. 미국의 극우 정치가 린든 라루쉬(Lyndon LaRouche)의 사상을 따르는 사람들을 말한다. 그의 사상은 인민주의적 네오파시즘으로 분류될 수 있다.

2012년에 기대하는 것

1. 이 글은 『애드버스터스』에 발표된 글이다. Michael Hardt and Antonio Negri, 'What to expect in 2012'(http://www.adbusters.org/magazine/99/under-no-illusions.html).

2. 서민의 '庶'는 집에 빛이 들어앉아 있는 모습이며 불빛 아래 모여 있는 다수의 사람들을 함축한다.